EN EL OCASO
DEL
PENSAMIENTO OCCIDENTAL

EN EL OCASO DEL PENSAMIENTO OCCIDENTAL

ESTUDIOS SOBRE
LA PRETENDIDA AUTONOMÍA
DEL PENSAMIENTO FILOSÓFICO

Herman Dooyeweerd

Traducción de
Eliel Morales González

PAIDEIA PRESS LTD.
2021

Primera edición, 2021

Dooyeweerd, Herman.
En el ocaso del pensamiento occidental
Traducción de Eliel Morales González
Jordan Station, Ontario, Paideia Press, Ltd., 2021
Título original: In the Twilight of Western Thought
ISBN: 978-0-88815-277-0
Paideia Press, Ltd. P. O. Box 1000, Jordan Station,
Ontario, Canada, L0R 1S0.

PAIDEIA
PRESS

ISBN: 978-0-88815-277-0

INTRODUCCIÓN DE JAMES K. A. SMITH

(Introducción publicada en la edición de 1999, titulada
"La crítica de la razón 'pura' de Dooyeweerd")

James K. A. Smith

§1. EL PROYECTO DE *EN EL OCASO DEL PENSAMIENTO OCCIDENTAL*

Originalmente impartido como conferencias en varios lugares a lo largo de Norteamérica,[1] *En el ocaso del pensamiento occidental* de Herman Dooyeweerd fue diseñado para ser una introducción, para los lectores de habla inglesa,[2] a un movimiento filosófico que tiene sus orígenes en la tradición reformada de Holanda. Habiendo cruzado el Atlántico bajo intimidantes epítetos, tales como "De Wijsbegeerte der Wetsidee" y la "Filosofía de la idea cosmonómica", la visión de Dooyeweerd de una filosofía radicalmente cristiana fue

---

[1] Reformed Fellowship [Compañerismo Reformado] financió un ciclo de conferencias en 1959, durante el que Dooyeweerd viajó a lo largo de los Estados Unidos y Canadá. *En el ocaso del pensamiento occidental* está basado en esta serie de conferencias.

[2] Una introducción similar para lectores franceses fue provista en las páginas de una revista reformada francesa, *La Revue Réformée*. Ver Herman Dooyeweerd, "Philosophie et théologie", *La Revue Réformée* 9 (1958), pp. 48–60; *Idem.*, "La prétendue autonomie de la pensée philosophique"; "La base religieuse de la philosophie grecque"; "La base religieuse de la philosophie scolastique"; "La base religieuse de la philosophie humaniste"; "La nouvelle tâche d'une philosophie chrétienne", *La Revue Réformée* 10 (1959), pp. 1–76.

inicialmente confinada —en Norteamérica— a un grupo muy estrecho de filósofos y teólogos nacidos y educados en Holanda trabajando dentro de la tradición reformada. *En el ocaso del pensamiento occidental* tuvo la intención de hacer esta filosofía más accesible, sirviendo como una introducción a su formidable trabajo sistemático *A New Critique of Theoretical Thought*.[1] De su propia pluma, entonces, Dooyeweerd ofrece una introducción y resumen de su proyecto.

a) La pretendida autonomía del pensamiento filosófico

¿Qué es exactamente este proyecto? La clave para esta pregunta se encuentra en el subtítulo del libro; Dooyeweerd está ofreciendo aquí una serie de *Estudios sobre la pretendida autonomía del pensamiento filosófico*. Tanto el genio como el corazón del trabajo de Dooyeweerd yace en esta "crítica" de la razón, una delimitación del reclamo de autonomía de la razón.[2] Así, los capítulos iniciales del libro son además los más cruciales: mientras la filosofía, desde Platón hasta Husserl, ha reclamado que la razón opera aparte de "compromisos" extrafilosóficos, Dooyeweerd tiene la intención de demostrar que todo el pensamiento teórico —incluida la filosofía— está

---

[1] Herman Dooyeweerd, *A New Critique of Theoretical Thought*, 4 vols. trad. David H. Freeman, H. de Jongste, y William S. Young (Ámsterdam: H. J. Paris; Filadelfia: Presbyterian & Reformed Publishing Co., 1953-1955); The Collected Works, Series A, vols. 1-4, The Edwin Mellen Press, Lewiston, N. Y., 1997.

[2] Como será discutido abajo (en §3 de esta Introducción), la delimitación de Dooyeweerd del reclamo de la razón se basa en y anticipa los asuntos del posmodernismo como ha sido desarrollado desde Heidegger y Derrida. Como es explicado en las notas que acompañan el capítulo uno, la "crítica" debe ser entendida en el sentido kantiano de marcar los bordes y límites del pensamiento teórico.

fundado, en última instancia, tanto en compromisos preteóricos como suprateóricos, que funcionan como la condición de posibilidad para la teoría. Estos compromisos o creencias son de una naturaleza definitiva: no pueden ser demostrados, sino que son más bien la base para la demostración.[1] De esta manera, podemos describir el proyecto de Dooyeweerd como una cierta "crítica de la razón pura"; sin embargo, en contraste con Kant, la crítica de Dooyeweerd busca demostrar que la razón "pura" sin alear, es un mito, una autonomía pretendida.

En el capítulo dos, siguiendo el ejemplo de Agustín y Calvino, Dooyeweerd señala estos compromisos "estructurales" como una indicación del "impulso religioso innato del ego". Debido a este "impulso religioso", el yo encuentra su significado *en relación* con un absoluto, ya sea el Origen del yo (el Creador) o en relación con un "absoluto" artificial o asumido, por medio del cual el ego "absolutiza" un aspecto del orden temporal como un sustituto de su verdadero Origen.[2] Así, el impulso religioso —que es *estructural*, "incorporado" al yo— puede tomar diferentes *direcciones*: ya sea una dirección bíblica en relación con el verdadero Origen, o una dirección apóstata.

Asimismo, en el capítulo dos, Dooyeweerd provee algo así como un catálogo de los motivos básicos religiosos apóstatas dominantes: el motivo forma-materia griego, el motivo

---

[1] Para una introducción más amplia a este proyecto, se anima al lector a consultar Roy A. Clouser, *The Myth of Religious Neutrality: An Essay on the Hidden Role of Religious Belief in Theories* (Notre Dame, IN: University of Notre Dame Press, 1991).

[2] Dooyeweerd, de nuevo, siguiendo a Agustín y Calvino, se referirá a esto como "idolatría", pero en un sentido muy técnico (ver §6 de esta Introducción).

naturaleza-gracia escolástico y el motivo naturaleza-libertad humanista. Lo que es común a todos estos motivos apóstatas o no bíblicos, es su carácter dialéctico: debido a que intentan sintetizar impulsos o compromisos religiosos contradictorios, experimentan una tensión interna que los conduce a antinomias y dualismos inevitables. Esto se encuentra en contraste con un motivo bíblico radical fundado en el tema de la creación, la caída en el pecado y la redención por Jesucristo. Lo que es único acerca del motivo básico bíblico es su carácter integral: evita todos los dualismos y descubre la naturaleza religiosa del yo, más que plantear un ego "neutral".

Este descubrimiento de la raíz religiosa del yo es la base para la *crítica* de Dooyeweerd: similar a la noción de *Destruktion* de Heidegger, la crítica de Dooyeweerd busca sondear las profundidades del pensamiento teórico, a fin de descubrir los compromisos fundamentales y la fe que lo sostienen. Una vez que ha descubierto la pretendida autonomía del pensamiento teórico como un mito, ha abierto el camino para una crítica radical.[1] A su vez, una vez que estos compromisos primordiales son descubiertos y "puestos sobre la mesa", por así decirlo, entonces el diálogo filosófico genuino llega a ser posible. Lejos de hacer imposible la interacción, es precisamente esta crítica lo que hace posible la comunicación.

---

[1] Uno podría además comparar esto con el proyecto de Gadamer de señalar las presuposiciones detrás del (supuestamente neutral) prejuicio de la Ilustración contra los prejuicios. Ver Hans-Georg Gadamer, *Truth and Method*, 2da. rev. ed., trad. Joel Weinsheimer y Donald G. Marshall (Nueva York: Continuum, 1993), pp. 270-277.

INTRODUCCIÓN DE JAMES K. A. SMITH

b) Historicismo y el sentido de la historia

Habiendo establecido el fundamento de una crítica del pensamiento teórico en los primeros dos capítulos, los capítulos restantes del libro simplemente exploran las implicaciones de este entendimiento de la filosofía para varios temas y asuntos. El primero de estos que desarrolla Dooyeweerd, muy determinado por corrientes intelectuales de la primera mitad del siglo XX, es la cuestión del *historicismo*. La importancia del historicismo para la filosofía cristiana de Dooyeweerd es doble: en primer lugar, representa un reto para la noción misma de una realidad "supratemporal"; y en segundo, representa además una forma de lo que Dooyeweerd describiría técnicamente como "idolatría". Como una absolutización de *uno* de los aspectos modales, a saber el del aspecto histórico, el historicismo ha elevado la historia al lugar de una condición trascendental; ha sustituido al Creador por algo dentro de la creación. De esta forma, la discusión del historicismo es algo así como un "estudio de caso" de la crítica teórica; hoy, uno podría proveer un análisis similar del "lingüic*ismo*" o el "biolog*ismo*". Esos capítulos proveen un ejemplo de la crítica en acción y proveen pistas para otros análisis similares que la crítica de Dooyeweerd pide y demanda.

c) Filosofía y teología

Como una filosofía que reclama ser radicalmente cristiana mientras mantiene al mismo tiempo su autonomía con respecto a la teología, fue necesario para Dooyeweerd delinear tanto la distinción como la relación entre filosofía y teología. Y aquí tenemos otra contribución singular a la discusión histórica de esta cuestión.

El entendimiento de Dooyeweerd de la relación entre la teología y la filosofía está basado primeramente en su distinción anterior entre la actitud *teórica* por un lado, y la natural (o *preteórica*) así como el nivel de *compromisos suprateóricos* por el otro. Todo pensamiento teórico, como es mostrado por Dooyeweerd en los capítulos uno y dos, está a final de cuentas basado en compromisos tanto pre como suprateóricos. Sin embargo, en la actitud teórica, por medio de la abstracción, uno retrocede para reflexionar sobre un modo específico de la realidad. Este retroceder no constituye un retiro a la neutralidad u objetividad; uno continúa operando sobre la base de compromisos suprateóricos. Más bien, este proceso de abstracción requiere que la actitud teórica sea relativizada como *no* natural, *i. e.*, una reflexión revisable sobre la experiencia preteórica.

En segundo lugar, y basado en esta primera distinción, Dooyeweerd enfatiza que la teología, como una disciplina teórica, es distinta de los compromisos suprateóricos existenciales de la fe cristiana, que son compromisos del *corazón*. La teología es una reflexión teórica sobre esta fe como se manifiesta en las Escrituras y en la vida de la iglesia. (De este modo, para Dooyeweerd, la teología es una rama de la ciencia que se especializa en la investigación e interpretación bíblica, y que generalmente opera en y para la iglesia). Esto la distingue de la *religión*, que representa el compromiso suprateórico del corazón. Con estas distinciones puestas en su lugar, Dooyeweerd puede señalar a una filosofía radicalmente cristiana que no está basada en una teología particular, sino una filosofía que es nutrida por el compromiso de corazón con Dios como su *radix* o raíz. Ese compromiso no es teórico (*i. e.*, teológico) en naturaleza, sino suprateórico. De hecho, como sugiere Dooyeweerd, incluso si el corazón de uno está comprometido con Dios, uno puede no obstante estar trabajando con una teología que de hecho está enraizada en un compromiso religioso no bíblico, tal como sostiene ser precisamente el problema inherente en lo que describe como "escolástica" (capítulo siete).

En estos capítulos, entonces, Dooyeweerd ofrece un entendimiento único de la relación entre "fe" y "razón". A diferencia de Aquino, quien plantea que la fe va más allá de la razón natural sin ayuda, *i. e.*, viene por separado o *después de ella*, Dooyeweerd señala a la fe *antes* de la razón, los compromisos que fundan la razón de tal manera que una razón "natural sin ayuda" es imposible. Lo que pasará por racionalidad neutral está de hecho basado en compromisos religiosos apóstatas, tal como el motivo forma-materia griego. Dooyeweerd enfatiza que, al discutir la relación entre Jerusalén y Atenas, no estamos considerando la relación entre religión y razón, sino más bien la relación entre *diferentes religiones*. Atenas, debemos recordar, tiene sus templos también.

La singularidad del entendimiento de Dooyeweerd sobre esta relación es detectada en su relación con Agustín y la tradición agustiniana, como se despliega tanto en la tradición franciscana como en el pensamiento reformado, particularmente el formulado por Calvino. Como Dooyeweerd lo nota, mientras Agustín reconoció los compromisos de la razón, no distinguió entre religión (como compromiso del corazón) y teología (como reflexión teórica sobre la fe); en cambio, Agustín colapsó las dos y por consiguiente concibió la teología como una "filosofía cristiana", sin dejar lugar para el desarrollo separado de una filosofía basada en la fe bíblica. Al distinguir cuidadosamente religión y teología, Dooyeweerd abre un espacio único para el desarrollo de una filosofía cristiana integral que permanece distinta a la teología, esto es, que ella misma debe ser nutrida por y basada en una fe radicalmente bíblica.[1]

d) Hacia una antropología radicalmente bíblica

En respuesta al existencialismo y desarrollando temas profundamente incrustados en su entendimiento de la filosofía y el yo, Dooyeweerd revela su concepción del yo como lo percibe desde el motivo básico bíblico. Erradicando los dualismos y las absolutizaciones que han plagado la historia de la filosofía —conforme a los cuales la persona humana es reducida al "animal racional"—, Dooyeweerd busca honrar tanto la *multidimensionalidad* del yo, así como la naturaleza religiosa del yo que lo conduce a encontrar significado en su Origen.

Debido a la diversidad creacional, la persona humana experimenta el mundo en una multiplicidad de maneras o modos: numéricamente, estéticamente, económicamente, éticamente, etcétera. "Definir" a la persona solo mediante uno de estos modos (generalmente el lógico o racional en la historia de la filosofía) es al mismo tiempo *reducir* el yo a solo uno de sus modos de experiencia y *absolutizar* uno de los aspectos modales. Más bien, la multiplicidad de modos en los que experimentamos las cosas debe ser honrada. Sin embargo, debido al impulso religioso innato del yo (capítulo

---

[1] Para una teología desarrollada dentro de este marco dooyeweerdiano, ver Gordon Spykman, *Reformational Theology* (Grand Rapids: Eerdmans, 1992) [Existe una traducción al español: Gordon Spykman, *Teología reformacional. Un nuevo paradigma para hacer la dogmática*, trad. Guillermo Krätzig (Jenison, Mich.: The Evangelical Literature League, 1994), N. del T.].

INTRODUCCIÓN DE JAMES K. A. SMITH XIII

dos), el yo también se trasciende a sí mismo, busca significado fuera de sí mismo en su Origen. Este carácter trascendente o "ecstático" del yo apunta a la naturaleza *religiosa* del yo, como un yo que busca significado en relación con un Absoluto.

Como Dooyeweerd lo ve, el existencialismo probó ser una respuesta insuficiente justamente a esta cuestión, la cuestión del significado. Debido al surgimiento del historicismo y al rechazo del Absoluto, el existencialismo intentó buscar el significado del yo en el orden temporal, absolutizando de esa manera varios aspectos de la experiencia. Así, Dooyeweerd desarrolla su crítica del existencialismo contra el horizonte del significado del yo, el cual solo puede ser encontrado en la relación con su Origen, su Creador.

§2. UNA GENEALOGÍA DEL PROYECTO DE DOOYEWEERD A LA LUZ DE LA HISTORIA

Mientras Dooyeweerd hace varias contribuciones únicas, su proyecto también construye sobre la historia de la filosofía y tiene deudas con un número de aquellos que están dentro de la tradición.[1] Reconocer esto no es reducir su filosofía a esta tradición; de hecho, hay elementos de su pensamiento que no pueden ser ubicados en la historia de la filosofía y del pensamiento cristiano. El trabajo de Dooyeweerd llega a ser más interesante precisamente en aquellos puntos donde se mueve más allá de sus predecesores y se aventura en nuevos territorios. Sin embargo, a fin de ver la trayectoria

---

[1] Para una discusión general de las deudas intelectuales de Dooyeweerd, ver Albert M. Wolters, "The Intellectual Milieu of Herman Dooyeweerd", en *The Legacy of Herman Dooyeweerd*, ed. C. T. McIntire (Lanham, MD: University Press of America, 1985), pp. 1-20.

de este pensamiento, será provechoso notar solo unas pocas influencias importantes.

a) Agustín

Como se notó anteriormente, Dooyeweerd no es acrítico de Agustín; sin embargo, el *doctor gratia* es un aliado fundamental en los argumentos expuestos en su proyecto de *En el ocaso*. La máxima agustiniana, *credum ut intelligam* (debo creer a fin de entender), señala a los compromisos de la razón y funciona como un precursor de la crítica de la pretendida autonomía del pensamiento teórico. En la explicación de Agustín sobre el conocimiento, así como en su visión de una renovación cristiana de la cultura, Dooyeweerd encuentra una apreciación de la importancia integral de la fe para el desarrollo de una filosofía cristiana.[1] De hecho, en sus primeros diálogos de Cassiciacum, vemos al Agustín cristiano emprendiendo su propia "reforma de las ciencias", buscando tanto recuperar la verdad de sus estudios tempranos como también articular un entendimiento distintivamente cristiano del autoconocimiento. Asimismo, en *De doctrina christiana*, vemos a Agustín afirmando la importancia de la investigación, pero también notando los límites de tal erudición "pagana" y la necesidad de una recuperación explícitamente cristiana.

El proyecto de Dooyeweerd cae sólidamente dentro de esta tradición agustiniana de la erudición cristiana, buscando establecer un fundamento cristiano para el aprendizaje, visualizando una universidad de ciencias basada en la fe cris-

---

[1] Es importante notar que Dooyeweerd no sostiene que Agustín sea "escolástico" (esto es, que adopte un punto de partida antibíblico), sino más bien lo ve como teniendo una falta de precisión con respecto a la distinción entre una filosofía y una teología cristianas.

tiana. Más que confinar la influencia de la fe a la teología solamente, esta reconfiguración agustiniana de la relación fe-conocimiento abre el espacio para basar el espectro entero de las ciencias en una fe radical.

Dooyeweerd y Agustín también comparten entendimientos similares de la "trascendencia" del yo humano, que la persona creada a la imagen de Dios puede finalmente encontrar significado y descansar solamente en su Hacedor (*Confesiones* I.i.1). Debido a esta trascendencia, o lo que describe Dooyeweerd como el "carácter concéntrico del yo", en la persona humana hay un impulso a encontrar significado fuera de sí misma. Si ese impulso estructural no encuentra su *telos* en el verdadero Origen del yo, entonces es dirigido al mundo, donde experimenta solamente disolución y desintegración (*Confesiones* II). No es el "mundo", sin embargo, lo que es malo, sino más bien la relación del yo con el mundo: si el yo llega a ser absorbido en el mundo hasta la negligencia y el olvido del Creador, entonces ha "caído" en un abuso del mundo, *disfrutando* lo que debería ser solamente *usado* como aquello que apunta al Origen. Sin embargo, el yo que encuentra su significado o felicidad última en el Creador se relaciona con el mundo de una manera diferente; de modo que la bondad fundamental de la creación es mantenida, aún otro punto de convergencia e influencia entre Agustín y Dooyeweerd.

b) **Calvino**

Como se esperaría de una filosofía que reclama ser "reformada", Calvino es una fuente importante para Dooyeweerd, precisamente en la medida en que Calvino representa una recuperación y reapropiación de la cristiandad agustiniana.

De esta manera, es importante notar que el Calvino que juega un rol para Dooyeweerd no es calvin*ista*; la recuperación de Dooyeweerd salta sobre la contaminación escolástica de Calvino en los siglos XVII y XVIII, y de esta manera da vida a un Calvino no interesado en el orden de los decretos, sino más bien al reformador interesado solamente en "el conocimiento de Dios y el conocimiento de uno mismo", un Calvino agustiniano, no escolástico.[1]

c) La fenomenología

Quizá lo más desafiante para el nuevo estudiante de Dooyeweerd será su metodología y aparato conceptual distintivamente europeo. De esta manera, parece importante notar brevemente el rol que juega la fenomenología en el proyecto de Dooyeweerd. Aunque es crítico de la fenomenología, Dooyeweerd, sin embargo, se apropia al menos del lenguaje y los conceptos de la fenomenología a fin de desplegar su crítica. Sobre todo, hace una distinción entre dos *actitudes*: la actitud *teórica* de la reflexión y la actitud *preteórica* de la vida cotidiana. La actitud preteórica o "ingenua" (también descrita por Husserl como la actitud "natural"), es la manera en que encontramos el mundo en nuestra experiencia cotidiana; nos relacionamos con todos concretos: el árbol, el escritorio, mi carro, mi esposa, etcétera. En la actitud teórica, por medio de un cierto "retroceder" o abstracción, reflexionamos *sobre* nuestra experiencia preteórica. En este modo o actitud de reflexión, no consideramos las cosas como todos concretos; más bien, son "refractados" (como la luz a través

---

[1] Por este "Calvino" Dooyeweerd está en deuda con la recuperación previa del Dr. Abraham Kuyper. Para la relación de Dooyeweerd con Kuyper, ver Wolters, *op. cit.*, pp. 2–10.

de un prisma) en una pluralidad de *aspectos*. Por ejemplo, el libro en mi mano puede ser analizado teóricamente de varias maneras. Puede ser considerado estéticamente: el trabajo de arte en la cubierta, las fuentes elegidas en la impresión, etcétera. Puede ser considerado sociológicamente: ¿qué rol ha jugado el libro en la sociedad?, ¿cómo ha influenciado varios sectores?, ¿por qué esos sectores y no otros? Podría ser considerado como un trabajo de literatura, etcétera. Todo, cuando es analizado teóricamente, despliega una multiplicidad de aspectos, cada uno de los cuales son el dominio de una ciencia especial particular.

La distinción intuitiva/teórica juega un rol importante en el análisis fenomenológico; y es importante para el estudiante recordar que estos "aspectos" no existen, propiamente hablando. O quizá más específicamente, existen solamente en y para la conciencia. Aquí, de nuevo, vemos una distinción husserliana entre lo *real* y lo *irreal*. Los árboles, los libros, los carros y las esposas son *reales*; pero los aspectos económico, social, estético y numérico son *irreales*; existen solamente en la actitud de abstracción, y solo en y para la conciencia. De esta manera, son percibidos solo en la actitud teórica: conforme conduzco por la calle, mi carro no está *compuesto* por estos aspectos, por ejemplo, con el aspecto numérico bajo la carcasa y el social en el maletero. En cambio, los aspectos son diferentes modos de *experimentar* el mundo, y es este énfasis en la experiencia lo que Dooyeweerd comparte con la fenomenología.

§3. LA IMPORTANCIA DEL PROYECTO DE DOOYEWEERD A LA LUZ DEL POSMODERNISMO

¿Por qué Dooyeweerd? ¿Por qué Dooyeweerd *ahora*? En un sentido, estas son preguntas que serán contestadas solamente leyendo a Dooyeweerd. Sin embargo, podemos señalar importantes cambios en la filosofía contemporánea que abren un nuevo espacio para la apreciación del trabajo de Dooyeweerd y la importancia de su proyecto.

Lo que es frecuentemente (aunque quizá no provechosamente) descrito como "posmodernismo" a menudo es considerado como una amenaza para el pensamiento cristiano, aunque de hecho abre el camino para justamente la clase de proyecto que visualiza Dooyeweerd; de hecho, podemos incluso sugerir que Dooyeweerd representa un protoposmoderno.[1] Como mínimo, la crítica posmoderna también señala los compromisos y presuposiciones detrás de todo lo que ha sido tradicionalmente vendido bajo el lema de la "razón pura". Aunque también ofrecen un desafío al pensamiento cristiano (uno por el que quizá deberíamos agradecerles), los trabajos de Heidegger, Gadamer, Derrida y Foucault, todos, de una manera u otra, han señalado las *fes* que fundamentan el discurso filosófico. Como Alan Olson observa, "puede ser que el tono deconstructivo de la posmodernidad esté *inspirado por la fe*, incluso *obsesionado por la fe* de una manera oscura".[2] Apuntando a estos mismos compromisos centra-

---

[1] De la misma manera que Malcolm Bull describió a Kuyper como el primer posmoderno en "Who was the first to make a pact with the Devil?" ["¿Quién fue el primero en hacer un pacto con el diablo?"], London Review of Books (14 de mayo de 1992), pp. 22-24.

[2] Alan Olson, "Postmodernity and Faith", *Journal of the American Academy of Religion* 58 (1990), p. 37.

les previos, el proyecto de Dooyeweerd además se da a la tarea de desenmascarar como un mito todas las farsas bajo la pretensión de la razón neutral y objetiva.

Dentro de este ambiente, el trabajo de Dooyeweerd es significativo tanto como una primera comprensión de este estado de cosas, así como una articulación de una "crítica de la razón pura" distintivamente cristiana. Como tal, además funciona algo así como un manifiesto: convocando a la comunidad de filósofos y teóricos cristianos a participar en la autocrítica, y aprovechar la oportunidad ahora —en la posmodernidad— para el desarrollo de una filosofía cristiana integral. Como James Olthuis ha sugerido en una reciente colección de ensayos en esta tradición:

> Entendiendo el rol primordial de la fe en la formación de la teoría, insistiendo que la pretendida autonomía del pensamiento teórico es una ilusión, testificando la realidad del quebrantamiento humano, buscando justicia para todos (no solo para "nosotros") en las arenas públicas de la educación, los medios y la política: todos han sido temas imperiosos de la herencia filosófica reformada por casi un siglo [...] Estas son, quizás, unas pocas indicaciones de la sensibilidad de esta tradición hacia las preocupaciones del posmodernismo y, quizá, esperamos, una razón para creer que nuestros recursos pueden ser una pequeña ayuda, conforme luchamos juntos con los cambios de época que nos sacuden y perturban, a medida que nos deslizamos precipitadamente en un nuevo milenio.[1]

---

[1] James H. Olthuis, "Love/Knowledge: Sojourning with Others, Meeting with Differences" en *Knowing Other-wise: Philosophy at the Threshold of Spiri-*

De hecho, quizás, es *solamente* ahora que podemos comenzar a leer a Dooyeweerd.

---

tuality, ed. James H. Olthuis (Bronx, NY: Fordham University Press, 1997), pp. 12-13. Esta colección entera de ensayos representa la posibilidad de la importancia de Dooyeweerd para el discurso y el diálogo filosófico contemporáneo.

PREFACIO DEL TRADUCTOR

Esta obra apareció como libro por primera vez en 1960, con el título de *In the Twilight of Western Thought*. Fue publicado originalmente a partir de una serie de conferencias dictadas por el Dr. Herman Dooyeweerd (1894-1977) entre los años 1957 y 1959, en diferentes lugares de Estados Unidos y Canadá. El libro fue posteriormente revisado y reimpreso varias veces. La presente traducción corresponde a la edición más reciente realizada por James K. A. Smith, en la que destacan características como la incorporación de referencias bibliográficas (la obra original no contenía ninguna); la reorganización del texto en partes, secciones y subsecciones; así como la retitulación de prácticamente todos los capítulos.

La relevancia de esta traducción es que en sus páginas Dooyeweerd mismo nos presenta una excelente introducción a su filosofía, la cual puede verse como un marco teórico distintivamente bíblico para el pensamiento y la acción del pueblo cristiano, tanto en la iglesia como en el mundo de hoy; mostrando de manera clara y contundente que ningún campo de la vida humana (ni siquiera el científico) es neutralmente religioso, es decir, independiente de aquella relación central de la vida, llamada propiamente *religión*, en la cual estamos comprometidos de manera integral, como seres humanos, desde la raíz de nuestro ser, en amor y servicio ya sea a nuestro verdadero Creador o a un ídolo fabricado por el hombre mismo; sirviendo necesariamente esta relación de base para toda actividad humana, sea cotidiana o teórica.

Por su corta extensión pero gran profundidad, la lectura de este texto resultará atractiva para diferentes públicos: oficiales y líderes de iglesia, profesionistas cristianos, docentes y estudiantes universitarios, e incluso lectores autodidactas; ya que resume en buena medida el desarrollo de las ideas presentadas por Dooyeweerd en el primer volumen de su obra magna *Una nueva crítica del pensamiento teórico*, siguiendo más o menos el mismo orden argumentativo: exponiendo primero la necesidad, el método y las conclusiones de su crítica trascendental del pensamiento teórico, y después sus implicaciones reformadoras para las concepciones filosóficas de la ciencia, la historia, la teología y la antropología (esta última desarrollada muy ámpliamente en su extensa obra *Reforma y escolástica en la filosofía*) desde una perspectiva radicalmente escritural.

Aprovecho estas últimas líneas para agradecer al Dr. Adolfo García de la Sienra el privilegio que me otorga al incluir esta traducción en la colección de *Obras de Dooyeweerd*. Así como a Paideia Press y al Dooyeweerd Centre for Christian Philosophy, por haber recibido la noticia de este trabajo tan gustosamente y brindar los permisos necesarios para su publicación. Asimismo, no puedo dejar de reconocer y agradecer profundamente todo el apoyo moral y espiritual que recibí de mi amada familia para concluir este proyecto de traducción, en especial a mi fiel esposa Yossmara B. Rojas Navarrete y a mis hermosos hijos Eliel y Elisa Morales Rojas. Este es solo un pequeño grano de arena con el cual esperamos contribuir a la edificación de la iglesia de Cristo para la gloria de Dios.

Eliel Morales González
Yautepec, Morelos, Enero 2021

CONTENIDO

INTRODUCCIÓN DE JAMES K. A. SMITH   V

§1. EL PROYECTO DE *EN EL OCASO DEL PENSAMIENTO OCCIDENTAL*   V

a) La pretendida autonomía del pensamiento filosófico   VI

b) Historicismo y el sentido de la historia   IX

c) Filosofía y teología   IX

d) Hacia una antropología radicalmente bíblica   XII

§2. UNA GENEALOGÍA DEL PROYECTO DE DOOYEWEERD A LA LUZ DE LA HISTORIA   XIII

a) Agustín   XIV

b) Calvino   XV

c) La fenomenología   XVI

§3. LA IMPORTANCIA DEL PROYECTO DE DOOYEWEERD A LA LUZ DEL POSMODERNISMO   XVIII

PREFACIO DEL TRADUCTOR   XXI

PARTE I. LA PRETENDIDA AUTONOMÍA DEL PENSAMIENTO FILOSÓFICO

CAPÍTULO 1. UNA CRÍTICA DEL PENSAMIENTO TEÓRICO — 3

§1. LA NECESIDAD DE UNA CRÍTICA RADICAL DEL PENSAMIENTO TEÓRICO — 3

a) La crisis contemporánea de la filosofía — 3

b) La necesidad estructural de una crítica de la autonomía teórica — 5

c) Crítica trascendental versus crítica trascendente — 8

§2. ANÁLISIS DE LA ACTITUD TEÓRICA — 9

a) Los aspectos modales de nuestra experiencia de la realidad — 9

b) La diversidad de aspectos modales dentro del tiempo — 11

§3. UNA CRÍTICA TRASCENDENTAL DEL PENSAMIENTO TEÓRICO — 15

a) Primer problema: la coherencia de los diversos aspectos modales (antítesis teórica) — 16

b) Segundo problema: la relación entre las experiencias teórica e intuitiva (síntesis teórica) — 23

c) Tercer problema: el origen del ego — 27

CAPÍTULO 2. EL CARÁCTER CONCÉNTRICO DEL YO — 31

§4. EL CARÁCTER ENIGMÁTICO DEL YO — 31

§5. LA RELACIÓN DEL YO CON LOS OTROS: INTERSUBJETIVIDAD	32
§6. LA RELACIÓN RELIGIOSA CON EL ORIGEN DEL YO	35
a) La tendencia religiosa estructural del yo	36
b) El motivo básico religioso	38
c) El carácter dialéctico de los motivos básicos no bíblicos	41
§7. DESCRIPCIÓN DE LOS MOTIVOS BÁSICOS RELIGIOSOS DEL PENSAMIENTO OCCIDENTAL	44
a) El motivo forma-materia griego	44
b) El motivo bíblico radical	47
c) El motivo naturaleza-gracia escolástico	49
d) El motivo naturaleza-libertad humanista	51
§8. LOS LÍMITES Y LA POSIBILIDAD DEL DIÁLOGO FILOSÓFICO	57
a) La trascendencia del mundo	58
b) La base para el diálogo filosófico	61

PARTE II. HISTORICISMO Y EL SENTIDO DE LA HISTORIA

CAPÍTULO 3. LA EVOLUCIÓN DEL HISTORICISMO	69
§9. EL HISTORICISMO COMO ABSOLUTIZACIÓN DEL ASPECTO HISTÓRICO	69
§10. LOS ORÍGENES DEL HISTORICISMO EN LA FILOSOFÍA MODERNA	71

§11. LA TENSIÓN DIALÉCTICA EN EL HUMANISMO
MODERNO   76

a) La primacía de la naturaleza: Descartes, Hobbes
y Leibniz   76

b) La primacía de la libertad: Locke, Rousseau y Kant   78

c) Una síntesis dialéctica: el idealismo poskantiano   80

§12. EL HISTORICISMO RADICAL: DE COMTE A DILTHEY
Y A SPENGLER   86

CAPÍTULO 4. HISTORICISMO, HISTORIA Y EL ASPECTO HISTÓRICO 91

§13. LA RELACIÓN DEL ASPECTO HISTÓRICO
CON LOS OTROS MODOS DE LA EXPERIENCIA   91

a) La absolutización historicista del aspecto histórico   91

b) Delimitación del aspecto histórico   94

c) El significado nuclear del aspecto histórico   96

§14. ANTICIPACIONES Y RETROCIPACIONES
EN LA NOCIÓN DE "DESARROLLO"   101

§15. EL CRITERIO NORMATIVO PARA DETERMINAR
EL "DESARROLLO": LA DIFERENCIACIÓN   106

a) El proceso de despliegue   106

b) Las estructuras de individualidad   111

§16. FE Y CULTURA   118

PARTE III. FILOSOFÍA Y TEOLOGÍA

CAPÍTULO 5. FILOSOFÍA, TEOLOGÍA Y RELIGIÓN — 123

§17. LA RELACIÓN ENTRE FILOSOFÍA Y TEOLOGÍA: UNA RESEÑA HISTÓRICA — 123

a) La tradición agustiniana — 124

b) La tradición tomista — 127

c) Barth — 129

§18. RELIGIÓN: EL CONOCIMIENTO SUPRATEÓRICO DE DIOS — 131

§19. TEOLOGÍA Y LA CRÍTICA DEL PENSAMIENTO TEÓRICO — 136

CAPÍTULO 6. EL OBJETO Y LA TAREA DE LA TEOLOGÍA — 143

§20. EL OBJETO DE LA TEOLOGÍA COMO CIENCIA TEÓRICA — 143

a) El carácter científico de la teología — 143

b) La trascendencia del compromiso religioso y los límites de la teología — 147

c) Las revelaciones de Dios y la posibilidad de la teología — 150

§21. LA FE Y LA RELACIÓN ENTRE LA NATURALEZA Y LA GRACIA — 152

a) El dualismo escolástico — 152

b) El dualismo de Barth — 154

§22. LA RELACIÓN ENTRE LAS ESCRITURAS
Y LA PALABRA-REVELACIÓN   156

a) Las Escrituras como manifestación temporal
de la Palabra-revelación   157

b) El compromiso religioso y los artículos de fe   158

§23. LA RELACIÓN Y DISTINCIÓN ENTRE LA TEOLOGÍA
Y LA FILOSOFÍA CRISTIANA   161

a) Su motivo básico común y campos distintos   161

b) Los fundamentos filosóficos de la teología   162

c) Una filosofía radicalmente cristiana como el único
fundamento para una teología cristiana   166

CAPÍTULO 7. REFORMA Y ESCOLÁSTICA EN LA TEOLOGÍA   171

§24. EL FUNDAMENTO DE LA ESCOLÁSTICA
EN LOS MOTIVOS BÁSICOS NO BÍBLICOS   171

a) Tensiones dialécticas   171

b) Soluciones intentadas   173

§25. LOS FUNDAMENTOS GRIEGOS
DE LA ESCOLÁSTICA   176

a) El motivo materia en la religión griega   176

b) El motivo forma en la religión griega   178

c) Tensiones dialécticas dentro del motivo básico
religioso griego   180

§26. LA APROPIACIÓN ESCOLÁSTICA DEL MOTIVO
BÁSICO GRIEGO   184

PARTE IV. HACIA UNA ANTROPOLOGÍA RADICALMENTE BÍBLICA

CAPÍTULO 8. ¿QUÉ ES EL HOMBRE? 189

§27. LA CRISIS DE LA CIVILIZACIÓN OCCIDENTAL Y EL OCASO DEL PENSAMIENTO OCCIDENTAL 189

§28. LA FILOSOFÍA EXISTENCIALISTA COMO RESPUESTA A LA CRISIS 192

§29. EL SIGNIFICADO DEL YO 196

a) La trascendencia del yo 196

b) Una crítica del existencialismo 197

c) El significado del yo en su relación religiosa con el Origen 201

§30. LA PALABRA-REVELACIÓN Y EL MOTIVO BÁSICO BÍBLICO 204

a) El tema de la revelación: creación, caída y redención 204

b) El sentido radical de la creación, la caída y la redención 206

ADENDA

INTRODUCCIÓN DE R. J. RUSHDOONY 215

GLOSARIO 225

ÍNDICE ALFABÉTICO 241

PARTE I
LA PRETENDIDA AUTONOMÍA
DEL PENSAMIENTO FILOSÓFICO

CAPÍTULO 1
UNA CRÍTICA DEL PENSAMIENTO TEÓRICO

§1. LA NECESIDAD DE UNA CRÍTICA RADICAL DEL PENSAMIENTO TEÓRICO

a) La crisis contemporánea de la filosofía

Toda filosofía que reclama un punto de partida cristiano es confrontada con el dogma[1] tradicional concerniente a la autonomía del pensamiento filosófico, implicando su independencia de todas las presuposiciones religiosas. Puede afirmarse que este dogma es el único que ha sobrevivido al decaimiento general de las certezas más tempranas en la filosofía. Este decaimiento fue causado por el desarraigo espiritual fundamental del pensamiento occidental desde las dos guerras mundiales. Sin embargo, la crisis misma en los fundamentos más tempranos del pensamiento filosófico es la que ha allanado el camino para una crítica radical del dogma de la autonomía. Tal crítica no solo es necesaria desde un punto de vista cristiano, sino más bien debe ser considerada la primera condición de una actitud verdaderamente crítica[2] del

---

[1] Los términos "dogma" y "dogmático" tienen significados muy precisos para Dooyeweerd. El pensamiento dogmático es, estrictamente hablando, "acrítico". Sin embargo, esto debe distinguirse cuidadosamente de lo que Dooyeweerd describe como pensamiento "ingenuo" o "intuitivo". El pensamiento dogmático es un pensamiento no crítico dentro de la actitud teórica; el pensamiento intuitivo pertenece a la actitud prerreflexiva o preteórica.

[2] El proyecto de "crítica" de Dooyeweerd (especialmente desarrollado en su obra magna *A New Critique of Theoretical Thought*, en lo sucesivo *NC*)

pensamiento en toda clase de reflexión filosófica, independientemente de la diferencia del punto de partida. Porque la aceptación de la autonomía del pensamiento teórico ha sido elevada a una condición intrínseca de la verdadera filosofía, sin haber sido justificada por una investigación crítica de la estructura interna de la actitud teórica del pensamiento mismo.

Mientras la creencia en la razón teórica humana como el juez supremo en materias de verdad y falsedad fue incuestionable, esta creencia pudo ser aceptada como un axioma teórico. Pero esta misma creencia es la que, en alto grado, ha sido minada en nuestros días como resultado de un historicismo radical,[1] la influencia de la sicología profunda, la llamada *Lebensphilosophie*[2] y, al menos en Europa, la poderosa influencia del existencialismo.[3] Esto hace que la afirmación de que la autonomía es la condición primordial del pensamiento filosófico sea aún más problemática, en la medida que se mantiene en la situación actual de la filosofía occidental.

---

debe entenderse en un sentido kantiano y neokantiano, no indicando simplemente una "destrucción" negativa del pensamiento, sino más bien una *delimitación* del pensamiento teórico o filosófico, que marca los límites de la teoría. Para una discusión de esta noción de crítica, ver Kant, *Critique of Pure Reason*, trad. Norman Kemp Smith (Londres: MacMillan, 1933), prefacios a la primera y segunda edición y B87–88.

[1] Para Dooyeweerd, Wilhelm Dilthey sería representante de esta escuela. Se ocupa de este movimiento mucho más ampliamente en los capítulos 3 y 4.

[2] Esto incluiría la fenomenología, y particularmente el trabajo de Edmund Husserl.

[3] Esto incluiría a Martin Heidegger aunque quizás erróneamente), y a los filósofos y autores franceses Jean-Paul Sartre y Albert Camus. Dooyeweerd aborda el existencialismo más ámpliamente en el capítulo 8.

b) La necesidad estructural de una crítica de la autonomía teórica

Pero aparte de la crisis actual de todas las certezas anteriores, hay otras razones para hacer del dogma relativo a la autonomía del pensamiento filosófico un problema crítico. En primer lugar, esta pretendida autonomía, que es considerada la base común de la filosofía griega antigua, la tomista-escolástica y la secularizada moderna, carece de esa unidad de significado necesaria para tal fundamento común. En la filosofía griega tenía un significado completamente diferente al de la escolástica tomista. En ambas fue concebida en un sentido completamente diferente del que asumió en el pensamiento secularizado moderno. Tan pronto como buscamos penetrar a la raíz de estas concepciones fundamentalmente diferentes somos confrontados con una diferencia fundamental en las presuposiciones que sobrepasa los límites del pensamiento teórico.

En el análisis final, estas mismas presuposiciones determinan el significado adscrito a esta autonomía. Esto no concuerda con la visión dogmática tradicional del pensamiento filosófico. Porque esta visión implica que el punto de partida último de la filosofía debería ser encontrado en este pensamiento mismo.[1] Pero debido a la falta de un sentido unívoco, la pretendida autonomía no puede garantizar una base común para las diferentes corrientes filosóficas. Por el contrario, parece que una y otra vez este dogma ha impedido

---

[1] Esta es precisamente la demanda de Kant: en su crítica, la razón misma está llamada a ser su propio juez y "tribunal". Ver *Critique of Pure Reason*, Axi. A continuación, Dooyeweerd describirá esto como filosofía de la "inmanencia", ya que busca los criterios para la crítica dentro del pensamiento teórico mismo.

un contacto real entre escuelas y corrientes filosóficas que demuestran ser diferentes en sus presuposiciones suprateóricas más profundas.[1] Esta es la segunda razón por la que ya no podemos aceptarla como un axioma que no es problemático sino que simplemente expresa una condición intrínseca de la verdadera filosofía. Porque si en realidad todas las corrientes filosóficas que pretenden elegir su punto de partida solo en la razón teórica no tuvieran presuposiciones más profundas, debería ser posible resolver todo argumento filosófico entre ellas de manera puramente teórica. Pero la situación de hecho es completamente diferente. Un debate entre tendencias filosóficas, que son fundamentalmente opuestas entre sí, generalmente resulta en un razonamiento a propósitos cruzados, porque no pueden encontrar una manera de penetrar en los verdaderos puntos de partida de las otras. Los últimos parecen estar encubiertos por el dogma de la autonomía del pensamiento filosófico. Y en tanto que exista una diferencia fundamental en las visiones filosóficas del significado y la experiencia, no ayuda si, en línea con el positivismo

---

[1] Dooyeweerd distingue tres diferentes "actitudes" o modos de pensamiento: (1) una actitud *preteórica* que también se describe como "ingenua" o (siguiendo a Husserl) actitud "natural". Este es el modo de ser cotidiano en el mundo, experimentando objetos y personas como totalidades concretas. (2) En la actitud *teórica*, uno abstrae y reflexiona sobre la experiencia preteórica, refractándola en una multiplicidad de "modos" o "aspectos" (esto se discute con mucho más detalle a continuación). Como esto requiere una abstracción de la experiencia cotidiana, el pensamiento teórico también es, en cierto sentido, "artificial". (3) Dooyeweerd aquí discute el nivel *suprateórico*, que excede los límites del pensamiento teórico y es el ámbito de los compromisos de fe.

UNA CRÍTICA DEL PENSAMIENTO TEÓRICO 7

lógico contemporáneo,[1] buscamos establecer criterios para las proposiciones filosóficas significativas y no significativas y requerir su verificabilidad. Puede concederse que esta situación de hecho no demuestra todavía la imposibilidad de una teoría filosófica autónoma que carezca de cualquier presuposición de carácter suprarracional. Pero es, en cualquier caso, suficiente para mostrar que es necesario hacer de las afirmaciones dogmáticas concernientes a la autonomía del pensamiento teórico un *problema crítico*. Este problema debe ser planteado como una *quaestio iuris*. Esto significa que, en último análisis, no estamos interesados en la pregunta de si el pensamiento filosófico en su desarrollo *factual* ha desplegado un carácter autónomo, haciéndolo independiente de la creencia y la religión. Más bien, la pregunta en cuestión es si esta autonomía es requerida por la naturaleza interna del pensamiento, y por lo tanto está implicada en esta naturaleza como una posibilidad intrínseca. Esta pregunta solo puede responderse mediante una crítica trascendental de la actitud teórica del pensamiento como tal. Por esto entendemos una investigación radicalmente[2] crítica sobre las condiciones universalmente válidas,[3] que por sí solas hacen posible el pensamiento teórico, y que son

---

[1] Dooyeweerd está pensando en los herederos austriacos de Auguste Comte, a quienes se hace referencia como el Círculo de Viena. Filósofos "analíticos" posteriores como A. J. Ayer también se incluirían aquí.

[2] "Radical" se usa en un sentido muy preciso: derivado del latín *radix*, se refiere a una crítica que penetra a las "raíces", a las presuposiciones fundamentales que subyacen al pensamiento teórico. Esto requiere una "lectura radical", una lectura profunda, debajo de la superficie.

[3] Para Kant también, la crítica delimita las condiciones de posibilidad del pensamiento y la experiencia, viz., el espacio y el tiempo (*Critique of Pure Reason*, Transcendental Aesthetic). Nuevamente, el proyecto de Dooyeweerd tiene analogías con Kant, pero también diferencias radicales.

requeridas por la estructura y naturaleza internas de este pensamiento mismo.

c) Crítica trascendental versus crítica trascendente

Esta última restricción muestra la diferencia fundamental entre una crítica trascendente y una crítica trascendental del pensamiento filosófico. Una crítica trascendente no tiene nada que ver con la estructura interna de la actitud teórica del pensamiento filosófico y sus condiciones necesarias. Más bien, critica los resultados de una reflexión filosófica desde un punto de vista que está más allá del punto de vista filosófico. Un teólogo, por ejemplo, puede criticar la visión kantiana de la moralidad autónoma desde el punto de vista de la fe cristiana. Pero esta crítica permanece dogmática y sin valor desde el punto de vista filosófico mientras el punto de conexión interno entre la fe cristiana y la filosofía permanece en la oscuridad y la autonomía del pensamiento filosófico se concede como un axioma. La teología misma necesita una crítica trascendental del pensamiento teórico, ya que está ligada a la actitud teórica y siempre tiene presuposiciones filosóficas.[1]

La filosofía, por el otro lado, también necesita esta crítica, pues para ella es la única manera de conquistar un dogmatismo teórico que carece de una autocrítica radical. Bajo la influencia de la aceptación dogmática de la autonomía del pensamiento filosófico, tal crítica radical fue excluida hasta ahora. Ni Kant, el fundador de la así llamada filosofía crítica trascendental, ni Edmund Husserl, el fundador de la fenomenología moderna, quien llamó a su filosofía fenomenológica

---

[1] Esta crítica se aborda a continuación en la Parte Tres, "Filosofía y teología", capítulos 5–7.

"la crítica más radical del conocimiento",[1] han hecho de la actitud teórica del pensamiento un problema crítico. Ambos comenzaron a partir de la autonomía del pensamiento teórico como un axioma que no necesita ulterior justificación. Esta es la presuposición dogmática de su investigación teórica que vuelve problemático el carácter crítico de la última y encubre su punto de partida real, el cual, de hecho, gobierna su manera de plantear los problemas filosóficos.

No insistimos que los adherentes de este dogma lo abandonen por anticipado. Solo les pedimos que se abstengan de la afirmación dogmática de que es una condición necesaria de cualquier filosofía verdadera, y que sometan esta afirmación a la prueba de una crítica trascendental del pensamiento teórico mismo.

§2. ANÁLISIS DE LA ACTITUD TEÓRICA

a) Los aspectos modales de nuestra experiencia de la realidad

¿Cómo está caracterizada la actitud teórica del pensamiento?[2] ¿Cuál es su estructura interna por la cual es diferente de la actitud no teórica del pensamiento? Despliega una estructura

---

[1] *Cf.* Edmund Husserl, *Ideas Pertaining to a Pure Phenomenology and to a Phenomenological Philosophy*, First Book: General Introduction to a Pure Phenomenology, trad. F. Kersten (La Haya: Martinus Nijhoff, 1983), pp. 141-149.

[2] Para importantes y útiles discusiones sobre la "teoría de la teoría" de Dooyeweerd, ver Hendrik Hart, "Dooyeweerd's Gegenstand Theory of Theory", en *The Legacy of Herman Dooyeweerd*, ed. C. T. McIntire (Lanham, MD: University Press of America, 1985), pp. 143-166; y D. F. M. Strauss, "An Analysis of the Structure of Analysis", *Philosophia Reformata* 49 (1984), pp. 35-56.

antitética, donde el aspecto lógico de nuestro pensamiento se opone a los aspectos no lógicos de nuestra experiencia temporal. Para comprender esta relación antitética es necesario considerar que nuestro pensamiento teórico está atado al horizonte temporal de la experiencia humana y se mueve dentro de este horizonte. Dentro del orden temporal, esta experiencia despliega una gran diversidad de aspectos fundamentales o modalidades[1] que en primer lugar son aspectos del tiempo mismo. Estos aspectos, como tales, no se refieren a un *qué* concreto, *i. e.*, a cosas concretas o eventos, sino solamente al *cómo*, *i. e.*, al particular y fundamental modo o manera en que los experimentamos. Por lo tanto, hablamos de los aspectos modales de esta experiencia para subrayar que solamente son los *modos* fundamentales de la última. No deben ser identificados con los fenómenos concretos de la realidad empírica, los cuales funcionan en principio en todos estos aspectos. ¿Cuáles son, entonces, estos modos fundamentales de nuestra experiencia? Los enumeraré brevemente.[2]

---

[1] Lo que Dooyeweerd describe como "aspectos", "modos", "modalidades" o "esferas modales", son simplemente aspectos de una cosa concreta que se destilan solo en la actitud teórica. Es importante comprender que estos "modos" no existen; es decir, en la terminología de Husserl, son *Irreales*, explícitamente distinguidos solo en la consciencia teórica. Por ejemplo, este escritorio es un todo concreto; pero cuando lo considero en la actitud teórica, reconozco que tiene un aspecto estético (su diseño), un aspecto económico (su precio y su lugar en un mercado como mercancía), etc. La discusión más extensa de Dooyeweerd sobre la "teoría modal" se encuentra en *A New Critique of Theoretical Thought*, volumen II: *The General Theory of Modal Spheres*.

[2] Algunos eruditos de Dooyeweerd han discutido la enumeración de las esferas. Ver Calvin Seerveld, "Dooyeweerd's Legacy for Aesthetics: Modal Law Theory" en *The Legacy of HermanDooyeweerd*, pp. 62-68. Ver también *NC* 1:3.

Nuestro horizonte empírico temporal tiene un aspecto numérico; un aspecto espacial; un aspecto de movimiento extensivo; un aspecto de energía, en el que experimentamos las relaciones físico-químicas de la realidad empírica; un aspecto biótico o de la vida orgánica; un aspecto de sentimiento y sensación; un aspecto lógico, *i. e.*, la manera analítica de distinción en nuestra experiencia temporal, la cual se encuentra en el fundamento de todos nuestros conceptos y juicios lógicos. Luego hay un aspecto histórico, en el cual experimentamos la manera cultural de desarrollo de nuestra vida social. Este es seguido por el aspecto de la significación simbólica, encontrándose en el fundamento de todos los fenómenos lingüísticos empíricos. Más allá está el aspecto del trato social, con sus reglas de cortesía, urbanidad, buenos modales, moda, y así sucesivamente. Este modo experiencial es seguido por los aspectos económico, estético, diquético[*] y moral, y, finalmente, por el aspecto de la fe o creencia.

b) La diversidad de aspectos modales dentro del tiempo

Esta completa diversidad de aspectos modales de nuestra experiencia tiene sentido solo dentro del orden del tiempo.[1] Se refiere a una unidad y plenitud de significado supratemporal central en nuestro mundo experiencial, la cual es refractada en el orden del tiempo en una rica diversidad de modos o modalidades de significado, justo como la luz del sol es

---

[*] Del griego *diké*, que significa justicia [N. del T.].
[1] Sobre la noción de tiempo de Dooyeweerd, véase Hendrik Hart, "Problems of Time: An Essay", en *The Idea of a Christian Philosophy* (Toronto: Wedge, 1973), pp. 30–42. J. Stellingwerff ha notado el impacto del trabajo de Heidegger *Sein und Zeit* sobre el concepto de tiempo de Dooyeweerd. Ver J. Stellingwerff, "Elementen uit de ontstaansgeschiedenis der reformatorische wijsbegeerte", *Philosophia Reformata* 57 (1992), p. 188.

refractada por un prisma en una rica diversidad de colores. Una simple reflexión puede aclarar esto. En el orden del tiempo, la existencia y experiencia humanas despliegan una gran diversidad de aspectos modales, pero esta diversidad está relacionada con la unidad central del ego humano, la cual, como tal, sobrepasa toda la diversidad modal de nuestra experiencia temporal. En el orden del tiempo la ley divina para la creación despliega una gran diversidad de modalidades. Pero esta completa diversidad modal de leyes está relacionada con la unidad central de la ley divina, a saber, el mandato de amar a Dios y a nuestro prójimo.

Dentro de la actitud teórica del pensamiento oponemos el aspecto lógico de nuestro pensamiento y experiencia a las modalidades no lógicas a fin de adquirir un entendimiento analítico de las últimas. Estos aspectos no lógicos, sin embargo, ofrecen resistencia a nuestro intento de agruparlos en un concepto lógico y esta resistencia da lugar a problemas teóricos. Tales problemas teóricos son, por ejemplo: ¿cuál es el significado modal del número, del espacio, de la vida orgánica, de la historia, de la economía, de la ley y de la fe? Y estos problemas son de carácter filosófico, ya que se refieren a los modos fundamentales de la experiencia humana, los cuales yacen en el fundamento de toda nuestra experiencia concreta de la diversidad de cosas, eventos, etcétera.

Es verdad que en principio los diferentes aspectos modales delimitan también los puntos de vista especiales bajo los cuales las diferentes ramas de la ciencia empírica examinan el mundo empírico. Esto meramente corrobora nuestra visión con respecto a la diversidad modal de nuestro horizonte experiencial y nuestra visión del pensamiento teórico en general. Pero estas ciencias especiales[1] no dirigen su atención hacia la naturaleza y estructura interna de estos aspectos modales como tales, sino más bien hacia los fenómenos variables que funcionan en ellos de manera especial. La naturaleza interna y la estructura de los aspectos modales especiales que delimitan su campo de investigación son una presuposición de toda ciencia especial. Es solo la filosofía la que puede convertir esta presuposición en un problema teórico. Porque es imposible concebir el significado especial y la estructura interna de un aspecto modal sin tener una visión filosófica de la coherencia temporal completa de todos los diferentes aspectos modales de nuestro horizonte temporal de la experiencia. La razón es que cada aspecto puede revelar su propio significado modal solo en esta coherencia total que se expresa en su propia estructura interna. Esta es la razón por la que esta estructura modal despliega una gran diversidad de componentes o momentos, que a su vez revelan el significado modal del aspecto en cuestión solo en su coherencia total.

En primer lugar, cada aspecto o modo de experiencia tiene un núcleo modal que garantiza su significado especial irreductible. Pero este núcleo modal de su significado solo puede expresarse en una serie de así llamados momentos analógicos,[2] que se refieren a los núcleos modales de todos

---

[1] El término alemán correspondiente sería *positive Wissenschaften*; es importante comprender la "ciencia" indicando la investigación teórica en un sentido amplio, no solo las ciencias naturales o "duras". Lo que los norteamericanos llaman "humanidades" se entiende en el continente como *Geisteswissenschaften*, ciencias humanas.

[2] Cada aspecto tiene un significado "nuclear"; sin embargo, no puede ser descubierto o entendido aparte de su interrelación con los otros aspectos del todo concreto. Ver abajo las primeras dos secciones del capítulo cuatro.

los otros aspectos de nuestra experiencia que preceden o suceden, respectivamente, al aspecto en cuestión en el orden temporal. De acuerdo con la diferente dirección de su referencia, pueden ser distinguidos en momentos retrocipatorios y anticipatorios. Vistos en ellos mismos estos momentos analógicos son multívocos, ya que ocurren también en los otros aspectos experienciales, donde despliegan un significado diferente. Su propio sentido modal es determinado solamente por el núcleo modal del aspecto en cuya estructura funcionan. Sin embargo, mantienen su coherencia con los aspectos a los que se refieren.

Tomemos, por ejemplo, el aspecto sensitivo de nuestra experiencia. Su núcleo modal es aquel momento irreductible del sentimiento, que no puede ser definido de manera lógica. *"Was man nicht definieren kann, das sicht man als ein Fühlen an"*.[1] Pero este adagio alemán es aplicable al núcleo modal de cada aspecto. El momento nuclear del sentimiento, sin embargo, despliega su sentido modal solo en una coherencia inquebrantable con una serie completa de momentos analógicos, haciendo referencia hacia atrás a los otros aspectos de nuestra experiencia. El sentimiento tiene su propio modo de vida, ligado al aspecto de vida orgánica mediante su momento sensorial. Es emocional, y la emoción es un modo sensitivo e intensivo de movimiento, haciendo referencia hacia atrás al núcleo modal del aspecto original de movimiento extensivo. Tiene su propio modo de energía o fuerza, con grados de intensidad, sus causas y efectos, mediante los cuales manifiesta su coherencia con el aspecto físico-químico. Manifiesta su coherencia con el aspecto espacial en analogías espaciales, a saber, la sensación subjetiva de espacialidad y el

---

[1] "Lo que no se puede definir, se ve como con una antena [o 'sensor']".

espacio sensorial objetivo de nuestra percepción sensorial, cuyo significado modal es completamente diferente al del espacio matemático puro, al del espacio físico, al del espacio biótico y así sucesivamente.

Todos estos momentos estructurales del aspecto sensitivo también están presentes en el sentimiento animal más desarrollado. Pero en la experiencia humana este aspecto despliega además momentos estructurales de carácter anticipatorio, en los que se manifiesta su coherencia con los aspectos de nuestro horizonte temporal dispuestos subsecuentemente. El sentimiento de coherencia lógica, el sentimiento cultural, el sentimiento lingüístico, el sentimiento estético, el sentimiento legal, el sentimiento moral, etcétera, son tales momentos analógicos anticipatorios en la estructura modal del aspecto sensitivo, los cuales profundizan y abren, o revelan, su significado modal. Así pues, esta estructura modal refleja la coherencia completa de los diferentes aspectos de nuestra experiencia en un sentido modal especial. Y lo mismo es verdad con respecto a cada uno de los aspectos, como lo he mostrado a detalle en el segundo volumen de mi trabajo *A New Critique of Theoretical Thought*.[1] Esto puede ser llamado la universalidad de cada aspecto experiencial dentro de su propia esfera modal.

§3. Una crítica trascendental del pensamiento teórico

Como lo mencioné, el problema teórico concerniente a estas estructuras modales de nuestra experiencia es de carácter filosófico. Pero una crítica trascendental del pensamiento

---

[1] *General Theory of Modal Spheres* [*La teoría general de las esferas modales*].

filosófico tiene que ver con problemas previos que son de un carácter aún más fundamental. La estructura antitética de la actitud teórica del pensamiento da lugar a la pregunta: ¿esta relación antitética entre el aspecto lógico y los aspectos no lógicos de nuestra experiencia temporal corresponden con la estructura interna de la última? La respuesta debe ser negativa.

Esta antítesis teórica solo se origina en nuestra intención de concebir los aspectos no lógicos de nuestra experiencia por medio de una disociación analítica, a través de la cual son apartados. De esta manera, los oponemos al aspecto lógico de nuestro pensamiento y entre sí, a fin de concebirlos en un concepto lógico. Pero esta disociación analítica de los aspectos presupone su abstracción teórica del enlace continuo de su coherencia en el orden del tiempo. Es decir, no podemos tomarlos en la empuñadura de un concepto lógico sin separarlos de todos los otros aspectos en una discontinuidad lógica abstracta. Pero esto no significa una eliminación real[1] de su enlace continuo de coherencia, el cual, por el contrario, permanece como la condición y presuposición necesaria de su disociación y oposición teórica. Esto meramente prueba la imposibilidad de concebir la continuidad de esta coherencia de manera analítica por el pensamiento teórico.

a) Primer problema: la coherencia de los diversos aspectos modales (antítesis teórica)

Así pues, el primer problema básico de nuestra crítica trascendental del pensamiento teórico puede ser formulado más precisamente como sigue: ¿cuál es el enlace de coherencia

---

[1] Es decir, opuesto a "abstracto" o lo que Husserl describe como *Irreal*.

continuo entre el aspecto lógico y los aspectos no lógicos de nuestra experiencia desde el cual estos aspectos son abstraídos en la actitud teórica? Y, ¿cómo ha de ser concebida la relación mutua entre estos aspectos?

Al plantear este problema excluimos en principio la falsa idea dogmática de que el pensamiento teórico podría penetrar a la realidad empírica como realmente es, o incluso a un reino metafísico del ser, que sería independiente de la posible experiencia humana.[1] La falsa presuposición de que la separación teórica del aspecto lógico de todos los otros aspectos de nuestra experiencia corresponde a la verdadera realidad, ha conducido a conclusiones metafísicas muy singulares. El filósofo griego Aristóteles, concluyó a partir de esta presuposición que la función teórico-lógica del pensamiento tiene una actividad completamente independiente de la vida orgánica del cuerpo y los órganos de los sentidos. De esto derivó su tesis de que el intelecto activo es inmortal en contraste con el hombre individual.[2] Él sabía muy bien que los varios conceptos del pensamiento teórico son de carácter abstracto, pero no se dio cuenta que la separación misma de la función lógica del pensamiento de todos los otros aspectos de nuestra experiencia temporal es solo resultado de la abstracción

---

[1] Dooyeweerd no está afirmando la doctrina kantiana tradicional de la "cosa en sí misma" (Ding-an-sich) o *noúmeno* al que se nos niega el acceso; más bien, su crítica está más cerca de la fenomenología hermenéutica de Heidegger, que afirma que solo tenemos acceso al mundo tal *como* se nos da *a nosotros*, quienes estamos condicionados por presuposiciones. En *NC*, Dooyeweerd explica que el "horizonte estructural de la experiencia humana" (el "mundo") es interpretado por un "complejo a priori subjetivo" (2:548); por lo tanto, continúa: "Solo tenemos *acceso a* [este horizonte estructural] de manera teórica subjetiva" (2:554).

[2] Aristóteles, *De Anima*, III.5 (430a10-25).

teórica y no puede en consecuencia coincidir con la realidad integral. El dogma de la autonomía del pensamiento teórico impidió la comprensión de su estructura real.

Esta fue también la razón por la que la diferencia fundamental entre la actitud teórica y la no teórica del pensamiento se perdió de vista, o al menos fue enteramente malinterpretada. La actitud no teórica es la de la así llamada experiencia intuitiva* o experiencia del sentido común. Carece enteramente de aquella relación antitética entre los modos experienciales lógico y no lógicos que caracteriza la actitud teórica del pensamiento y la experiencia. Aquí, nuestra función lógica permanece completamente inmersa en la continuidad de la coherencia temporal entre los diferentes aspectos. Nuestra atención no está dirigida ni hacia los aspectos especiales abstractos de los fenómenos concretos, como en la investigación científica especial, ni hacia la naturaleza y estructura interna de los aspectos como tales, como en la teoría filosófica concerniente a los modos fundamentales de la experiencia. Más bien, aquí experimentamos las cosas y los eventos concretos en las estructuras típicas de las totalidades individuales que en principio funcionan en todos los aspectos modales de nuestro horizonte temporal en su continua coherencia mutua. Nuestro modo lógico de distinción está enteramente embebido en esta experiencia integral. Nuestros conceptos lógicos preteóricos solo están relacionados con las cosas y los eventos como todos individuales, y no con los aspectos modales abstractos de su realidad empírica. Estos aspectos solo se experimentan implícitamente en las cosas y

---

* El término "naive experience" usado aquí por Dooyeweerd es traducido como "experiencia intuitiva" siguiendo la terminología empleada por Adolfo García de la Sienra en su traducción del primer volumen de *Una nueva crítica del pensamiento teórico*. [N. del T.].

los eventos mismos, y no explícitamente en su disociación y oposición analíticas a la función lógica del pensamiento.

Antes de que pudiéramos abstraer las relaciones numéricas de las cosas numerables concretas, aprendimos a contar por medio de un ábaco o contador moviendo las bolitas rojas y blancas. Todos nosotros, en la actitud intuitiva de la experiencia, conectamos la forma espacial de un círculo con la representación de algo redondo, como un aro o una rueda. Todos conectamos también las relaciones físico-químicas con sustancias concretas como el agua, la sal, etcétera; de ninguna manera tenemos una noción teórica abstracta de las relaciones de energía como tales. En la actitud intuitiva de la experiencia las cosas siempre son concebidas en la coherencia integral de sus aspectos modales.

¿Cómo es posible este carácter integral de la experiencia intuitiva? ¿Cómo ha de explicarse que incluso las cosas inanimadas y los eventos naturales como una tormenta funcionan en todos los aspectos modales de nuestra experiencia intuitiva en su enlace de coherencia temporal continuo? Esto solo es posible por medio de la relación sujeto-objeto,[1] que es inherente a esta actitud experiencial. En esta relación le atribuimos funciones objetivas a las cosas y los eventos en tales aspectos, en los que nunca pueden funcionar como sujetos. Como adultos, que hemos superado las representaciones animistas infantiles, sabemos muy bien que el agua no es una sustancia viva. Sin embargo, en el aspecto biótico de nuestra experiencia le atribuimos la función objetiva de ser un medio necesario para la vida. Le atribuimos cualidades sensoriales objetivas y algunas características lógicas objetivas, funciones objetivas en nuestra vida sociocultural y así sucesivamente.

---

[1] Para una discusión más extensa, ver *NC*, 2:366–413.

A pesar del hecho de que en esta relación sujeto-objeto el agua funciona en todos los aspectos modales de nuestra experiencia, estamos conscientes del hecho de que pertenece al reino de la materia inorgánica, la cual es caracterizada por cualidades físico-químicas.

Un nido de pájaro, por el contrario, es típicamente cualificado por su relación sujeto-objeto con la vida orgánica y sensorial del pájaro, aunque además le atribuimos funciones objetivas en los aspectos posbióticos y postsensoriales de nuestro horizonte experiencial. En la experiencia intuitiva lo concebimos como un todo individual, cualificado por esta relación sujeto-objeto con la vida del pájaro; y esto encuentra expresión en el nombre por el que la cosa es significada simbólicamente. El nido mismo tiene una función objetiva en el aspecto de la significación simbólica. Una obra de artes plásticas es experimentada como un todo individual, funcionando en todos los aspectos modales de nuestro horizonte temporal, pero típicamente cualificado por su relación sujeto-objeto estética.[1] Expresa la visión estética del artista objetivamente en el material de su formación. Una catedral solo puede ser experimentada como un todo arquitectónico, típicamente cualificado por su destinación objetiva, que encuentra expresión en su estructura interna entera, a saber, que ha sido destinado para el uso del culto eclesiástico. Esto significa que su relación sujeto-objeto cualificadora solo ha de ser encontrada en el aspecto modal de la fe, aunque funcione igualmente en todos los demás aspectos de la experiencia.

---

[1] Cabe señalar que la teoría de las esferas modales de Dooyeweerd abre el espacio para la estética como ciencia especial. Para mayor discusión, ver *NC*, 3:109–127, y Calvin Seerveld, "Dooyeweerd's Legacy for Aesthetics: Modal Law Theory", *óp. cit.*

En este momento no podemos ocuparnos de una investigación más detallada de las estructuras de individualidad totales típicas que las cosas y los eventos despliegan en la experiencia intuitiva.[1] En el presente contexto solo estamos interesados en el significado general de las relaciones sujeto-objeto que garantizan el carácter integral de esta experiencia no teórica. Por medio de estas relaciones la última abarca en principio todos los aspectos modales de una cosa o evento en su enlace de coherencia continuo dentro del marco estructural de un todo individual y sin ninguna disociación analítica de estos diferentes aspectos.

Es enteramente extraño a la experiencia intuitiva atribuir funciones objeto a las cosas o eventos aparte de las posibles funciones sujeto con las que están relacionadas. El color rojo sensorial es atribuido a una rosa solo en relación a toda posible percepción sensorial humana normal bajo condiciones de luz adecuadas, no como una cualidad oculta de una sustancia metafísica que existiría en sí misma más allá de cualquier relación con una posible percepción sensorial. Esta concepción metafísica no tiene sentido si el color rojo es entendido como una cualidad sensorial objetiva de la flor. Si se entiende en el sentido de la teoría física moderna de la refracción de la luz, tampoco tiene sentido ya que esta teoría no se relaciona con sustancias metafísicas, sino con el aspecto-energía de los fenómenos empíricos.

Las relaciones sujeto-objeto de la experiencia intuitiva son, en consecuencia, fundamentalmente diferentes de las relaciones antitéticas que caracterizan la actitud teórica del pensamiento. Sujeto y objeto son ciertamente distinguidos en la actitud no teórica, pero nunca se oponen entre sí. Más

---

[1] Para una discusión más detallada, ver *NC*, volumen III, Parte I.

bien, son concebidos en una coherencia irrompible. En otras palabras, la experiencia intuitiva deja intacta la coherencia estructural integral de nuestro horizonte experiencial. La actitud teórica del pensamiento y la experiencia la rompe en partes mediante una disociación analítica de sus aspectos modales.

No es de extrañar que las teorías filosóficas modernas del conocimiento que se aferran al dogma de la autonomía del pensamiento teórico fueran incapaces de hacer justicia a la experiencia intuitiva. Perdiendo de vista la diferencia fundamental entre las relaciones sujeto-objeto preteóricas inherentes a la experiencia intuitiva y la relación antitética característica de la actitud teórica, interpretaron la experiencia intuitiva misma como una teoría acrítica. Esta teoría fue llamada la teoría del realismo ingenuo, o la teoría de la copia. De acuerdo con esta teoría, se supuso que la experiencia intuitiva asume que nuestra percepción sensorial nos proporciona una imagen adecuada de las cosas como son "en sí mismas": como sustancias metafísicas, aparte de la experiencia humana. Se supuso que una refutación de esta teoría con la ayuda de los resultados experimentales de la investigación científica por un lado y con argumentos epistemológicos por el otro, era una refutación de la experiencia intuitiva misma. ¡Un extraño malentendido, en efecto! La experiencia intuitiva no es en absoluto una teoría que pueda ser refutada mediante argumentos científicos y epistemológicos. No identifica la realidad empírica con su aspecto sensorial abstracto y carece de la noción metafísica de un mundo objetivo de cosas en sí mismas más allá del mundo de la experiencia. La experiencia intuitiva es más bien un dato preteórico que corresponde con la estructura integral de nuestro horizonte experiencial en su orden temporal. Cualquier teoría filosófica de la experiencia humana que no pueda dar cuenta de este dato de manera satisfactoria debe ser errónea en sus fundamentos.

b) **Segundo problema: la relación entre las experiencias teórica e intuitiva (síntesis teórica)**

Después de esta confrontación de las actitudes teórica y preteórica del pensamiento y la experiencia, podemos continuar nuestra investigación crítica sobre la primera. Hemos visto que la oposición teórica de la función lógica del pensamiento a todos los aspectos no lógicos de la experiencia da lugar al problema teórico: ¿cómo podemos adquirir un concepto lógico de estos modos experienciales no lógicos? Pero el pensamiento filosófico teórico no puede detenerse en este problema teórico; debe proceder de la antítesis teórica a una síntesis o unión teórica entre los aspectos lógico y no lógicos, si es que un concepto lógico de los modos de experiencia no lógicos ha de ser posible. Cuando reflexionamos sobre este requerimiento, somos confrontados con un nuevo problema fundamental que puede ser formulado como sigue: ¿cuál es el punto de referencia central en nuestra conciencia desde el que esta síntesis teórica puede comenzar? Esta pregunta toca el núcleo de nuestra investigación. Al dar lugar a este segundo problema básico, sujetamos todo posible punto de partida del pensamiento teórico a nuestra crítica trascendental.

Ahora, es evidente que el *verdadero* punto de partida de una síntesis o unión teórica entre los modos experienciales lógico y no lógicos, comoquiera que pueda ser elegido, de ninguna manera ha de ser encontrado en uno de los términos de la relación antitética. Necesariamente debe trascender la antítesis teórica y relacionar los aspectos que fueron disociados y opuestos entre sí a una unidad central en nuestra conciencia. Porque una cosa es cierta: la relación antitética, con la que la actitud teórica del pensamiento se levanta o cae, no ofrece en sí misma ningún puente entre el aspecto lógico y los modos experienciales no lógicos opuestos a él. Y en el orden temporal que garantiza su inquebrantable coherencia no encontramos un punto de referencia central que trascienda la diversidad de los aspectos modales.

Esto significa que el dogma relativo a la autonomía del pensamiento teórico debe guiar a sus adherentes a un *impasse* aparentemente inevitable. Para mantener esta autonomía están obligados a buscar su punto de partida en el pensamiento teórico mismo. Pero en virtud de su estructura antitética, este pensamiento está vinculado a la síntesis teórica intermodal entre los aspectos lógico y no lógicos. Incluso ni una así llamada lógica formal puede prescindir de una síntesis entre el aspecto lógico y el de la significación simbólica, los cuales de ninguna manera son idénticos.

Ahora, hay tantas modalidades de síntesis teórica como modos experienciales de carácter no lógico. Hay un pensamiento sintético de naturaleza matemática, físico-química, biológica, sicológica, histórica y lingüística, así como otros de carácter similar. ¿En cuál de estos posibles puntos de vista teóricos especiales puede el pensamiento filosófico encontrar el punto de partida de su visión total teórica y sintética de nuestro horizonte experiencial? No importa cómo sea hecha la elección, invariablemente equivale a la absolutización[1] de un aspecto modal especial concebido sintéticamente.

---

[1] La noción de "absolutización" se desarrolla más a fondo en el capítulo 2, §6.

Esta absolutización es la fuente de todos los *ismos* en la visión teórica de la experiencia humana y de la realidad empírica. Resultan del intento de reducir todos los otros aspectos modales de nuestro horizonte temporal de la experiencia a simples modalidades del aspecto absolutizado. Ahora, tales ismos como el matematicismo, el biologismo, el sensualismo, el historicismo, etcétera, son acríticos en un doble sentido. Primeramente, nunca pueden ser justificados desde una posición puramente teórica. Por el contrario, el pensamiento teórico, debido a su carácter antitético y sintético, está atado a la irreductible diversidad de los modos fundamentales de la experiencia y sus interrelaciones. En todo el ámbito del pensamiento teórico no hay lugar para la absolutez de un aspecto. La absolutización como tal no puede, por consiguiente, originarse en el pensamiento teórico mismo. Esto testifica más bien de la influencia de motivos suprateóricos que son oscurecidos por la pretendida autonomía del pensamiento filosófico.

En segundo lugar, en toda absolutización de un punto de vista sintético especial el problema fundamental relativo al punto de partida de la síntesis teórica vuelve irresoluto. Porque esta síntesis no puede anular la diversidad irreductible entre el aspecto lógico y el modo experiencial no lógico, que en la antítesis teórica se convierte en su problema teórico. Cualquier intento de reducir el término lógico de la antítesis teórica al no lógico, o viceversa, equivale a una eliminación dogmática del problema.

Pero, ¿es suficiente el argumento anterior para demostrar que el pensamiento filosófico, en virtud de su estructura interna, no puede encontrar su punto de partida en sí mismo? No deberíamos extraer esta conclusión tan apresuradamente.

Kant, el padre de la así llamada filosofía crítica trascendental, fue de la opinión de que podía mostrar un punto de partida en el pensamiento teórico mismo, que es el punto de referencia central de toda síntesis científica especial y la condición de su posibilidad. ¿Puede la autonomía del pensamiento teórico ser demostrada por medio del así llamado método crítico trascendental de Kant? Consideremos su argumento.

Para descubrir el punto de partida inmanente del pensamiento teórico como el punto de referencia central de la síntesis teórica, Kant apunta a la necesidad de una autorreflexión crítica en nuestros actos teóricos de pensamiento dirigiendo nuestra reflexión hacia el *yo* pensante. Esta indicación contiene, de hecho, una gran promesa. Porque es indudable que mientras el pensamiento teórico en su función lógica continúa siendo dirigido meramente hacia los aspectos modales opuestos de nuestro horizonte experiencial, permanece disperso en la diversidad teórica de estos aspectos. Solo cuando el pensamiento teórico es dirigido hacia el ego pensante puede adquirir la dirección concéntrica hacia una unidad última de nuestra conciencia a la que toda la diversidad modal de nuestro horizonte experiencial debe estar relacionada.[1] Si se le pregunta a todas las ciencias especiales ocupadas en la investigación antropológica: "¿qué es el hombre?", se recibirá una gran diversidad de información referente a los diferentes aspectos de la existencia humana temporal. Estas respuestas son, sin duda alguna, importantes. Pero incluso combinando todos estos diferentes puntos de vista especiales desde donde son dadas, no se puede encontrar una respuesta a la pregunta central: "¿quién es el hombre mismo en la unidad central de su ipseidad?" El camino de

---

[1] El carácter "concéntrico" o *ecstático* del yo es el tema del capítulo 2.

la autorreflexión crítica es, por consiguiente, la única que puede conducir al descubrimiento del verdadero punto de partida del pensamiento filosófico.

c) Tercer problema: el origen del ego

Pero aquí surge un nuevo problema fundamental, que puede ser formulado como sigue: "¿cómo es posible la dirección concéntrica del pensamiento teórico hacia el ego, y cuál es su fuente?" Es indudable que este problema, también, es de una naturaleza verdaderamente trascendental. Porque en virtud de su carácter disociativo el pensamiento teórico está atado a una relación básica antitética, la cual como tal solo puede conducirlo en una dirección divergente. Consecuentemente, la dirección concéntrica del pensamiento teórico sobre la ipseidad humana no puede originarse de la razón teórica misma. No obstante, la autorreflexión es necesaria en una crítica trascendental para revelar el punto de partida real del pensamiento filosófico. Kant no planteó el problema mencionado ya que se aferró al dogma de la autonomía del pensamiento teórico. Por consiguiente, estuvo obligado a buscar el punto de referencia central de la síntesis teórica en el aspecto lógico del pensamiento, al que llamó entendimiento.

La noción "yo pienso", según dice, debe acompañar necesariamente todas mis representaciones si han de ser completamente mis representaciones. Pero este "yo pienso" es, de acuerdo con él, solo aquel polo lógico subjetivo del pensamiento que nunca puede llegar a ser el objeto de mi pensamiento, ya que es el centro lógico desde el que todo acto de pensamiento debe comenzar. Kant llama este supuesto centro lógico del pensamiento teórico la "unidad lógico trascendental de la apercepción",[1] o también el sujeto lógico trascendental, o "ego". Asume que es una unidad lógica subjetiva de un carácter absolutamente simple, así que de hecho es una unidad central sin una sola multiplicidad o diversidad de componentes. Este *yo* lógico-trascendental, según Kant, ha de ser distinguido claramente del ego empírico, la persona humana psicofísica, que podemos percibir en el tiempo y el espacio. No pertenece a la realidad empírica. Es más bien la condición general de cualquier acto de pensamiento posible; y como tal no tiene individualidad de ningún tipo. Es el sujeto lógico teórico al que toda la realidad empírica puede oponerse como su contrapolo objeto, su objeto de conocimiento y experiencia.

Kant enfatiza que desde esta noción lógico trascendental, el "yo pienso", ni una pizca de autoconocimiento ha de ser obtenida, ya que nuestro conocimiento está restringido a los fenómenos sensorialmente perceptibles en el tiempo y el espacio, los cuales son el objeto mismo del *yo* lógico. Pero, ¿ha tenido éxito Kant en mostrar un punto de partida real de la síntesis teórica dentro del aspecto lógico del pensamiento mismo? La respuesta debe ser negativa. Hemos visto que el punto de referencia de la síntesis teórica no se puede encontrar dentro de la antítesis teórica entre el aspecto lógico y los aspectos no lógicos de la experiencia, los cuales se convierten en el problema de la investigación analítica. Pero el sujeto lógico trascendental de Kant es exactamente concebido como el polo lógico subjetivo de esta antítesis. Como tal nunca puede ser el punto de referencia central de nuestra experiencia en el orden temporal con su diversidad de aspectos modales.

---

[1] Kant, *Critique of Pure Reason*, A107/B132.

El "cogito" desde el que comienza Kant no puede ser una unidad meramente lógica. Implica la relación fundamental entre el ego y sus actos de pensamiento, los cuales de ninguna manera pueden ser idénticos. Una unidad lógica, por el otro lado, nunca puede ser una unidad absoluta sin multiplicidad. Esto contradice la naturaleza modal del aspecto lógico. Por tanto, la visión de Kant del ego trascendental aterriza en mitología pura. Implica una identificación intrínsecamente contradictoria del *yo* central con su función lógica subjetiva.

Para mantener el dogma de la autonomía del pensamiento teórico, Kant ha permitido que el punto de partida real de su crítica de la razón teórica permanezca en la oscuridad. La tarea de nuestra crítica radical es descubrirlo.

El tercer problema trascendental que hemos planteado, a saber, "¿cómo es posible la dirección concéntrica del pensamiento teórico sobre el ego, y de dónde se origina?", no puede ser resuelto sin conocer la naturaleza interna del *yo* humano, *i. e.*, sin autoconocimiento. Desde los días de Sócrates, la filosofía ha buscado este autoconocimiento. Pero el *yo* humano, como el centro de la experiencia y existencia humana despliega un carácter enigmático.[1] Tan pronto como trato de captar el *yo* en un concepto filosófico retrocede como un fantasma y se disuelve en la nada. No puede ser determinado por ningún aspecto modal de nuestra experiencia, ya que es el punto de referencia central al que todos los modos fundamentales de nuestra experiencia temporal están

---

[1] Como se verá en el capítulo 2, la comprensión de Dooyeweerd del *yo* se enmarca en la tradición agustiniana que afirma que el conocimiento de sí mismo y de Dios están inextricablemente vinculados. Y así, no conocer a Dios es no conocerse a uno mismo, experimentar la ansiedad de la autoalienación. Para el relato de Agustín del carácter enigmático del yo, ver sus *Confesiones*, libros VII y X.

relacionados. Un *yo* lógico no existe, ni un *yo* psico-físico, ni uno histórico, ni uno moral. Todas estas determinaciones filosóficas del ego ignoran su carácter central.

David Hume estuvo completamente en lo correcto cuando, desde su visión sensualista, disolvió el concepto de la ipseidad en una relación natural entre nuestras sensaciones sucesivas.[1] El requerimiento socrático "conócete a ti mismo", conduce la reflexión filosófica a los límites de todo pensamiento teórico. ¿Debe el filósofo detenerse en estos límites a fin de salvar el dogma de la autonomía de la razón teórica? Pero esto sería puro autoengaño, ya que sin una autorreflexión crítica radical ignoramos los inevitables problemas trascendentales implicados en la naturaleza intrínseca de las actitudes teóricas del pensamiento filosófico mismo. La absolutización acrítica a la que ha conducido la ignorancia de estos problemas hace necesario superar también este último baluarte del dogmatismo teórico. Esto puede hacerse dirigiendo nuestro pensamiento teórico a su punto de referencia suprateórico central, el *yo* humano, o ipseidad.

No es el pensamiento teórico el que puede darse esta dirección concéntrica. Es el ego central el único que puede hacerlo, desde un punto de partida suprateórico. ¿Cuál es la naturaleza interna de este *yo* enigmático? Y, ¿cómo podemos llegar al autoconocimiento real? Estas preguntas centrales serán la materia de estudio de nuestra segunda conferencia [capítulo dos] sobre el tema general de la pretendida autonomía de la razón.

---

[1] Ver David Hume, *A Treatise of Human Nature*, Second Edition, ed. P. H. Nidditch (Oxford: Oxford University Press, 1978), p. 207: "what we call a *mind*, is nothing but a heap or collection of different perceptions" ["lo que llamamos *mente*, no es más que un montón o colección de diferentes percepciones"].

CAPÍTULO 2
EL CARÁCTER CONCÉNTRICO DEL YO

§4. EL CARÁCTER ENIGMÁTICO DEL YO

Como vimos en mi primera conferencia, la consideración de la dirección concéntrica de nuestro pensamiento teórico sobre el ego humano parece ser necesaria a fin de descubrir el punto de partida real de la reflexión filosófica. Esta consideración, sin embargo, dio lugar a un nuevo problema, que formulamos como sigue: ¿cómo es esta dirección concéntrica posible y cuál es su origen real? Este problema no ha encontrado una solución hasta ahora, pero fijó nuestra atención sobre el carácter enigmático de este *yo*. El último resultó ser el punto de referencia central de nuestro horizonte temporal de la experiencia entero con su diversidad de aspectos modales. Como tal, resultó ser también el centro real de todo acto teórico de pensamiento y, consecuentemente, una presuposición necesaria del pensamiento filosófico en todas sus manifestaciones.

Pero, como vimos antes, cada intento de captar este ego central en un concepto lógico y definirlo con la ayuda de los aspectos modales de nuestro horizonte experiencial temporal sintéticamente concebidos pareció estar condenado al fracaso. Si el estado de desorientación que resulta de dichos intentos permanece limitado cada vez a una fase estrictamente transitoria y no se convierte en un fenómeno generalizado que encuentra expresión en alguna nueva cosmovisión agresivamente persistente, pronto puede ser superado. Pero cuando resulta tener una causa más profunda que el rompimiento de la creencia en la tradición y es de hecho el resultado de un proceso de creciente socavación de los fundamentos espirituales últimos de una civilización completa, podemos hablar correctamente de una crisis fundamental en esa civilización.

El misterio del ego humano central es que no es nada en sí mismo, *i. e.*, visto aparte de las relaciones centrales donde solo se presenta. Pero la primera de estas relaciones, a saber, de la ipseidad con el horizonte temporal de nuestra experiencia, no puede determinar el carácter interno del ego, excepto en un sentido negativo. La unidad central de la ipseidad no ha de ser encontrada en la diversidad modal del orden temporal. Un *yo* psico-físico no existe, ni uno lógico, ni uno histórico ni uno moral.

§5. LA RELACIÓN DEL YO CON LOS OTROS: INTERSUBJETIVIDAD

Sin embargo, volvámonos hacia las otras relaciones centrales donde funciona nuestro ego, a fin de considerar si ellas pueden determinar la naturaleza interna de nuestro ego en un sentido positivo. La filosofía contemporánea personalista y fenomenalista ha puesto todo el énfasis en la relación interpersonal *yo-tú*, que es esencial para el autoconocimiento. El pensador judío Martin Buber,[1] contrasta nítidamente esta relación interpersonal con la relación sujeto-objeto de nuestra experiencia. En su opinión, la primera se revela en un encuentro espiritual auténtico de las personas involucradas, mientras que la última, en contraste, solo da expresión a

---

[1] Martin Buber, *I and Thou*, trad., rev. ed. Ronald Gregor Smith (Edinburgh: T. & T. Clark, 1958).

una actitud de dominio,[1] inherente a la experiencia, que objetifica el mundo a fin de controlarlo. Pasando por alto la visión de la experiencia de Buber, que aparentemente está orientada al ideal de la ciencia humanista en su sentido científico natural, debemos plantear que, en cualquier caso, la experiencia y la relación interpersonal no pueden ser contrastadas entre sí. Porque la experiencia misma implica una relación interpersonal entre un ego y otro. Esta relación pertenece a la esfera central de nuestro horizonte experiencial y eliminarla equivale a aniquilar la autoconciencia. Mi ipseidad es nada sin la tuya y sin la de nuestros prójimos. En otras palabras, existe una relación comunal central entre los centros individuales de experiencia, que también es el fundamento de cualquier relación comunal temporal en el pensamiento teórico.

Pero, ¿puede esta relación central *yo-tú* dar un contenido positivo a nuestra autoconciencia? ¿Puede guiarnos a una solución del enigma del ego humano? Mientras es vista solo en sí misma, esta relación no es más capaz de hacerlo que la relación de nuestro ego con el horizonte temporal de nuestra experiencia. La razón es que el ego de nuestros prójimos nos confronta con el mismo misterio de nuestra propia ipseidad. El psiquiatra y filósofo suizo Binswanger,[2]

---

[1] Para la mayoría de la filosofía poscartesiana, la relación entre sujeto y objeto es de dominación, control sobre la naturaleza y sobre otras personas; el *yo* (ego) se concibe como un "maestro" o "gobernante". Si bien Buber rechaza este modelo para las relaciones interpersonales, conserva el motivo de la dominación en la relación del ego con las cosas que son "objetivadas" por el pensamiento. Como se verá a continuación, el pensamiento de Dooyeweerd es claramente anticartesiano al respecto.

[2] Ludwig Binswanger (n. 1881), psiquiatra suizo e importante fundador de la psiquiatría existencial, influenciado por Heidegger (iniciado durante

fuertemente influenciado por el existencialismo y el personalismo contemporáneo, dice que la relación comunal *tú-yo* es cualificada como un encuentro interpersonal de *amor*. Pero, ¿qué se entiende por este encuentro de amor? Dentro del horizonte temporal de nuestra experiencia la relación de amor despliega una gran diversidad de significado modal y de estructuras sociales típicas.[1] Hay una diferencia en principio entre el eros o afecto sexual, como un impulso sexual instintivo, y el amor moral al prójimo. Ambos, a su vez, son diferentes en principio del amor platónico teórico a la belleza, la verdad y el bien. El amor entre esposo y esposa, o entre padres e hijos, es de un carácter social típico diferente del amor entre un venerable maestro y sus discípulos, o de nuestras relaciones interpersonales con nuestros compatriotas, implicadas en el amor común al país. Pero ninguna de estas relaciones de amor temporales puede ser de esa naturaleza central que es esencial a la ipseidad humana.

Puede ser que exista una relación de amor central capaz de determinar el significado interno de mi ego en su relación comunal esencial con el de mis prójimos. Pero mientras esta relación de amor sea vista solamente como una relación temporal entre mis prójimos y yo, debemos plantear que no sabemos qué se entiende realmente por ella. Y mientras sean usados términos tales como *encuentro interpersonal* y *amor* en la antropología filosófica en un sentido indefinido, una sospecha de mistificación está destinada a surgir.

---

la breve estancia de Heidegger en el sanatorio Haus Baden en Badenweiler en 1946). Para un trabajo representativo, ver Ludwig Binswanger, *Being-in-the-World*, trad. Jacob Needleman (New York, 1963).

[1] Para Dooyeweerd, el *amor* es el "núcleo de significado modal" del aspecto ético (*NC* 2:154-163).

§6. LA RELACIÓN RELIGIOSA CON EL ORIGEN DEL YO

De este modo, ambas relaciones centrales que hemos considerado hasta este punto son vacías en sí mismas, justo como el ego humano que funciona en ellas. Pero hay una tercera relación central que apunta por encima de la ipseidad humana hacia su Origen divino. Esta es la relación religiosa central entre el ego humano y Dios, a cuya imagen fue creado el ser humano. Puede objetarse que esta relación excede los límites del pensamiento filosófico. Esto ciertamente es verdad, ya que el pensamiento filosófico está atado al horizonte temporal de la experiencia con su diversidad modal de aspectos. Sin embargo, solo esta relación religiosa puede ser a partir de la cual el pensamiento filosófico, en su actitud teórica, puede adquirir la dirección concéntrica sobre nuestra ipseidad. Porque es indudable que el pensamiento teórico, visto aparte del ego central, no puede darse a sí mismo esta dirección central. Solo el *yo* pensante es capaz de una autorreflexión crítica.

Pero si nuestro pensamiento filosófico no es dirigido a la relación religiosa central, que apunta por encima del ego pensante hacia su Origen absoluto, toda autorreflexión crítica está condenada a llegar a la conclusión de que el ego no es nada. Esta conclusión, sin embargo, no tiene sentido, ya que implicaría la negación del pensamiento teórico mismo; porque el último no es nada sin el ego. Por tanto, una autorreflexión filosófica que no es dirigida a la relación religiosa central estará obligada a buscar el ego dentro del horizonte temporal de nuestra experiencia a fin de evitar este resultado nihilista. De este modo, abandona la actitud crítica y elabora un ídolo del ego central absolutizando uno de los aspectos modales de nuestra conciencia temporal. Este es el origen de ídolos como el ego sicológico, el lógico-trascendental, el histórico y el moral.[1]

a) La tendencia religiosa estructural del yo

Sin embargo, hemos establecido que tales absolutizaciones no han de ser explicadas sobre la base del pensamiento teórico mismo. Más bien, revelan la influencia de un motivo central suprateórico, que solo puede ser de carácter religioso. Porque es solamente en su relación religiosa central con su origen divino que el ego pensante puede dirigirse a sí mismo y a la diversidad modal de su mundo temporal hacia lo absoluto. La tendencia interna a hacerlo así es un impulso religioso innato del ego.[2] Porque el ego humano, como el

---

[1] Dado que el ego no es nada en sí mismo sino solo en relación con su Origen, y dado que el pensamiento teórico requiere la afirmación de un yo o ego, entonces el ego —si ha de evitar la completa disipación del yo y del pensamiento teórico— debe encontrar su significado *ya sea* en relación con su Origen (Dios), *o* se verá obligado a "absolutizar" un aspecto de la esfera temporal, tratándolo como si fuera absoluto. Es por eso que Dooyeweerd describe esta "absolutización" como "idolatría", donde uno de los aspectos modales temporales *sustituye* al verdadero Origen trascendente. Esto es muy similar a la comprensión de la idolatría de Agustín en *De Vera Religione*, x.18-xv.29.

[2] El antecedente histórico de esta noción de un "impulso religioso innato" se encuentra en el *sensus divinitatis* de Calvino: "Existe dentro de la mente humana, y de hecho por instinto natural, una conciencia de la divinidad [*sensus divinitatis*]" (*Institución* I.iii.1) Es importante señalar, particularmente en relación con Dooyeweerd, que este no es un conocimiento "natural" de (el verdadero) Dios como en Aquino; no es un *sensus Dei* sino un *sensus divinitatis*. En lugar de decir que los humanos poseen un conocimiento natural "incorporado" del Dios verdadero, Calvino y Dooyeweerd dicen que los seres humanos son, en su misma esencia, seres religiosos. Por lo

punto de concentración de todo significado que encuentra disperso en la diversidad modal de su horizonte temporal de la experiencia, apunta por encima de sí mismo hacia el Origen de todo significado, cuya absolutez se refleja en el ego humano como el asiento central de la imagen de Dios. Este ego, que es vacío en sí mismo, solo es determinado en un sentido positivo por su relación concéntrica con su origen divino. Y es además desde esta relación central que la relación de nuestro ego con su horizonte temporal y su relación comunal central con el ego de nuestros prójimos pueden tomar un contenido positivo.

El impulso religioso innato del ego en el que su relación central con su Origen divino encuentra expresión, toma su contenido de un motivo básico religioso como la fuerza motriz espiritual central de nuestro pensamiento y acción.[1] Si este motivo básico es de carácter apóstata apartará al ego de su verdadero Origen y dirigirá su impulso religioso hacia nuestro horizonte temporal de experiencia, para buscarse dentro del último tanto a sí mismo como a su Origen. Esto dará lugar a ídolos originados de la absolutización de lo que solo tiene un significado relativo.[2] Pero incluso en esta mani-

---

tanto, tanto para Calvino como para Dooyeweerd, incluso la *idolatría* es evidencia de esta "semilla de la religión" (*Institución* I.iii.1) que impulsa a la humanidad a crear dioses. Dooyeweerd describe este "impulso" como un "impulso religioso innato del ego". Este impulso religioso es parte de la *estructura* de la humanidad, pero debido a la caída puede tomar una *dirección* apóstata (ver más abajo).

[1] El "impulso" religioso, que es *estructural*, toma su *dirección* definitiva o contenido del "motivo básico" religioso. Es decir, como a continuación, el impulso puede tomar una dirección apóstata, alejándose del verdadero origen.

[2] Los ídolos son el producto de la absolutización (es decir, la atribución de absoluto, no limitado al horizonte temporal) de algo relativo, atado al

festación apóstata, el carácter religioso de la ipseidad como el punto de concentración de la naturaleza humana continúa revelándose.[1] Incluso en esta absolutización de lo relativo, el ego pensante y actuante trasciende su horizonte temporal. Está sujeto a una ley central que podemos llamar la ley de concentración religiosa de nuestra conciencia, por la que es obligado a trascenderse a fin de encontrar el significado positivo de sí mismo.

b) El motivo básico religioso

Por tanto, el verdadero punto de partida del pensamiento filosófico no puede ser el ego en sí mismo, el cual es una noción vacía. Solo puede ser el motivo básico religioso, operativo en el ego como el centro de nuestro horizonte temporal de la experiencia. Solo este da al ego su carácter dinámico positivo también en su relación interpersonal central con los otros egos y con su origen divino. En otras palabras, tal motivo básico implica las tres únicas relaciones centrales en las que puede manifestarse el ego.

Tan pronto como el pensamiento filosófico comienza a perder su dirección definitiva a consecuencia del debilitamiento de su motivo básico religioso, cae en un estado de decadencia espiritual y se convierte en víctima de un relativismo y nihilismo radicales. Actualmente, los síntomas de tal desarraigo espiritual pueden ser fácilmente establecidos

---

horizonte temporal (es decir, uno de los aspectos modales es tomado para dirigir/constituir el todo).

[1] Es decir, la estructura continúa manifestándose incluso en una dirección falsa. Dooyeweerd no sugiere que todos creen en Dios, sino que todos están comprometidos con algún dios; es decir, todos son religiosos, creyentes en algo. Aquí él es un lector de Calvino más fiel que los "epistemólogos reformados" contemporáneos.

en la llamada crisis fundamental del pensamiento occidental contemporáneo. En esta crisis se revela el sufrimiento y desintegración del ego humano mismo. Porque el ego necesariamente se disuelve en nada cuando pierde su dirección hacia el Absoluto.

El motivo básico religioso siempre es de un carácter comunal central y da expresión a un espíritu común que une a aquellos que son gobernados por él. Rige a un pensador incluso cuando, a consecuencia del dogma tradicional concerniente a la autonomía del pensamiento filosófico, no es consciente de su verdadera naturaleza. Como un motivo comunal se encuentra en la base de una comunidad de pensamiento, en la medida que garantiza una posibilidad última de mutuo entendimiento, incluso entre tendencias filosóficas que vehementemente combaten entre sí.

Dentro del orden temporal de nuestro horizonte experiencial, al que nuestro pensamiento filosófico está atado, la influencia del motivo básico religioso sobre la filosofía está vinculada a dos condiciones. Primero, debe dar lugar a una creencia común dentro del aspecto fe[1] de nuestra experiencia; en segundo lugar, debe ganar un poder sociocultural dentro del aspecto histórico[2] de la sociedad humana, de modo que se haya convertido en un factor formativo de la cultura humana. El poder de la fe, que se desarrolla en su manifestación temporal, lo convierte en el principio rector de nuestro pensamiento. El poder sociocultural, que haya

---

[1] El "aspecto fe" (también descrito como el aspecto "fídico" o "certitudinal") debe distinguirse del motivo religioso básico. Para una mayor discusión, ver James H. Olthuis, "Dooyeweerd on Religion and Faith", en *The Legacy of Herman Dooyeweerd*, pp. 23-29.
[2] Es decir, el motivo básico religioso se "revela" o "expresa" en manifestaciones históricas.

adquirido en el proceso de la historia, garantiza el fundamento temporal de sus influencias sociales. El aspecto de la fe de su manifestación dentro del horizonte temporal de la experiencia puede ser convertido en el objeto teórico de una investigación teológica. El aspecto histórico-cultural de su influencia puede convertirse en el objeto teórico de la investigación histórica. Pero el motivo básico religioso en sí mismo, en su sentido central, no puede llegar a ser el objeto de una investigación teórica más que el ego central mismo.[1]

En nuestra crítica trascendental, este motivo básico religioso solo debe ser abordado en la dirección concéntrica de nuestro pensamiento teórico sobre el ego pensante. Pero entonces, este ego pensante ha de ser tomado en su sentido positivo como el centro religioso de nuestra experiencia temporal, que como tal trasciende los límites del pensamiento filosófico, pero es sin embargo su presuposición necesaria.

Si los motivos básicos religiosos no manifestaran su influencia central dentro del desarrollo interno del pensamiento filosófico mismo, la filosofía no tendría nada que ver con ellos. Pero es la tarea propia de una crítica trascendental radical mostrar esta influencia, a fin de romper cualquier forma

---

[1] Si bien Dooyeweerd afirma que el motivo religioso básico no puede ser objeto de investigación teórica, a continuación (§7), sin embargo, intenta revelar y analizar cuatro motivos religiosos básicos. Por lo tanto, en este punto encontramos una cierta tensión en el pensamiento de Dooyeweerd. Para una discusión, ver Jacob Klapwijk, "Epilogue: The Idea of a Transformational Philosophy", en Jacob Klapwijk, Sander Griffioen y Gerben Groenewoud, eds., *Bringing Into Captivity Every Thought*: Capita Selecta in *the History of Christian Evaluations of Non-Christian Philosophy* (Lanham, MD: University Press of America, 1991), pp. 241-266. Sin embargo, Dooyeweerd no sostiene que el pensamiento teórico explique las presuposiciones religiosas en su Idea básica trascendental (*NC*, 1:86 ss.).

de dogmatismo teórico que enmascara su verdadero punto de partida por el engañoso axioma de la autonomía de la razón teórica. Y nuestra investigación anterior sobre la estructura interna de la actitud teórica del pensamiento, junto con la formulación de los tres problemas básicos trascendentales a los que da lugar esta actitud, han descubierto el punto de conexión interno necesario entre la esfera teórica de nuestra reflexión filosófica y la esfera suprateórica central de nuestra conciencia, que es de carácter religioso.

El desarrollo de la filosofía occidental ha sido gobernada principalmente por cuatro motivos básicos religiosos, que han adquirido un poder sociocultural en la historia de la civilización occidental. El primero, es el motivo forma-materia griego, cuyo significado religioso explicaré en seguida. El segundo, es el motivo básico bíblico radical de la creación, la caída en el pecado y la redención por Jesucristo en la comunión del Espíritu Santo; el tercero, es el motivo escolástico de la naturaleza y la gracia; y el cuarto, es el motivo humanista moderno de la naturaleza y la libertad.

c) **El carácter dialéctico de los motivos básicos no bíblicos**

Antes de dar una breve explicación de estos cuatro motivos básicos y de su influencia central sobre el pensamiento filosófico, haré algunas observaciones respecto al carácter general de los no bíblicos. En contraste con el motivo central de las Sagradas Escrituras, presentan un carácter dialéctico. Esto significa que están intrínsecamente divididos por una irrevocable antítesis religiosa, causada por el hecho de que están compuestos por dos fuerzas motrices centrales, las cuales están en oposición de manera polar entre sí. Envuelven todo pensamiento filosófico que se encuentre en su red, en un proceso dialéctico, donde este pensamiento es dirigido alternadamente hacia uno u otro polo de su punto de partida religioso. ¿Cuál es el origen de este conflicto interno en los motivos básicos dialécticos? En cuanto al motivo escolástico de la naturaleza y la gracia, se origina del intento de una acomodación mutua de los motivos básicos bíblico y griego o humanista, que se excluyen uno al otro en principios. En cuanto a los motivos griego y humanista, su conflicto interno se origina en el hecho de que desvían el impulso religioso innato del ego humano de su verdadero origen y lo orientan hacia el horizonte temporal de la experiencia con su diversidad de aspectos modales. Buscándose a sí mismo y a su origen absoluto en uno de estos aspectos, el *yo* pensante se vuelve a la absolutización de lo relativo.

Ahora, he mostrado en la conferencia anterior sobre este mismo tema que el sentido modal de todo aspecto experiencial solo puede revelarse en una inquebrantable correlación con el de todos los demás. Esto significa que la absolutización religiosa de aspectos particulares no puede dejar de evocar sus correlatos, que en la conciencia religiosa comienzan a reclamar una absolutez opuesta a la de los aspectos deificados. En otras palabras, cualquier ídolo que ha sido creado por la absolutización de un aspecto modal evoca su ídolo contrario. Consecuentemente, los motivos básicos dialécticos siempre están caracterizados por una antítesis última. Esta antítesis divide el impulso religioso del ego y de este modo impide la comprensión de la unidad radical de la ipseidad humana en su relación central con el todo de nuestro horizonte temporal de la experiencia.

Además, es imposible resolver esta antítesis por medio de una síntesis genuina. La razón es que esta antítesis se impone a sí misma sobre la conciencia humana con la mítica semblanza de ser absoluta y lo hace con una necesidad interna debido a su carácter religioso. Esta es la diferencia fundamental entre una dialéctica teórica y una religiosa. La primera es inherente a la relación antitética que caracteriza la actitud teórica del pensamiento. Requiere una síntesis teórica entre el aspecto lógico de nuestro pensamiento y los aspectos experienciales no lógicos que hemos puesto en oposición a él y que constituyen su campo de investigación. Y esta síntesis resultó requerir un punto de partida en la esfera religiosa central de nuestra conciencia. Pero cuando este punto de partida central presenta por sí mismo una antítesis entre dos fuerzas motrices opuestas, no hay otro punto de partida central para resolver esta antítesis por medio de una síntesis última. La antítesis religiosa no permite ninguna solución real mientras el ego humano se encuentra en las garras del motivo básico dialéctico que la ha llamado a existir. En este caso no queda otra salida que atribuir la primacía a uno de los motivos opuestos, lo cual implica una depreciación religiosa, o al menos una subordinación del otro. El cambio periódico de la primacía de un motivo al otro produce un proceso dialéctico en el pensamiento filosófico que tiene su punto de partida central en dicho motivo básico dialéctico. Por esta razón, uno y el mismo motivo básico dualista puede dar lugar a tendencias filosóficas polarmente opuestas, las cuales a primera vista parecen no tener nada en común.

Es un fenómeno regular en el desarrollo de la dialéctica religiosa, en su expresión dentro de un rumbo filosófico del pensamiento, que después o antes de una fase crítica que conduce a una aguda separación de los dos motivos opuestos, surja una tendencia a reconciliarlos por medio de una así llamada lógica dialéctica. Tal intento testifica la falta de una mente crítica en la reflexión filosófica. Por lo tanto, no es sorprendente que la síntesis imaginaria efectuada por medio de dicha lógica dialéctica se disuelva otra vez en una antítesis definitiva tan pronto como la filosofía llega o regresa a una actitud crítica. Nos encontramos con todos estos rasgos de un proceso dialéctico en los desarrollos de la filosofía occidental en la medida en que ha sido gobernada por los tres motivos básicos dialécticos mencionados. Esto se verá en la segunda parte de esta conferencia, en la que explicaremos la influencia de estos motivos sobre el pensamiento occidental.

§7. DESCRIPCIÓN DE LOS MOTIVOS BÁSICOS RELIGIOSOS DEL PENSAMIENTO OCCIDENTAL[1]

a) El motivo forma-materia griego

El motivo central de la filosofía griega, que hemos designado como el motivo forma-materia en línea con la terminología aristotélica, se originó del encuentro de la religión prehomérica de la vida y la muerte, con la más joven religión cultural de los dioses olímpicos. La religión más antigua deificó el flujo siempre corriente de la vida orgánica, que brota de la madre tierra y no puede ser atado a ninguna forma individual. En consecuencia, las deidades de esta religión son amorfas. Es desde este flujo informe de la siempre corriente vida orgánica que las generaciones de seres perecederos se originan periódicamente, cuya existencia, limitada por una

---

[1] Para análisis similares de los motivos religiosos básicos, ver *NC* volumen I, Parte II; y Dooyeweerd, *The Roots of Western Culture*, Collected Works, Serie B, volumen 3 [En español ver *Las raíces de la cultura occidental. Las opciones pagana, secular y cristiana*, trad. Adolfo García de la Sienra, Biblioteca de Filosofía Cristiana (México: CLIE, 1998), N. del T.].

forma corporal, está sujeta al horrible destino de la muerte, designado por los términos griegos *ananké* o *heimarmené tuché*. Esta existencia en una forma limitada fue considerada una injusticia, ya que está obligada a sostenerse a costa de otros seres, de modo que la vida de uno es la muerte del otro. Por tanto, toda fijación de la vida en una figura individual es vengada por el cruel destino de la muerte en el orden del tiempo. Este es el significado de la misteriosa expresión del antiguo filósofo griego Anaximandro, que dice: "el origen (divino) de todas las cosas es el *apeiron*"[1] (es decir, aquello que carece de una forma limitada). "Las cosas regresan a aquello de lo que se originan de acuerdo al destino. Porque se pagan mutuamente la pena y la retribución de su injusticia en el orden del tiempo".[2]

El motivo central de esta religión, consecuentemente, es el del flujo informe de la vida, fluyendo eternamente a través del proceso de nacimiento y decaimiento de todo lo que existe en una forma corporal. Este es el sentido religioso original del principio materia en la filosofía griega. Surgió de una deificación del aspecto biótico de nuestro horizonte temporal de la experiencia y ha encontrado su expresión más sugerente en el culto extático de Dionisio, importado de Tracia.

El motivo forma, por el otro lado, fue el motivo central de la religión olímpica más joven, la religión de la forma, la medida y la armonía. Estuvo arraigado en la deificación del aspecto cultural de la sociedad griega clásica. Este motivo encontró su más profunda expresión en el culto al dios délfi-

---

[1] Anaximandro, Fragmentos 103A-C, en *The Presocratic Philosophers*, eds. G. S. Kirk y J. E. Raven (Cambridge: Cambridge University Press, 1969), pp. 105-106.
[2] Fragmento 103A, en *Ibid.*, p. 107.

co Apolo, el legislador. Los dioses olímpicos han dejado la madre tierra con su siempre corriente flujo de vida orgánica y su ineludible *ananké*. Han tomado el Olimpo como su residencia y tienen una forma personal e inmortal, imperceptible al ojo de los sentidos, una forma ideal de perfecta y espléndida belleza, el prototipo genuino de la idea platónica como la forma metafísica imperecedera del verdadero ser. Pero estos dioses inmortales no tienen poder sobre el *ananké*, el inexorable destino de la muerte. Recuérdese la expresión de Homero en su *Odisea*: "Los inmortales tampoco pueden ayudar al hombre desafortunado cuando el cruel *ananké* lo derriba". Por esta razón la religión olímpica más joven solo fue aceptada como la religión pública de la *polis* griega, la ciudad estado. Pero en su vida privada los griegos siguieron aferrándose a los antiguos dioses terrenales de la vida y la muerte.

El motivo forma-materia, originado en la conciencia religiosa de los griegos, a partir del encuentro de estas dos religiones antagónicas, fue, como tal, independiente de la forma mitológica y ritual de las últimas. Como su motivo básico central, rigió el pensamiento griego desde el comienzo mismo. La autonomía reclamada por las teorías filosóficas griegas frente a la creencia popular implicó meramente un abandono de las formas mitológicas de la última, las cuales estaban vinculadas a la representación sensual. No significó un rompimiento con el motivo forma-materia como tal. Al contrario, fue más bien el punto de partida religioso común de todos los pensadores griegos. Fue este mismo motivo básico, el que por sí solo garantizó una verdadera comunidad de pensamiento entre las tendencias filosóficas griegas, opuestas de manera polar entre sí. Determinó la visión griega de la naturaleza o *physis*, la cual excluyó en principio la idea bíblica de la creación; además, gobernó el significado griego clásico de los términos *eidos* y *eide*, que son entendibles solo desde la significación religiosa del motivo forma griego. Yace en el fundamento tanto de la visión metafísica griega del ser en su oposición al mundo visible del devenir y el declinar, como de las visiones griegas de la naturaleza y la sociedad humanas. Debido a su carácter dialéctico, ha envuelto el pensamiento griego en un proceso dialéctico que despliega todos los rasgos que hemos indicado brevemente.

b) El motivo bíblico radical

El segundo motivo básico del pensamiento occidental es el tema bíblico radical y central de la creación, la caída en el pecado y la redención por Cristo Jesús como la Palabra de Dios encarnada, en la comunión del Espíritu Santo. Este motivo básico es la fuerza motriz espiritual central de todo pensamiento cristiano digno de este nombre. No debe confundirse con los artículos de fe eclesiásticos, que se refieren a este motivo y que pueden ser convertidos en el objeto de una reflexión teológica dogmática en la actitud teórica del pensamiento. Como el núcleo de la divina Palabra-revelación[1] es independiente de cualquier teología humana. Su sentido radical solo puede ser explicado por el Espíritu Santo, operando en el corazón o centro religioso de nuestra conciencia, dentro de la comunión de la iglesia católica invisible.

---

[1] Para Dooyeweerd, la "divina Palabra-revelación" incluye más que la revelación particular en la Escritura. Discute esto más adelante en la Parte III Filosofía y Teología, donde se ponen de manifiesto las similitudes (y diferencias con) Karl Barth. Para una discusión, ver Olthuis, *óp. cit.*, p. 25.

Este motivo religioso básico ha descubierto la raíz o centro real de la naturaleza humana y desenmascara los ídolos del ego humano, que surgen al buscar este centro dentro del horizonte temporal de nuestra experiencia con su diversidad modal de aspectos. Revela el significado positivo real del ego humano, como el punto de concentración religioso de nuestra existencia integral; como el asiento central de la *imago Dei* en la dirección positiva del impulso religioso del ego hacia su Origen absoluto. Asimismo, descubre el origen de todas las absolutizaciones de lo relativo, a saber, la dirección negativa o apóstata del impulso religioso del ego humano. Por ende, revela el verdadero carácter de todos los motivos básicos del pensamiento humano, que desvían el impulso religioso hacia el horizonte temporal. Este también es, entonces, el significado crítico radical del motivo básico bíblico para la filosofía, ya que libera al ego pensante de los prejuicios que, debido a que se originan de las absolutizaciones, impiden fundamentalmente una visión filosófica de la estructura real e integral del orden temporal de la experiencia. Por lo tanto, este motivo básico bíblico es el único punto de partida posible de una filosofía cristiana en su sentido genuino. Pero el desarrollo de tal filosofía ha sido impedido una y otra vez por la poderosa influencia de la filosofía griega, y más tarde por el surgimiento del motivo básico escolástico de la naturaleza y la gracia.

En la primera fase del pensamiento cristiano, en la que la influencia agustiniana fue predominante, el funcionamiento central de este motivo básico bíblico se restringió a la teología dogmática. La última fue erróneamente identificada con la filosofía cristiana, lo cual implicó que las cuestiones filosóficas fueran tratadas solo dentro de un contexto teológico.

En consecuencia, el rechazo agustiniano de la autonomía del pensamiento filosófico frente a la divina Palabra-revelación significó la negación de esta autonomía frente a la teología dogmática, que era considerada la reina de las ciencias. Esta última visión no era bíblica en absoluto, sino que más bien fue tomada de la metafísica aristotélica, que había atribuido esta posición regia a una teología filosófica de la que todas las demás ciencias serían esclavas.[1] De hecho, los fundamentos filosóficos del pensamiento de Agustín fueron tomados, en su mayor parte, de la filosofía helenística y acomodados solo externamente a la doctrina de la iglesia.

c) El motivo naturaleza-gracia escolástico

En la segunda fase, comenzando con el surgimiento del tomismo, la filosofía y la teología dogmática fueron distinguidas claramente. Pero al mismo tiempo surgió un tercer motivo básico religioso, que excluyó la influencia radical e integral del motivo bíblico central en la filosofía. Este es el motivo de la naturaleza y la gracia, que desde entonces ha sido el punto de partida de la filosofía escolástica como se desarrolló en círculos tanto católicos romanos como protestantes.[2] Originalmente tenía como objetivo una acomodación mutua de los motivos básicos religiosos bíblico y griego. Pero desde el Renacimiento también pudo servir a una acomodación mutua de los puntos de partida bíblico y humanista

---

[1] Aristóteles, *Metafísica* VI y XII. Existe un problema histórico al sugerir que la comprensión de Agustín de la relación de las ciencias provino de Aristóteles. No es imposible, pero sí poco probable. Los mismos temas se pueden encontrar en una teología filosófica platónica y neoplatónica.

[2] Sobre la escolástica protestante, ver Richard A. Muller, *Post-Reformation Reformed Dogmatics*, volúmenes 1 y 2 (Grand Rapids, MI: Baker, 1987, 1993).

moderno. Implicó la distinción entre una esfera natural y una supranatural de pensamiento y acción.

Dentro de la esfera natural, una autonomía relativa fue atribuida a la razón humana, la cual se suponía capaz de descubrir las verdades naturales por su propia luz. Dentro de la esfera supranatural de la gracia, por el contrario, el pensamiento humano se consideró dependiente de la autorrevelación divina.[1] La filosofía fue considerada parte de la esfera natural; la teología dogmática, por otro lado, de la esfera supranatural. En consecuencia, ya no había una cuestión de filosofía cristiana. El pensamiento filosófico fue, de hecho, abandonado a la influencia de los motivos básicos griego y humanista en su acomodación externa a la doctrina de la iglesia. Estos motivos fueron enmascarados por la aceptación dogmática de la autonomía de la razón natural. El significado escolástico atribuido a esta autonomía fue determinado por el tema naturaleza-gracia. La razón natural no debería contradecir las verdades supranaturales de la doctrina de la iglesia basada en la revelación divina. Esto implicó una acomodación externa de las concepciones filosóficas griegas o humanistas a esta doctrina eclesiástica, siempre que la autoridad eclesiástica fuera de hecho respetada por los estudiantes de filosofía. El intento tomista de una síntesis de los motivos opuestos de la naturaleza y la gracia y la adscripción de la primacía a la última, encontró una clara expresión en

---

[1] Aquino, *Summa Theologiae*, Ia. qu. 1, y *Expositio super librum Boethii* De trinitate, pp. 1-2 (trad. Armand Maurer, *Faith, Reason and Theology* [Toronto: Pontifical Institute of Mediaeval Studies, 1987], pp. 13-55). Como Aquino enfatiza en *In Boeth.*, su posición marca un alejamiento de la explicación de Agustín de la "iluminación" (*In Boeth.*, qu. 1, art. 1).

el adagio: *Gratia naturam non tollit, sed perficit* (la gracia no cancela la naturaleza, sino que la perfecciona).[1]

Pero el carácter dialéctico del motivo naturaleza-gracia se manifestó claramente en el movimiento nominalista medieval tardío.[2] La síntesis tomista de la naturaleza y la gracia fue sustituida por una aguda antítesis. Cualquier punto de conexión entre la esfera natural y la sobrenatural fue rechazado. Este fue el inicio del cambio de primacía al motivo de la naturaleza. El proceso de secularización de la filosofía había comenzado.

d) El motivo naturaleza-libertad humanista

El cuarto motivo básico religioso que ha adquirido una influencia central en el pensamiento occidental es el del humanismo moderno, que surgió y se desarrolló desde el Renacimiento italiano del siglo XV. Desde Immanuel Kant, este motivo ha sido designado en general como el tema de la *naturaleza* y la *libertad*. Bajo la influencia del dogma de la autonomía del pensamiento filosófico, su sentido religioso fue camuflado. En consecuencia, fue presentado como un tema puramente filosófico relativo a la relación entre la razón teórica y la razón práctica, un tema igualmente discutido en la filosofía griega y la escolástica. De la misma manera, el motivo forma-materia griego fue presentado en la filosofía escolástica como un axioma puramente filosófico relativo a una distinción metafísica primordial implícita en la idea fundamental del ser. Una crítica trascendental radical del pensamiento filosófico no debería dejarse llevar por tales afirmaciones axiomáticas. De hecho, el motivo libertad

---

[1] *Summa Theologiae*, Ia.1.8; *In Boeth.*, 2.3.
[2] Juan Duns Escoto y Guillermo de Ockham.

humanista y su contraparte dialéctica, el motivo naturaleza humanista, fueron de un carácter religioso central.

El motivo libertad se originó en una religión de la humanidad, en la que el motivo básico bíblico había sido completamente transformado. El lema *renascimento* del Renacimiento italiano significó un renacimiento real del hombre en una personalidad creativa y totalmente nueva. Esta personalidad fue pensada como absoluta en sí misma y se consideró la única gobernante de su propio destino y del mundo. Esto significó una revolución copernicana con respecto al motivo básico bíblico de la religión cristiana. La revelación bíblica de la creación del hombre a imagen de Dios fue implícitamente subvertida en la idea de una creación de Dios a la imagen idealizada del hombre. La concepción bíblica del nuevo nacimiento del hombre y su libertad radical en Jesucristo fue reemplazada por la idea de una regeneración del hombre por su propia voluntad autónoma, su emancipación del reino medieval de la oscuridad, enraizado en la creencia de la autoridad supranatural de la iglesia.

Este nuevo motivo libertad humanista, que fue extraño al pensamiento griego ya que presuponía el motivo cristiano de la creación, la caída en el pecado y la redención, generó una nueva visión de la naturaleza, que fue concebida como la contraparte macrocósmica del nuevo y religioso ideal de la personalidad. Este así llamado descubrimiento de la naturaleza en el Renacimiento, tuvo un indudable trasfondo religioso. Después de haberse emancipado de toda creencia en una esfera supranatural en su sentido eclesiástico escolástico, y habiéndose convertido en el único amo de su destino, el hombre moderno busca en la naturaleza infinitas posibilidades para satisfacer su propio impulso creativo. Considera el macrocosmos desde el punto de vista optimista de su propia expectativa del futuro. Esto significa que la concepción escolástica del creador divino como *natura naturans* es transferida a la nueva imagen de la naturaleza. El adagio *Deus sive natura* [Dios o naturaleza], presente en el Renacimiento italiano, testifica una deificación de la nueva imagen de la naturaleza, que es radicalmente diferente de la deificación del siempre corriente flujo de vida en la antigua filosofía jónica de la naturaleza.

La revolución provocada posteriormente por Copérnico en la imagen astronómica del universo, fue considerada por el humanismo emergente una consecuencia de la revolución religiosa motivada por el lema de resurgimiento (*renascimento*) del Renacimiento italiano. El hombre autónomo moderno recrea su Origen divino y su mundo a su propia imagen.

Pero el nuevo motivo libertad, al igual que su correlato, el nuevo motivo naturaleza, incluye una diversidad de posibles tendencias. La razón es que carece de la unidad de sentido radical, propia de la concepción bíblica de la libertad cristiana, que concierne a la verdadera raíz y centro de la existencia humana. Más aún, desvía de nuevo el impulso religioso concéntrico del ego humano hacia el horizonte temporal de nuestra experiencia con su diversidad de aspectos modales. Esto significa que el motivo básico humanista no implica una respuesta unívoca a la pregunta: ¿dónde ha de ser encontrado el asiento central de la libertad autónoma del hombre? Tampoco provee una respuesta unívoca a la pregunta: ¿cuál es la relación entre la personalidad libre y autónoma del hombre y el reino de la naturaleza, y bajo qué punto de vista puede ser concebida la naturaleza como una unidad? Desde el punto de partida humanista, el centro de la libertad autónoma y creativa del hombre puede ser buscado en el aspecto moral o en el estético, en el teórico-lógico o en el sensitivo, de nuestro horizonte experiencial temporal. De la misma manera, la unidad de la naturaleza como el universo macrocósmico podría ser concebida bajo diferentes puntos de vista modales absolutizados.

Sin embargo, hubo desde el principio mismo una fuerte tendencia en el motivo libertad a esforzarse por el dominio de la naturaleza, y esta tendencia, también, testifica la influencia del motivo creación bíblico secularizado en el punto de partida humanista. Porque la revelación bíblica relativa a la creación del hombre a la imagen de Dios es inmediatamente seguida por el gran mandato cultural de que el hombre debe sujetar la tierra y tener dominio sobre ella. Tan pronto como la tendencia a dominar el mundo temporal adquirió la delantera en el motivo libertad humanista, el asiento central de la libertad autónoma del hombre fue buscado en el pensamiento matemático. En agudo contraste con las concepciones griega y medieval de la matemática, un poder creativo fue atribuido al análisis matemático, visto como el fundamento universal de la lógica. El motivo libertad humanista no permite la aceptación de un orden estructural de la creación dado dentro del horizonte temporal de la experiencia. Esto contradeciría el significado humanista de la autonomía del pensamiento teórico, que es fundamentalmente diferente de la visión tanto griega como escolástica de esta autonomía. Por tanto, la renovación cartesiana de los fundamentos metódicos de la filosofía implicó una destrucción teórica del entero orden estructural de la experiencia humana dado, a fin de reconstruir el mundo material *more geometrico*.[1]

El impulso de dominar la naturaleza por un pensamiento científico autónomo requirió una imagen determinista del mundo, construida como una cadena ininterrumpida de relaciones funcionales causales, que deben ser formuladas en ecuaciones matemáticas. Galileo y Newton sentaron las bases de la física matemática clásica. Para construir una imagen del mundo correspondiente con el motivo del dominio, el método de esta ciencia especial fue elevado a un patrón universal de pensamiento filosófico científico. La naturaleza fue concebida como una unidad central bajo el punto de vista mecanicista absolutizado. Pero ahora la dialéctica religiosa interna del motivo básico humanista comenzó a revelarse en la filosofía moderna. La imagen del mundo mecanicista construida bajo la primacía del motivo de la naturaleza, encaminada al dominio soberano del mundo, no dejó lugar para la libertad autónoma de la personalidad humana en su actividad práctica. La naturaleza y la libertad parecieron ser motivos opuestos en el punto de partida humanista.

A partir de entonces, la filosofía humanista se envolvió en un incansable proceso dialéctico. Con Rousseau,[2] la pri-

---

[1] Como Descartes explica en su *Sinopsis de las Meditaciones*, "el único orden que pude seguir fue el que normalmente utilizan los geómetras, es decir, establecer todas las premisas de las que depende una proposición deseada, antes de sacar conclusiones al respecto". Descartes, *Meditations on First Philosophy*, en *The Philosophical Writings of Descartes*, volumen II, eds. J. Cottingham, R. Stoothoff y D. Murdoch (Cambridge: Cambridge University Press, 1984), p. 9.

[2] Véase, por ejemplo, Jean-Jacques Rousseau, *The Social Contract and Discourse on the Origin of Inequality*, ed. Lester G. Crocker (New York: Simon & Schuster, 1967).

macía es transferida al motivo de la libertad y el asiento central de la libertad humana es buscado en el aspecto modal del sentimiento. La filosofía crítica de Kant llevó a una aguda separación de los reinos de la naturaleza y la libertad.[1] Los motivos de la naturaleza fueron despreciados. El ideal matemático y mecanicista de la ciencia fue restringido a un mundo empírico de fenómenos sensoriales ordenados por categorías lógico trascendentales del entendimiento humano. La libertad autónoma del hombre no pertenece al reino sensorial de la naturaleza, sino al reino suprasensorial de la ética, que no es gobernado por leyes naturales, sino por normas. Al igual que en Rousseau, la primacía religiosa fue atribuida al motivo libertad. Pero el asiento central de la libertad humana fue buscado ahora en el aspecto moral de la voluntad humana. (El idealismo poskantiano[2] busca superar el dualismo crítico de Kant mediante un modo dialéctico de pensamiento que se supone debe lograr una síntesis última de la naturaleza y la libertad).

El ideal matemático de la ciencia, nacido del impulso de dominar la naturaleza, es sustituido por otro patrón filosófico de pensamiento orientado al aspecto histórico de la experiencia. Esto da lugar a una visión historicista del mundo temporal que reduce todos los demás aspectos de nuestra experiencia al histórico. El nuevo modo histórico de pensamiento es polarmente opuesto al método racionalista e individualista de pensar, el cual se originó del ideal matemático y mecanicista de la ciencia. Está inspirado por un giro

---

[1] Si bien se deja espacio para esta distinción en la Primera Crítica (*The Critique of Pure Reason*, A797–804/B825–832), se considera más sistemáticamente en la Segunda crítica. Ver Kant, *Critique of Practical Reason*, tercera edición, trad. Lewis White Beck (New York: Prentice-Hall, 1993).

[2] Dooyeweerd se refiere a Hegel.

irracionalista y universalista en el motivo libertad humanista. Pero a mediados del siglo pasado, el idealismo alemán de la libertad se rompió y dio lugar a un positivismo naturalista. El motivo de la naturaleza recuperó la ventaja y el modo histórico de pensamiento se transformó en una clase más compleja de pensamiento científico natural. Mientras tanto, el historicismo, no siendo ya controlado por la creencia en las ideas eternas de la razón humana, comenzó a mostrar sus consecuencias relativistas, resultando en un proceso de desarraigo espiritual del pensamiento occidental. La creencia humanista anterior fue vista en sí misma como un mero fenómeno histórico, el producto perecedero de nuestra mente cultural occidental. La influencia transitoria del neokantismo y del neohegelianismo no pudo detener este proceso. Tanto el positivismo lógico contemporáneo, como su opuesto polar, el existencialismo humanista, testifican una crisis fundamental en la filosofía humanista.

§8. LOS LÍMITES Y LA POSIBILIDAD DEL DIÁLOGO FILOSÓFICO

Este breve estudio de la importancia central de los motivos básicos religiosos del pensamiento occidental puede ser suficiente para mostrar la necesidad de una crítica trascendental radical del pensamiento filosófico. La influencia central de los motivos religiosos sobre el pensamiento filosófico es mediada por una triple idea básica trascendental que, consciente o inconscientemente, se pone en la base de cualquier reflexión filosófica y es la única que hace posible esta reflexión. Esta idea básica triple, que he llamado la "idea cosmonómica" de la filosofía,[1] está relacionada con los tres

---

[1] Ver *NC* 1:93–113.

problemas básicos trascendentales primordiales relativos a la actitud teórica del pensamiento como tal, los cuales hemos formulado y considerado en nuestra primera conferencia [capítulo uno]. En consecuencia, contiene en primer lugar una idea limitante trascendental de la totalidad de nuestro horizonte temporal de la experiencia con su diversidad modal de aspectos, incluyendo una visión de la relación mutua entre estos aspectos; en segundo lugar, una idea del punto de referencia central de todos los actos sintéticos del pensamiento; y, en tercer lugar, una idea del Origen, sea llamado Dios o no, que relaciona con lo absoluto todo lo que es relativo.

Aunque dicha idea básica trascendental es una condición general y necesaria del pensamiento filosófico, el contenido positivo que se le da depende del motivo básico central que gobierna al ego pensante. Esto implica que ni siquiera la crítica trascendental de la filosofía que he explicado brevemente en estas dos conferencias podría ser independiente de mi propio punto de partida religioso. Esto da lugar a dos preguntas críticas que, sin duda, me plantearán en la conclusión de mi explicación. Primero: ¿cómo puede esta crítica tener alguna fuerza concluyente para quienes no aceptan tu punto de partida religioso? Y, segundo: ¿cuál puede ser la base común para una discusión filosófica entre quienes no tienen un punto de partida común?

a) La trascendencia del mundo

En cuanto a la primera pregunta, puedo responder que mi análisis del pensamiento teórico no tenía otro objetivo básico que poner al descubierto los datos estructurales de nuestro horizonte temporal de la experiencia y de la actitud teórica del pensamiento, ambos de validez general. Pero además, he mostrado por qué estos datos estructurales inevitablemente se perdieron de vista en tanto que el dogma de la autonomía de la razón teórica impidió una crítica trascendental radical del pensamiento filosófico. Bajo la influencia de absolutizaciones de abstracciones teóricas no reconocidas, surgió una diversidad de visiones filosóficas opuestas relativas a la experiencia humana y la realidad empírica, carentes de una verificación verdaderamente crítica. Y las absolutizaciones, como resultó ser, se originaron de unos motivos básicos dialécticos de carácter religioso. El motivo básico bíblico radical desenmascara cualquier absolutización de lo relativo, y puede liberar el pensamiento filosófico de prejuicios dogmáticos que impiden una visión integral de las estructuras reales de la experiencia humana. Este efecto es verificable ya que se manifiesta dentro del horizonte experiencial temporal, cuyo orden estructural tiene una validez general para todo pensador.[1]

Esto, ciertamente, no significa que nuestra crítica trascendental, dado que comienza a partir de este motivo básico radical, puede reclamar una infalibilidad filosófica. Esta suposición testificaría una autoexaltación filosófica, que se origina

---

[1] Aunque el pensamiento teórico se basa en compromisos preteóricos "religiosos" que determinan la interpretación, no obstante los fenómenos que la teoría busca explicar son compartidos por todos; es decir, es el mismo mundo el que confronta estas diferentes "escuelas". Por lo tanto, a continuación Dooyeweerd enfatiza el "significado trascendental" del mundo tal como se da en la experiencia, que él describe como un "estado de cosas", más o menos equivalente a *die Sachen selbst* ["las cosas mismas"] de Husserl. Aunque las diferentes "escuelas" filosóficas se basan en diferentes motivos básicos, debido a que "comparten" este mundo, la "verificación" es posible porque el orden estructural del mundo es vinculante para cada interpretación (*cf.* Heidegger, *El ser y el tiempo*, §44) Para una discusión más completa, ver *NC* 2:542-582.

por la falta de un verdadero autoconocimiento. Toda reflexión filosófica es una actividad humana falible y una filosofía cristiana no tiene en sí misma una posición privilegiada respecto a esto. Es solo su motivo básico bíblico el que puede darle un carácter verdaderamente cristiano y liberarla de prejuicios dogmáticos que impiden la comprensión del orden integral de la experiencia humana fundada en la creación divina.

Los datos estructurales, fundados en el orden temporal de la experiencia humana, sin embargo, son hechos de una importancia trascendental, que deben ser reconocidos independientemente de su interpretación filosófica. Si estos datos no parecen estar de acuerdo con ciertas presuposiciones dogmáticas de una escuela filosófica, los adherentes de la última no deben tratar de eliminar los datos, sino encontrar una explicación filosófica satisfactoria sobre la base de su propio punto de partida. Toda corriente filosófica puede contribuir a poner a prueba su propia visión filosófica y las de otras corrientes con respecto a los datos que, hasta ahora, han sido dejados de lado. Porque el descubrimiento de este descuidado estado de cosas en nuestro horizonte experiencial no es el monopolio de una escuela filosófica particular. Debido a la gracia común[1] pueden encontrarse verdades relativas

---

[1] Esta noción de "gracia común" es central para la apropiación cristiana de y el diálogo con el pensamiento no cristiano. En *De Doctrina Christiana* (II.xlv.60-xlvii.63), Agustín habla de la recuperación de la verdad filosófica de los paganos como el "botín de Egipto" que "deberíamos reclamar para nuestro propio uso... de sus injustos opresores" que han extraído este oro de la Verdad del "mineral de la providencia divina". Por lo tanto, todo lo que se considere verdadero en la filosofía no cristiana debe atribuirse a la "gracia común" del único Maestro de todos. Ver también Calvino, *Institución*, II.ii. 13-17.

en toda filosofía, aunque la interpretación de tales verdades pueda parecer inaceptable desde la perspectiva bíblica en la medida en que la interpretación filosófica resulte estar gobernada por un motivo básico dialéctico y apóstata. Sin embargo, ninguna filosofía puede prosperar en aislamiento.

b) La base para el diálogo filosófico

Aquí llego a la segunda pregunta: ¿cuál puede ser la base común para una discusión filosófica entre quienes no comparten un punto de partida en común? Pienso que la primera condición para encontrar esta base común debe ser la convicción de que cualquier corriente filosófica seria tiene que contribuir a su manera al cumplimiento de la tarea filosófica común de la humanidad. Esta convicción debe estar en la base de todo debate filosófico, incluso si las visiones relativas a la tarea de la filosofía son divergentes en alto grado, e incluso aunque las ideas básicas filosóficas estén dominadas por motivos no bíblicos y sean, por eso, fundamentalmente erróneas. Por lo tanto, la estéril actitud exclusivista de las escuelas, en la que cada una de ellas supone tener el monopolio de la verdad filosófica, debe ser derrumbada.

La causa principal de este exclusivismo fue la absolutización dogmática de patrones específicos de pensamiento y la falta de comprensión de la influencia central de los motivos básicos suprateóricos en la actitud interna filosófica del pensamiento. Por tanto, la crítica trascendental radical del pensamiento teórico que he desarrollado en estas dos conferencias es, en mi opinión, de valor universal para todos los estudiantes de filosofía. Porque los tres problemas básicos trascendentales del pensamiento filosófico que han sido formulados, no pueden ser evadidos por ningún filósofo que desee de verdad pensar críticamente. La razón es que se originan en la naturaleza interna de la actitud teórica del pensamiento mismo, que es uno y el mismo para todo pensador. Cada corriente filosófica debe tratar de resolverlos desde su propio punto de partida, pero este punto de partida ya no debe ser camuflado por el dogma multivocal concerniente a la autonomía del pensamiento teórico.

El primer resultado de una participación de todas las tendencias filosóficas en la crítica trascendental radical del pensamiento teórico, será facilitar el camino para una discusión real entre filósofos que tienen diferentes puntos de partida, o que han llegado a posiciones polarmente opuestas a pesar de estar enraizadas en el mismo motivo básico dialéctico. Quienes participen en dicha discusión deben penetrar mutuamente en las presuposiciones suprateóricas del otro, a fin de poder ejercitar una crítica inmanente auténtica de las visiones filosóficas de cada uno. Entonces también estarán preparados para aprender el uno del otro, poniendo a prueba sus concepciones filosóficas divergentes del mundo empírico por los estados reales de las cosas dentro del orden estructural de la experiencia humana, el cual es una condición común para toda filosofía.

La confrontación continua de las diferentes visiones filosóficas de la experiencia con estos datos estructurales por un lado, y con los puntos de partida suprateóricos por el otro, introducirá una nueva mente crítica de mutuo entendimiento en el debate filosófico.

Uno de los primeros datos estructurales de la experiencia humana dentro del orden del tiempo que nuestra nueva crítica del pensamiento teórico ha puesto de manifiesto, es la diversidad modal fundamental de esta experiencia y la interrelación de los diferentes modos experienciales. Es cierto que mi explicación de este estado estructural de las cosas estuvo desde el principio mismo gobernado por mi Idea básica trascendental, la cual implicó la irreductibilidad mutua de los modos experienciales en su interrelación misma. Y también es cierto que esta Idea trascendental a su vez está gobernada por el motivo básico bíblico, que desenmascara en principio toda absolutización de un modo relativo del orden temporal. Pero esto no le resta valor al hecho de que mi visión trascendental de la relación mutua entre los modos fundamentales de la experiencia puede ser verificada por quienes no comparten mi punto de partida. Esta verificación puede darse mediante la confrontación de esta visión con los estados de cosas referentes a los conceptos básicos generales de las diferentes ciencias especiales, los cuales implican una síntesis teórica del aspecto lógico y los diferentes modos experienciales no lógicos. Estos conceptos básicos contienen, sin duda, momentos analógicos en los que la coherencia interna de los diferentes modos de la experiencia halla expresión. Desde una perspectiva lógico positivista, este estado de cosas ha llevado incluso a sugerir una unificación de los conceptos básicos de las diferentes ciencias especiales. Sin embargo, tan pronto como intentamos reducir un modo experiencial fundamental a otro, nuestro pensamiento teórico es enredado en antinomias[1] irresolubles.

Algunas de estas antinomias ya eran conocidas en el pensamiento griego antiguo. Me refiero, por ejemplo, a las antinomias que surgen del intento de reducir el modo experiencial del movimiento extensivo al modo espacial de la experiencia. El movimiento extensivo implica una analogía espacial, a

---

[1] Sobre estas "antinomias", ver *NC* 2:570 ss.

saber, la de extensión. Pero este movimiento extensivo es cualificado por el momento nuclear del aspecto del movimiento, a saber, el del flujo continuo, mientras que la extensión espacial es de carácter estático.

Las antinomias que resultan en el pensamiento teórico por ignorar la naturaleza irreductible de los modos experienciales fundamentales, muestran que hay estados estructurales de cosas en nuestra experiencia que no pueden ser dejados de lado con impunidad. Estos estados de cosas pueden, en efecto, ofrecer una base común para toda discusión filosófica, ya que son datos trascendentales y como tales tienen validez general para toda filosofía.

En la nueva crítica del pensamiento filosófico, cuyos rasgos principales expliqué en estas dos conferencias, el rastreo de antinomias teóricas ha sido elaborado en un método sistemático de crítica inmanente de los sistemas filosóficos. Este método puede ser utilizado para probar cualquier visión total filosófica de nuestro horizonte experiencial por los datos estructurales del último dentro del orden temporal.

Naturalmente, esta crítica inmanente no puede poner fin al combate entre las diferentes visiones filosóficas de la experiencia humana y la realidad empírica. La razón es que los datos estructurales mencionados pueden ser de una naturaleza que conduzca a diferentes interpretaciones filosóficas de acuerdo con las diferentes ideas básicas trascendentales que estén en el fundamento de las últimas. Como resultado, incluso las antinomias pueden ser interpretadas filosóficamente en sentidos diferentes. Aquellos que ignoran la diversidad modal fundamental del orden temporal de la experiencia y se aferran a la autonomía de la razón humana teórica en su sentido humanista pueden tratar de reducirlas a contradicciones meramente lógicas. En su *Crítica de la razón pura*, Kant también lo hizo.[1]

La influencia central de los diferentes motivos básicos religiosos sobre el pensamiento filosófico se revela claramente aquí. Fue el objetivo mismo de nuestra crítica trascendental mostrar por qué esta diferencia fundamental no puede ser eliminada de la discusión filosófica. Y pienso que el estado de los hechos, tal como se presenta en el debate promedio entre tendencias filosóficas distintas, corrobora los resultados de esta crítica. ¿Esto significa que debemos abandonar la creencia en un estándar trascendental de verdad, que tenga validez general con respecto a las visiones totales filosóficas de nuestro horizonte experiencial y del mundo empírico? En otras palabras, ¿nuestra crítica trascendental del pensamiento filosófico resulta en un relativismo teórico general, haciendo que el estándar filosófico de verdad dependa de las diferentes Ideas básicas trascendentales? No. Esto sería un malentendido fundamental de la verdadera intención de esta crítica.

El orden temporal estructural de nuestra experiencia, a la que nuestra crítica ha apelado continuamente, no puede ser dependiente de las Ideas básicas trascendentales subjetivas, ya que es una condición trascendental del pensamiento filosófico mismo. Hemos establecido enfáticamente que todo estado de cosas fundado en este orden temporal estructural es un dato trascendental para toda teoría filosófica, y que cada visión total filosófica de la experiencia debe ser probada por estos datos. Es verdad que los últimos pueden ser interpretados de diferentes maneras filosóficas; pero esto no

---

[1] Kant, *Critique of Pure Reason*, Transcendental Dialectic, esp. A405–461/B432–489.

significa que las interpretaciones filosóficas se retiren de un estándar general de verdad.[1]

Estas interpretaciones filosóficas resultan ser malas interpretaciones en la medida en que equivalgan a un razonamiento fuera de los datos estructurales de nuestra experiencia. Tal razonamiento puede ser resultado de la devoción a un sistema filosófico cerrado y consistentemente practicado. Esto es un peligro al que todo filósofo está expuesto, independientemente de su punto de partida religioso. Muestra la necesidad de una discusión realmente crítica entre las diferentes tendencias filosóficas. Pero también puede ser que el desprecio de los datos trascendentales esenciales de nuestra experiencia sea causado por el motivo básico religioso de una escuela filosófica que impulsa el pensamiento filosófico hacia unas absolutizaciones en la medida que está bajo el control central de ese motivo básico. Esta es la razón por la que el estándar trascendental de verdad, que está atado al orden estructural temporal de nuestra experiencia, depende del estándar religioso trascendente, únicamente por el cual los puntos de partida centrales de la filosofía pueden ser probados. Este estándar de verdad auténticamente absoluto no se encuentra en el hombre, sino únicamente en la Palabra de Dios, en su sentido central, la cual revela la fuente de todas las absolutizaciones y es la única que puede llevar al hombre a un verdadero conocimiento de sí mismo y de su Origen absoluto.

---

[1] Para Dooyeweerd, la Verdad no es una "cosa" objetiva, sino más bien un *proceso* por el cual los estados estructurales de las cosas son "descubiertos" o "revelados". Para su desarrollo de esta "estructura de perspectiva de la verdad", véase *NC* 2:571–582. Para un tratamiento análogo (que probablemente incluso sirve de fuente para Dooyeweerd), ver Heidegger, *El ser y el tiempo*, §44.

PARTE II
HISTORICISMO Y EL SENTIDO DE LA HISTORIA

CAPÍTULO 3
LA EVOLUCIÓN DEL HISTORICISMO

§9. EL HISTORICISMO COMO ABSOLUTIZACIÓN DEL ASPECTO HISTÓRICO

En los grandes puntos de inflexión de la historia del mundo, la conciencia histórica del hombre se despierta fuertemente. La relatividad de nuestras medidas tradicionales y opiniones se manifiestan de manera clara. En estos puntos de quiebre históricos, aquellos que no viven por la Palabra de Dios y han considerado estas medidas y opiniones tradicionales el cimiento firme de su vida personal y social, fácilmente caen presa de un estado de desarraigo espiritual, en el que se rodean de un relativismo radical, que ha perdido toda fe en una verdad absoluta. Uno de los síntomas más alarmantes del comienzo de una crisis fundamental de la cultura occidental desde las últimas décadas del siglo XIX fue el surgimiento de una cosmovisión radicalmente historicista. Esta cosmovisión no deja otra perspectiva más que un nihilismo espiritual, cuyo lema es: "comamos y bebamos, que mañana moriremos".

El historicismo radical hace que el punto de vista histórico sea todo abarcante, absorbiendo todos los demás aspectos del horizonte experiencial humano.[1] Incluso el centro religioso de la experiencia humana, el ego humano o ipseidad,

---

[1] De esta manera, el historicismo es una forma de "absolutización" de un solo aspecto de la experiencia temporal. Dooyeweerd aborda el historicismo como una forma contemporánea de "idolatría" (como se usa en su sentido técnico discutido anteriormente).

es reducido a un flujo corriente de momentos históricos de la conciencia. Todos nuestros estándares y concepciones científicas, filosóficas, éticas, estéticas, políticas y religiosas son vistas como la expresión del espíritu de una cultura o civilización particular. Cada civilización ha surgido y madurado en la corriente omnicomprensiva del desarrollo histórico. Una vez que su florecimiento ha terminado, está destinada a declinar. Y es meramente una ilusión dogmática pensar que el hombre podría ver su mundo y su vida desde otra perspectiva que la histórica. La historia no tiene ventanas mirando hacia la eternidad. El hombre está completamente encerrado en ella y no puede elevarse a un nivel suprahistórico de contemplación. La historia es el alfa y la omega de la existencia del hombre y de su facultad de experiencia. Y es gobernada por la suerte, el inevitable destino.

Este fue el historicismo radical desarrollado en el famoso trabajo de Oswald Spengler, *The Decline of the West*.[1] De acuerdo con él, nuestra cultura occidental está condenada a declinar, y nada puede salvarla, ya que ha terminado su curso fatal en la historia. Esta obra, publicada poco después del final de la Primera Guerra Mundial y escrita en un estilo brillante, hizo una profunda impresión. En muchos sentidos preparó el camino para la pleamar del así llamado movimiento filosófico existencialista, que adquirió una posición dominante en el pensamiento europeo, especialmente desde la Segunda Guerra Mundial. En el existencialismo, la visión historicista está concentrada exclusivamente en la ipseidad

---

[1] Oswald Spengler, *The Decline of the West*, 2 vols., trad. Charles Francis Atkinson (Nueva York: Knopf, 1928). Con respecto a la cuestión del historicismo, es importante tener en cuenta que el pensamiento de Spengler representa una cierta herencia nietzscheana.

LA EVOLUCIÓN DEL HISTORICISMO 71

humana y su posición en el mundo. Pero el tono pesimista subyacente en la visión de la existencia histórica humana de Spengler claramente se mantiene. Destino, preocupación y ansiedad, muerte y fracaso humano, noche sin amanecer: estos son los temas dominantes de esta filosofía, en tanto se adhiere a un punto de vista puramente historicista. El voluminoso trabajo de Toynbee sobre la historia mundial también revela claramente la influencia de las ideas de Spengler.[1] Sin embargo, puede observarse que este escritor inglés trata de romper con el fatalismo de Spengler al plantear su expectativa de un último avivamiento de la verdadera cristiandad. Solo dicho avivamiento, según Toynbee, podrá salvar la cultura occidental de su destino de decadencia.

§10. LOS ORÍGENES DEL HISTORICISMO EN LA FILOSOFÍA MODERNA

Se debería notar que al principio el historicismo no desplegó el carácter radical que observamos en Spengler. Se originó en la primera mitad del siglo pasado [siglo XIX], en el período de la llamada Restauración. Con una filosofía idealista, colocó el modo histórico de pensamiento en oposición al patrón de pensamiento matemático y científico natural que había dominado el cuadro filosófico del mundo y de la vida en el período anterior desde Descartes. Para ser más precisos, deberíamos decir que el surgimiento de un historicismo moderado data del siglo XVIII. De hecho, fue el filósofo italiano Vico el primero en establecer el modelo histórico de la cien-

---

[1] Arnold Toynbee, *A Study of History*, 10 vols. (Oxford: Oxford University Press, 1934).

cia en oposición al ideal matemático cartesiano de la ciencia.[1] Sin embargo, la visión historicista del mundo en general no ganó terreno frente a la imagen antihistórica del mundo del período anterior hasta el tiempo de la Restauración.

¿Cuál fue el trasfondo de esta oposición? La filosofía moderna, fundada por el pensador francés Descartes, tenía un punto de partida oculto que era radicalmente diferente al de la filosofía escolástica medieval de Tomás de Aquino. La última había sido aceptada como el fundamento racional de la doctrina católica romana. Pero la filosofía cartesiana, aunque su fundador buscó evitar cualquier conflicto directo con la iglesia, de hecho estaba dominada por el motivo básico religioso del movimiento humanista que había surgido desde la época del Renacimiento italiano. Este Renacimiento fue, en primer lugar, un movimiento religioso, con el objetivo de transformar la religión cristiana en una religión de la personalidad humana y de la humanidad. Requirió un renacimiento real del ser humano, no en su sentido bíblico, sino en el sentido de su regeneración en una personalidad completamente libre y autónoma, el único señor de su propio destino y del mundo. El tema bíblico central de la creación, la caída en el pecado y la redención por Cristo Jesús en la comunión del Espíritu Santo, fue en efecto reinterpretado en el sentido de este motivo de la libertad humanista. Descansando en su razón natural solamente, el hombre supuestamente podría recrear su mundo y su dios a su propia imagen. Esta revolución copernicana, que el motivo libertad humanista produjo en la visión bíblica de la creación del hombre a imagen de Dios, evocó una nueva visión religiosa de la naturaleza como

---

[1] Giambattista Vico, *The New Science* en *Vico: Selected Writings*, ed. y trad. Leon Pompa (Cambridge: Cambridge University Press, 1982).

el reflejo macrocósmico de la personalidad humana libre y emancipada. El "descubrimiento de la naturaleza" por el hombre del Renacimiento produjo una nueva actitud religiosa hacia el mundo, que también necesitaba la liberación de la visión eclesiástica de la creación, el pecado y los milagros.

Este motivo básico religioso central del humanismo moderno puede ser correctamente designado como el de la naturaleza y la libertad. Desde el famoso filósofo alemán Immanuel Kant, esta denominación ha sido generalmente aceptada para indicar el tema central que dominó la cosmovisión humanista, pero que de hecho fue su punto de partida religioso. Este motivo fue radicalmente diferente al de la filosofía escolástica medieval desde Tomás de Aquino, a saber, el de la naturaleza y la gracia supranatural. Este último motivo implicaba que hay una esfera natural en la creación que puede ser conocida por la luz natural de la razón humana sola, pero que esta esfera está subordinada a una esfera sobrenatural de la gracia que solamente es conocida por la revelación divina confiada a la iglesia. Por lo tanto, la razón natural no debe contradecir las verdades sobrenaturales de la doctrina de la iglesia. De esta manera, la filosofía medieval fue sometida al control eclesiástico. Este motivo escolástico de la naturaleza y la gracia, que introdujo la doctrina católica romana, privó al tema central de la Palabra-revelación —a saber, el de la creación, la caída en el pecado y la redención por Jesucristo en la comunión del Espíritu Santo— de su carácter radical e integral. Al aceptar una esfera de vida natural, que supuestamente estaba relacionada solo con el intelecto humano aparte de cualquier presuposición religiosa, preparó el camino para una filosofía que no reconoció ninguna otra autoridad que la razón humana.

La filosofía humanista eliminó la así llamada esfera supranatural. Tampoco aceptaría un orden del mundo dado fundado en la creación divina. Esto fue incompatible con su motivo básico religioso que implicó la autonomía absoluta de la razón humana. No podría aceptar ningún orden del mundo que no se originara de la misma razón humana autónoma y libre. Por lo tanto, la filosofía cartesiana comenzó con una destrucción metódica y teórica del mundo como se presenta en el orden dado de la experiencia humana. Después de esta destrucción metódica del mundo dado, solo queda el ego humano pensante con sus ideas matemáticas innatas. Y este ego pensante, que busca el criterio de la verdad solo en sí mismo, se pone la tarea de recrear el mundo a la imagen de su patrón matemático de pensamiento.

Nos encontramos con la misma transformación humanista de la idea bíblica de la creación en la filosofía del más joven contemporáneo británico de Descartes, Thomas Hobbes. En el prefacio de su obra *De Corpore*[1] (sobre el mundo corpóreo), donde explica su filosofía de la naturaleza, Hobbes dice que la filosofía debe comenzar con una destrucción metódica del mundo dado. Con una clara alusión al primer capítulo del libro de Génesis, sugiere que después de este experimento metódico el pensamiento lógico debe ordenar: "¡sea la luz!" Y esta alusión es corroborada por la siguiente explicación: "porque el pensamiento lógico debe crear, como Dios o como el artista". Para lograr este dominio del mundo de la naturaleza por el pensamiento creativo y autónomo solo, tanto Descartes como Hobbes proyectaron una imagen del mundo de acuerdo con un patrón estrictamente matemático

---

[1] En *The English Works of Thomas Hobbes*, ed. Sir William Moleworth (Oxford: Oxford University Press, 1962).

y mecánico. Esta imagen de la naturaleza no dejó ningún lugar para la libertad autónoma del hombre en su actividad práctica dentro del mundo. Porque como un ser corporal y natural se supuso que el hombre estaba sometido a la misma causalidad mecánica que regía esta imagen de la naturaleza como un todo. Para salvar la libertad humana, que se supuso tener su centro en el pensamiento matemático, Descartes sugirió que el alma humana, concebida como una sustancia pensante, debe ser considerada filosóficamente como si el cuerpo no existiera y viceversa. Pero Hobbes no reconoció esta limitación de la imagen mecánica del mundo. El alma racional, también, debe ser considerada como un mecanismo.

Así que el motivo básico humanista de la naturaleza y la libertad comenzó a desplegar su conflicto interno y tensión dialéctica. El ídolo mecanicista de la naturaleza, evocado por el motivo de la libertad humanista mismo, resultó ser un verdadero Leviatán (el legendario monstruo mencionado en el libro de Job), que amenazó con devorar al ídolo de la humanidad libre y autónoma. Este conflicto no fue, por consiguiente, de carácter meramente teórico filosófico. Más bien, se originó en el punto de partida religioso central del pensamiento humanista. Por lo tanto, no permitió encontrar una solución real desde dentro de la misma perspectiva humanista. La única salida fue la adscripción de la primacía o prioridad religiosa a uno de los dos motivos opuestos: o al del dominio sobre la naturaleza, o al de la libertad humana práctica; con el resultado, naturalmente, de que el otro en sí mismo fue despreciado.

§11. LA TENSIÓN DIALÉCTICA EN EL HUMANISMO MODERNO

a) La primacía de la naturaleza: Descartes, Hobbes y Leibniz

El continuo cambio de la primacía de un motivo al otro causó un proceso dialéctico en el pensamiento humanista moderno, que lo condujo en direcciones polarmente opuestas, del polo naturalista al del idealismo de la libertad, y viceversa. La adscripción de la primacía al motivo naturaleza significó, de hecho, un culto del pensamiento matemático y científico natural, que se supuso capaz de crear una imagen de la naturaleza como realmente es, en contraposición a lo que se presenta en el orden dado de la experiencia humana. El culto de este ideal de la ciencia implicó además una idea del creador divino, construido a la imagen de este patrón de pensamiento. Por esta razón el gran filósofo alemán Leibniz, llamó a Dios el *gran Geómetra*. Su descubrimiento del cálculo diferencial e integral evocó en su conciencia religiosa el ídolo de un matemático divino capaz de llevar a cabo este admirable método de análisis matemático a tal grado que haría incluso calculables los acontecimientos fortuitos.

Mientras este ideal matemático de la ciencia tuvo la primacía en la filosofía moderna, incluso la sociedad humana fue construida en pos de su patrón. El orden social dado, que aún mostraba muchos remanentes del régimen feudal medieval, no satisfizo la visión humanista de la autonomía humana. Por lo tanto, este orden social también fue sometido a una destrucción metódica por el pensamiento teórico. Fue disuelto en sus supuestos componentes elementales, *i. e.*, los individuos libres e iguales, quienes se asumieron haber existido en un estado de naturaleza presocial. Usando estos elementos, el pensamiento filosófico podría crear libremente una imagen teórica de la sociedad humana conforme al ideal matemático humanista de la ciencia, que tiene como objetivo el control completo del mundo temporal. El primer problema fue construir un cuerpo político, provisto de poder absoluto sobre todas las demás relaciones sociales, a fin de disolver toda conexión con la sociedad medieval. Con este fin, el estado fue definido como un cuerpo artificial caracterizado por su soberanía absoluta y exclusiva de cualquier soberanía de esfera interna[1] de las instituciones no políticas como la familia y la iglesia. Para hacer aceptable esta soberanía absoluta, fue adaptada a la idea humanista de la libertad autónoma del hombre, por la construcción de un contrato social general y recíproco entre individuos, fuera este acompañado o no por un segundo contrato con el gobierno soberano instituido. Mediante este pacto, se supuso que los individuos abandonaron su libertad natural por su propia voluntad autónoma y transfirieron todo el poder al gobierno soberano instituido. La validez de este pacto se derivó de un principio de la ley natural: a saber, que los acuerdos deben ser mantenidos; un principio que se asumió estar fundado en la razón humana autónoma. Sin embargo, a pesar de esta concesión formal al ideal de la libertad humanista, fue claro

---

[1] Dooyeweerd hereda la noción de "soberanía de esfera" de Abraham Kuyper, quien enfatizó que las instituciones sociales como el estado, la familia y la iglesia, todas tienen distintas "esferas" de autoridad fundadas en la diversidad creacional y deben permanecer distintas a fin de permitir un desarrollo adecuado o "diferenciación". Para una explicación más detallada, ver el Glosario y Wolters, "The Intellectual Milieu of Herman Dooyeweerd", pp. 5-6.

que el Leviatán estatal, construido por el patrón matemático de pensamiento, absorbió toda la libertad humana. Aquí, también, el conflicto interno del motivo básico humanista de la naturaleza y la libertad se reveló claramente. La teoría política, la teoría de la ley y la visión entera de la sociedad humana fue, en este período, totalmente antihistórica.

b) La primacía de la libertad: Locke, Rousseau y Kant

La supremacía del ideal matemático de la ciencia no podía dejar de evocar una fuerte reacción de parte del amenazado motivo libertad. El cambio de la primacía religiosa al último motivo ya se había anunciado en el siglo XVIII, en una crítica fundamental de la filosofía cartesiana, y en el surgimiento de la doctrina de los derechos humanos innatos e inalienables y de la idea del estado liberal, que fueron desarrolladas por John Locke. Rousseau abiertamente descartó el ideal matemático de la ciencia y proclamó la precedencia absoluta del ideal de la libertad humana práctica. Kant, quien fue influenciado fuertemente por él, despreció la imagen científica de la naturaleza restringiéndola al mundo de los fenómenos sensoriales. De acuerdo con él, la libertad y la autonomía volitiva de la personalidad humana no pertenecen al mundo de la naturaleza sino al reino suprasensorial de la ética, el cual no se relaciona con lo que *es* sino con lo que *debiera ser*. La libertad humana es una idea de la razón práctica, que no puede ser probada ni refutada por el pensamiento científico, puesto que el último está restringido al mundo sensorial de la naturaleza. Uno debe creer en la libertad de la personalidad humana porque nuestra razón práctica nos lo ordena y porque la razón práctica tiene la primacía absoluta.[1]

Este cambio de la primacía al motivo libertad requiere también, como su correlato, una idea humanista de Dios. El dios kantiano ya no es el divino geómetra; más bien ha llegado a ser la imagen deificada de la personalidad humana autónoma y libre en su aspecto ético. La idea de Dios es, de acuerdo con Kant, un requerimiento de la razón práctica humana (es decir, de una ética autónoma). Debería haber un Dios, capaz de recompensar la virtud humana con beatitud eterna, ya que en la vida presente la libertad y la autonomía moral humana solo pueden ser realizadas a costa de la felicidad natural del hombre.[2]

Así el conflicto interno entre el motivo naturaleza y el motivo libertad en el punto de partida religioso del humanismo llevó a Kant a una cosmovisión fuertemente dualista. La naturaleza y la libertad fueron profundamente separadas una de la otra, lo cual correspondió con la separación de Kant entre ciencia y fe, que consecuentemente tuvo un trasfondo religioso. Pero la adscripción de la primacía religiosa al motivo libertad no dio lugar inmediatamente a otro patrón de pensamiento científico para reemplazar la visión científica matemática y natural de Descartes y Hobbes. En tanto que la visión individualista y racionalista de la personalidad humana en sus relaciones sociales no fue abandonada, la influencia del ideal matemático de la ciencia no fue completamente su-

---

[1] Así, el famoso dicho de Kant: "Por lo tanto, he encontrado necesario negar el *conocimiento*, a fin de hacer lugar a la *fe*" (*Critique of Pure Reason*, p. xxx).

[2] Véase Kant, *Critique of Practical Reason*, págs. 130-138 ("The Existence of God as a Postulate of Pure Practical Reason" ["La existencia de Dios como un postulado de la razón práctica pura"]).

perada. Ambos, Rousseau y Kant, prosiguieron a construir la sociedad humana de manera matemática, desde sus supuestos elementos (a saber, los individuos humanos abstractos, en su presunta libertad e igualdad natural).

El rasgo racionalista en la ética de Kant que testifica la continua influencia del ideal matemático de la ciencia sobre él, aflora en su concepción de la autonomía de la voluntad ética del hombre. El verdadero *autos* (*i. e.*, la ipseidad del hombre) es, de acuerdo con él, idéntico a la fórmula general del *nomos* (*i. e.*, la ley ética o imperativo categórico), que su razón práctica le prescribe. La voluntad ética pura se supuso no tener otra motivación más que respetar esta ley general. No quedó lugar para la individualidad de la persona humana en esta ética legalista. Como un individuo abstracto, toda persona fue considerada nada más que un espécimen de esta idea normativa general de la personalidad humana. Por lo tanto, Kant no tuvo la comprensión de una comunidad real como un todo social que no es idéntico a la suma de los individuos sino que produce una interrelación interna entre sus miembros.

c) Una síntesis dialéctica: el idealismo poskantiano

Sin embargo, en el período de la Restauración, después de la liquidación de la Revolución Francesa, el motivo libertad humanista comenzó a revelarse en una nueva versión del desarrollo de la filosofía idealista poskantiana.[1] La creencia kantiana en la idea normativa eterna de una humanidad libre y autónoma fue mantenida; pero la visión legalista de

---

[1] Hegel y Schelling serían los principales representantes del idealismo alemán poskantiano. Schelling se discute específicamente más abajo, pero Hegel está detrás de gran parte de lo que Dooyeweerd describe aquí.

la personalidad humana ideal, deseosa de conformarse a la regla general de la ley ética, fue rechazada. Ya no era la ley general la que determinaba la verdadera ipseidad del hombre, sino que se dijo que lo contrario era cierto. La regla ética del comportamiento solo podía ser derivada de la individualidad concreta de la personalidad humana, de su disposición y tarea individuales en el mundo. Esta fue la contraparte irracionalista de la visión racionalista de la autonomía humana de Kant. El racionalismo busca eliminar la irreductible individualidad del sujeto humano reduciendo su verdadera ipseidad a una ley general de la razón práctica del hombre. La visión irracionalista, por el contrario, rechaza toda ley general como una falsificación de la verdadera realidad, y absolutiza la individualidad subjetiva incomparable de la personalidad humana.

Para evadir las consecuencias anárquicas de este irracionalismo ético, el Romanticismo y el idealismo poskantiano lo ataron a la idea de comunidad humana,[1] especialmente a la idea de comunidad nacional, que había pasado fuertemente a primer plano en las guerras napoleónicas. Esto significó que la idea de la libertad humanista ahora fue aplicada al hombre en el contexto de la comunidad nacional. Los individuos abstractos, según se argumentó, no existen. Todo hombre nace en la comunidad de una nación, la cual determina su carácter individual, mientras al mismo tiempo la voluntad comunal determina su propia voluntad autónoma. La nación es una revelación temporal de la idea eterna de

---

[1] Esto es lo que Hegel describe como *Sittlichkeit* (en contraste con la *Moralität* de Kant): la producción de la ética *desde* la comunidad y la encarnación de la ética *en* la comunidad. Ver Hegel, *Phenomenology of the Spirit*, trad. A. V. Miller (Oxford: Oxford University Press, 1977), págs. 266-409.

la humanidad, de una comunidad espiritual. Toda nación tiene su propio espíritu individual, su *Volksgeist*. Produce su propia cultura en libertad autónoma y creativa, incluyendo su propia organización política, idioma, costumbres, orden legal, bellas artes y así sucesivamente. Los patrones generales de las constituciones políticas y de la ley, de los estándares morales y estéticos, etcétera, que son apropiados para todos los pueblos y para cada era, como la filosofía racionalista de la Revolución Francesa imaginó, no existen. El espíritu nacional individual crea su cultura, incluyendo todas sus instituciones y reglas sociales, en un largo proceso de desarrollo histórico. Este desarrollo es un desarrollo de la libertad autónoma sin ser arbitrario. Por el contrario, tiene un poder creativo, que opera en conformidad con una necesidad natural oculta; de manera que el desarrollo histórico de una cultura nacional es un proceso orgánico, que se distingue claramente de todos los modos revolucionarios mecánicos y artificiales de fabricación cultural.

¿Qué significa el proceso de desarrollo histórico concebido aquí como una combinación de libertad autónoma y necesidad natural? El idealismo poskantiano no estuvo satisfecho con la separación crítica de Kant entre la naturaleza y la libertad. Buscó superar el conflicto interno en el punto de partida religioso del humanismo mediante un así llamado modo dialéctico de pensamiento, el cual se supuso producir una síntesis entre los motivos opuestos de la naturaleza y la libertad. Para hacer esto, la imagen matemática y mecánica de la naturaleza, construida por la filosofía cartesiana, tuvo que ser abandonada. El famoso filósofo alemán Schelling, proclamó la identidad de la naturaleza y el espíritu libre como dos formas de manifestación de lo absoluto.[1] La naturaleza, sostuvo, debe ser vista según el patrón de un organismo viviente, desarrollándose en muchas formas por diferentes potencias. Concibió el proceso orgánico de la naturaleza desarrollándose en formas cada vez más altas como la operación inconsciente del espíritu del mundo, cuyo poder creativo libre funciona al mismo tiempo como una necesidad natural. Este desarrollo orgánico de la naturaleza continúa en un nivel más alto en el desarrollo histórico de los espíritus nacionales, que concibió como las potencias espirituales de la cultura humana. En este proceso histórico la libertad creativa de las naciones se manifiesta además en conformidad con una necesidad natural que le da a este proceso un carácter orgánico. Es la naturaleza individual de una nación la que se despliega con esta necesidad interna. La historia no conoce leyes generales. Sin embargo, de acuerdo con Schelling, una ley oculta subyace en el fundamento del desarrollo orgánico de una cultura. Como un don de la Providencia, todo espíritu nacional contiene el *Schicksal* o destino de la cultura nacional que se origina de él.

Los fundadores de la Escuela Histórica,[2] habiendo sido completamente influenciados por esta visión romántica del mundo, comenzaron a desarrollar un nuevo patrón histórico de pensamiento científico, que se opuso fuertemente al modo matemático y mecanicista de la ciencia natural. Este nuevo modelo de pensamiento fue aplicado en la jurisprudencia,

---

[1] F. W. J. Schelling, *Of Human Freedom*, trad. James Gutmann (Chicago: Open Court, 1936), pp. 91-93.
[2] Un movimiento intelectual generalmente alemán a finales del siglo XVIII y principios del XIX (junto con el romanticismo y el idealismo poskantiano) a través del cual surgió la "conciencia histórica" y el desarrollo de la historiografía como ciencia.

la teoría política, la economía, la estética y la lingüística. Siguiendo este patrón diseñaron una imagen historicista de la realidad, que pronto fue generalmente aceptada como un axioma. Incluso muchos pensadores y políticos cristianos líderes acogieron esta visión historicista, especialmente en su aplicación a la sociedad humana, como un poderoso aliado en su combate contra los principios de la Revolución Francesa. No se dieron cuenta que este historicismo estaba enraizado en el mismo motivo básico religioso humanista que también gobernaba las ideas filosóficas de Rousseau y de sus discípulos revolucionarios.

Pero no debemos perder de vista el hecho de que las consecuencias radicales de esta nueva visión de la realidad no pudieron revelarse aún mientras fueron controladas por la firme creencia en valores o ideas eternas, que se realizan en el orden temporal del proceso histórico en una riqueza de formas nacionales individuales. Por tanto, es entendible que los pensadores cristianos que se unieron a la Escuela Histórica fueran de la opinión que esta visión era más bíblica que la filosofía racionalista de los padres de la Revolución Francesa. ¿Qué más, así argumentaron, es la Biblia, sino la revelación del plan eterno de Dios en la historia? Especialmente la visión irracionalista de que el desarrollo orgánico de la historia ocurre de acuerdo con una Providencia oculta pareció ser completamente compatible con la creencia cristiana de la guía de Dios en la historia. Esta ley oculta de la historia no podía dejar de ser interpretada en un sentido normativo irracionalista como una regla para el comportamiento humano. Y fue el filósofo legal luterano Friedrich Julius Stahl,[1] quien

---

[1] Fr. Julius Stahl, *Philosophie des Rechts nach geschichtlicher Ansicht* [*Filosofía del derecho en perspectiva histórica*].

abiertamente aceptó esta conclusión. En su opinión, todo lo que ha ocurrido en el largo proceso del desarrollo histórico, bajo la influencia de fuerzas incalculables e inescrutables, sin la interferencia de la planificación racional humana, debería ser respetado como una manifestación de la guía de Dios en la historia, en tanto que no contradiga la ley de Dios revelada. Esta visión de la providencia de Dios en la historia estuvo completamente de acuerdo con la mente conservadora de la Restauración, y tuvo una gran influencia en todo el así llamado movimiento cristiano histórico o antirrevolucionario en Alemania, los Países Bajos y Francia. Stahl también tuvo una fuerte creencia en las ideas eternas, que concibió en un sentido cristianizado como ideas del divino orden del mundo realizándose en la historia.

Pero la imagen historicista del mundo tuvo la tendencia interna a minar esta creencia. Tan pronto como la filosofía idealista que la había creado se rompió, el modo historicista de pensamiento comenzó a revelar en un grado creciente sus consecuencias radicales. ¿Qué más es, así se argumentó, la creencia humana misma, sino el producto histórico de un espíritu cultural particular? ¿Qué más son las así llamadas ideas eternas, sino ideas derivadas de nuestra civilización occidental que reflejan el curso particular de su desarrollo histórico?

Sin embargo, mientras el desarrollo de la civilización occidental continuó considerándose el centro y el estándar de la historia del mundo, la forma radical del historicismo, que encontramos en Oswald Spengler, fue impensable. Porque esta visión, que fue común tanto a la filosofía histórica del período de la Ilustración como a la del idealismo de la libertad poskantiano, incorporó la firme creencia en una vocación histórica particular de la cultura occidental. Esta vocación implicó que en el proceso de su desarrollo, la civilización occidental alcanzaría una última etapa, en que la meta final de la historia del mundo entero sería realizada. Y esta meta final misma fue extraída de la relativización historicista de todas las medidas y valores. La creencia en un progreso de la humanidad en su desarrollo histórico, ya sea concebido en forma estable y rectilínea o dialécticamente, fue inherente a esta visión. E incluso aún después de su emancipación de la filosofía idealista, la cosmovisión historicista continuó generalmente bajo control por esta creencia hasta que el colapso de esa creencia puso al descubierto la crisis fundamental de la civilización occidental. De aquí en adelante, la cultura occidental ya no fue vista como el centro de la historia mundial, sino como una civilización particular al mismo nivel que la árabe, la india, la china y otras culturas.

§12. EL HISTORICISMO RADICAL: DE COMTE A DILTHEY Y A SPENGLER

Mientras tanto, la transición del historicismo inconsistente al consistente o radical, fue solo una cuestión de tiempo. Esta transición comenzó tan pronto como la base idealista del modo histórico de pensamiento fue ella misma sometida a una explicación histórica. El pensador francés Auguste Comte, el fundador de la sociología moderna, fue el primero en someter tanto la creencia cristiana como la creencia humanista en las así llamadas ideas eternas de la razón humana a la visión historicista.[1] Con él la posición filosófica idealista fue reemplazada por una positivista. Esto significó, de hecho,

---

[1] El trabajo principal de Auguste Comte que dio a conocer esta tesis fue su *Cours de philosophie positive*, 6 vols. (París: Bachelier, 1830–42), traducido

la restauración de la supremacía del modo de pensamiento científico natural, pero de tal manera que la nueva visión historicista de la sociedad humana fue retenida. La última solo debería ser adaptada al patrón general de la investigación científica natural que busca explicar los hechos empíricos trazando las leyes generales de sus interrelaciones causales. De esta manera Comte intentó trazar la ley general de la historia social de la humanidad. Y claramente se dio cuenta que este intento estuvo gobernado por el antiguo motivo humanista de dominar tanto el mundo natural como el social por el pensamiento científico autónomo; así formuló su famosa ley de los tres estadios. De acuerdo con ella, la historia humana pasa de una etapa teológica a una metafísica, y de la última a una positivista. Cada una de ellas es gobernada por ideas particulares, correspondientes a un tipo particular de sociedad. Las ideas teológicas, incluso de la doctrina cristiana, deben necesariamente dar lugar a las ideas metafísicas. Las últimas incluyen tanto las supuestas ideas eternas de la doctrina humanista racionalista de la ley natural como las de su antípoda, la metafísica idealista de la historia. Estas, a su vez, deben necesariamente ser superadas por el hombre positivista o científico.[1]

Pero esta relativización historicista de la creencia en ideas eternas no fue llevada a cabo aún en un sentido radical. Porque el último estadio de la historia humana es, según Comte, la meta misma del proceso histórico entero. Es la etapa de una nueva humanidad, que en completa libertad y autono-

---

como *The Positive Philosophy of Auguste Comte, Freely translated and condensed*, por Harriet Martineau, 2 vols. (1853).

[1] Y precisamente como sugeriría la teoría de Dooyeweerd, este compromiso con el positivismo es de hecho de naturaleza religiosa. Ver Comte, *The Catechism of Positive Religion*, trad. R. Congreve (1858).

mía rige al mundo, habiéndose desarrollado al nivel más alto de solidaridad, bienestar y moralidad sociales, complementado con una nueva religión humanista. En otras palabras, Comte mantuvo una fuerte creencia en el futuro de la humanidad. Las ideas de su filosofía positivista, surgidas en el desarrollo de la civilización occidental, son para su juicio, de un valor verdaderamente eterno. Y la idea del progreso estable y lineal de la humanidad por el poder autónomo de la ciencia, que fue característico del período de la Ilustración, yace en el fundamento de su visión entera de la historia.

El marxismo, la fuente del comunismo contemporáneo, dio a la visión historicista, idealista y dialéctica del mundo de Hegel un giro materialista. De acuerdo con Marx, todas las ideas humanas, incluso de las doctrinas religiosas, no son otra cosa sino el reflejo ideológico de un sistema técnico particular de producción económica, que se levanta, se rasga y se rompe en el curso de la historia con una necesidad dialéctica interna. Sin embargo, Marx no fue un historicista más radical de lo que fue Comte, pues él también estuvo fuertemente comprometido con la creencia en una consumación escatológica de la historia: la redención y liberación final de la humanidad por el proletariado que sufre, el cual pondrá en marcha un paraíso terrenal de una sociedad comunista sin clases después de la destrucción del capitalismo. Esta transformación humanista de la fe mesiánica[1] se convirtió

---

[1] Es interesante notar que Dooyeweerd percibió las dimensiones "mesiánicas" del marxismo en ese momento. Lo mismo ha sido sugerido más recientemente por Jacques Derrida en *Specters of Marx*, trad. Peggy Kamuf (Nueva York: Routledge, 1993). Derrida sigue el trabajo del teórico crítico Walter Benjamin, "Theses on the Philosophy of History", en *Illuminations*, trad. Harry Zohn (Nueva York: Harcourt, Brace & World, 1968).

en el evangelio del comunismo internacional, que fundó su Jerusalén en Moscú, después de la Revolución Rusa.

Sin embargo, el historicismo radical, que comenzó a socavar los fundamentos espirituales de nuestra civilización occidental desde las últimas décadas del siglo XIX, no ha retenido ninguna creencia positiva. El famoso filósofo e historiador alemán Wilhelm Dilthey, que en muchos aspectos fue uno de sus apóstoles más brillantes, dijo que dirigiría a la humanidad al nivel más alto de libertad, ya que libera nuestra mente de los últimos remanentes de prejuicios dogmáticos.[1] Pero en su septuagésimo cumpleaños agregó algo a su elogio que claramente testificó su temor a la aparición nihilista que él había evocado. "Sí —dijo—, el historicismo ha liberado la mente de los últimos remanentes del dogmatismo. Pero, ¿quién controlará el relativismo radical que ha producido?"[2]

El historicismo, cuyo surgimiento y evolución hemos esbozado brevemente, parece ejercer una influencia mágica sobre aquellos que han caído bajo su hechizo. Desde el mismo comienzo desplegó un rasgo fuertemente estético. Schelling atribuyó al proceso entero de la historia un objetivo estético, a saber, la producción de la obra de arte perfecta, en la

---

[1] Para un trabajo representativo, ver Wilhelm Dilthey, *Introduction to the Human Sciences*, Selected Works, volumen 1, eds. Rudolf Makkreel y Frithjof Rodi (Princeton: Princeton University Press, 1989).

[2] Dooyeweerd está aquí parafraseando el discurso que Dilthey pronunció en su septuagésimo cumpleaños, titulado "*Der Traum* [El sueño]", publicado en inglés en *The Philosophy of History in Our Time*, ed. Hans Meyerhoff (Garden City, NY: Doubleday, 1949, pp. 37-43). Dooyeweerd se refiere a la misma observación, o al menos similar, en *NC*: "La visión histórica del mundo ha roto la última cadena no rota aún por la filosofía y la ciencia natural. Todo fluye, nada queda. Pero, ¿cuáles son los medios para conquistar la anarquía de opiniones que nos amenaza?" (2:207).

que se suponía que la naturaleza y la libertad creativa encontrarían su síntesis última. Hemos visto además que en su forma irracionalista inicial la visión historicista cautivó a muchos pensadores cristianos. Pero se debería notar que es exactamente la corriente irracionalista en el historicismo la que, desde el derrumbe del idealismo de la libertad humanista, ha resultado en el relativismo radical de Spengler y sus seguidores. La tendencia racionalista, en las huellas de Auguste Comte, buscó trazar las leyes generales de la historia. Esta visión, que encontró muchos adherentes en países anglosajones, nunca condujo la visión historicista a sus últimas conclusiones. Sin embargo, la forma racionalista del historicismo en general no atrajo a los pensadores cristianos, sino más bien los repelió, especialmente desde que se unió al evolucionismo darwiniano.

Esto nos debería llevar a hacer la pregunta: ¿cuál es la trampa en la visión historicista de nuestro mundo temporal en sus dos formas? Y, ¿cuál es el lugar y significado real del aspecto histórico en el orden temporal de nuestra experiencia? Trataremos de contestar estas preguntas en nuestra segunda conferencia sobre este tema [capítulo cuatro].

CAPÍTULO 4
HISTORICISMO, HISTORIA Y EL ASPECTO HISTÓRICO

§13. LA RELACIÓN DEL ASPECTO HISTÓRICO CON LOS OTROS MODOS DE LA EXPERIENCIA

a) La absolutización historicista del aspecto histórico

En la conferencia anterior [capítulo tres] traté de hacer un breve esbozo del desarrollo del historicismo moderno y su trasfondo espiritual. Si la visión historicista se restringe a nuestro mundo temporal y no se vuelve contra la esfera religiosa supratemporal de la verdad, entonces a primera vista parece bastante aceptable desde el punto de vista cristiano. Pero nuestra duda crítica en cuanto a su viabilidad surge cuando consideramos que la visión historicista es una visión total filosófica de la realidad empírica dentro del orden temporal de nuestro horizonte experiencial. Y esta visión total es originada por la absolutización del punto de vista histórico científico. Como tal, no es más que uno de los muchos *ismos* en las visiones filosóficas de la realidad. Está en el mismo plano que los otros, tal como el mecanicismo, el biologismo, el psicologismo, el logicismo, el esteticismo, el moralismo, etcétera. Todos estos *ismos* se originan por la absolutización de un punto de vista científico específico que considera la realidad empírica solo desde uno de los aspectos fundamentales de nuestra experiencia temporal. Estos aspectos son los *modos* o *maneras* fundamentales de esta experiencia. Como tales solo están relacionados al *cómo* de la última, no al *qué* concreto, *i. e.*, a cosas o eventos o relaciones sociales concretas particulares, que experimentamos en estos diferentes modos o aspectos. Este *qué* concreto, por ejemplo, la Batalla de Waterloo, nunca debe ser identificado con solo uno de sus aspectos. Es un todo individual, que en principio funciona en todos los aspectos de nuestra experiencia.[1]

Los diferentes modos o aspectos de nuestro horizonte experiencial están arreglados en un orden irreversible y despliegan una coherencia mutua inquebrantable.[2] Es solo en la actitud teórica o científica del pensamiento que los separamos y los ponemos en oposición unos con otros. Y hacemos esto a fin de delimitar los diferentes puntos de vista científicos específicos desde los que la realidad empírica es considerada y examinada. En la actitud no teórica y precientífica del pensamiento y la experiencia nunca hacemos esto. Ahí nuestra atención está dirigida inmediatamente hacia cosas y eventos concretos como todos individuales; y sus diferentes

---

[1] Dooyeweerd enfatiza que los "modos" o "aspectos" de la experiencia no son entidades *reales* o concretas; más bien, son diferentes *maneras* en las que experimentamos estos todos concretos. Los modos o aspectos solo se revelan en la actitud teórica, que es una abstracción de la experiencia cotidiana o intuitiva. Para explicar esto en términos de la fenomenología de Husserl, la "cosa" concreta es *Real*, fuera de la mente o la conciencia (lo cual Husserl describiría como "trascendencia"); los modos o aspectos, sin embargo, son *Irreales*, existiendo solo en y para la conciencia. Para la discusión de Husserl sobre esta distinción, ver *Ideas* I, Introduction (p. xx) y pp. 41–42. Dooyeweerd ve ambos, entidades y aspectos, como *ontológicamente* dados: las primeras conciernen al *qué* concreto, los segundos al *cómo* de nuestra experiencia.

[2] Aquí, y en gran parte de esta sección, Dooyeweerd retoma su análisis de la teoría en el capítulo uno. Para más detalles y notas explicativas, consulte dicho capítulo.

HISTORICISMO, HISTORIA Y EL ASPECTO HISTÓRICO   93

aspectos solo son experimentados implícitamente, no a la manera de una distinción lógico teórica.

Si en la actitud precientífica de la experiencia tratamos de responder la pregunta: "¿qué es la historia?", solemos decir: "lo que ha sucedido en el pasado". Desde esta actitud experiencial no teórica esta respuesta es sin duda correcta. En esa situación no reflexionamos en el modo (o aspecto) histórico particular de nuestra experiencia, sino que ponemos nuestra atención exclusivamente en el *qué* concreto experimentado de esta manera. Y de esa manera nos referimos a los eventos concretos que han ocurrido en el pasado. Pero si deseamos adquirir una perspectiva del punto de vista histórico, que en principio delimita el campo de investigación científico de la historiografía, no sirve de nada referirse al *qué* concreto que es experimentado de manera histórica. Más bien, en ese punto estamos mucho más interesados en este modo particular de experiencia mismo, es decir, en el aspecto histórico de nuestra experiencia como tal. Si ayer me tomé una taza de café y fumé un cigarro, hoy estos hechos pertenecen al pasado. Pero, ¿son estas actividades realmente hechos históricos y de algún interés para el historiador? Ciertamente, como tales, no son hechos históricos en un sentido típico; es decir, no son hechos típicamente cualificados por su aspecto histórico, como la Batalla de Waterloo, la invención de la tipografía, o la gran invasión de las fuerzas militares aliadas en Francia durante la última guerra mundial. Sin embargo, cosas tan simples como beber y fumar tienen desde luego un aspecto histórico. En la Edad Media uno no bebía café ni fumaba cigarros. La introducción de estos medios de disfrute en nuestra civilización occidental ha influenciado sin duda nuestra vida cultural en un sentido histórico.

b) Delimitación del aspecto histórico

Pero, ¿cuál es el aspecto histórico de los hechos en cuestión? Los historiadores mismos, en la medida en que no están interesados en los problemas epistemológicos de su rama de la ciencia, no son capaces de responder la pregunta relativa a la naturaleza específica de su punto de vista científico. Su atención solo está dirigida hacia los hechos históricos en su contexto histórico, *i. e.*, hacia el *qué* concreto presentándose dentro del aspecto histórico de nuestra experiencia. Es solo desde este aspecto que consideran su material científico. Esto significa que en efecto ellos abstraen este aspecto de la realidad plena de los hechos como los experimentamos en la vida. El historiador alemán Leopold von Ranke, respondió a la pregunta sobre la metodología de la historiografía de la siguiente manera: "describo cómo ha sido realmente".[1] Esta respuesta fue ciertamente un tanto ingenua, ya que ninguna ciencia es capaz de examinar la realidad empírica de los eventos completa. Otros historiadores han dicho que el enfoque científico es el genético. La ciencia de la historia es entonces la ciencia del devenir o la evolución. Pero toda ciencia empírica tiene su propio punto de vista genético y por consiguiente utiliza el término evolución o devenir en un sentido diferente. Por lo tanto, este término en sí mismo no está definido en su significado. Es de carácter analógico o multívoco.

Al determinar lo que distingue el punto de vista genético del historiador de aquel del geólogo o del biólogo o del sicólogo, es su carácter histórico lo que buscamos. Por

---

[1] Véase, por ejemplo, Leopold von Ranke, *The Secret of World History: Selected Writings on the Art and Science of History*, trad. Roger Wines (Bronx, Nueva York: Fordham University Press, 1981).

HISTORICISMO, HISTORIA Y EL ASPECTO HISTÓRICO   95

consiguiente, no puede ser el punto de vista genético del historiador lo que determina el modo histórico de la experiencia. De hecho, lo contrario es cierto. ¿Cómo podemos explicar que el significado de los términos "evolución", "desarrollo" o "devenir" varía con los diferentes puntos de vista científicos desde los que la realidad empírica es abordada? Todo aspecto de nuestro horizonte experiencial, como una manera o modo fundamental de la experiencia, tiene una estructura modal en la que el orden temporal completo y la coherencia mutua de los diferentes aspectos encuentra su expresión interna. Esta estructura modal despliega un momento nuclear, que garantiza el significado propio irreductible del aspecto en cuestión. Pero este núcleo modal puede desplegar este significado solo en un contexto inquebrantable con una serie de así llamados momentos analógicos. Estos últimos refieren hacia atrás o hacia adelante, respectivamente, a los núcleos modales de los aspectos que tienen un lugar anterior o posterior en el orden temporal de la experiencia.[1] En conformidad con esta diferente dirección de su referencia, distinguimos los momentos analógicos retrocipatorios y anticipatorios. Su significado específico siempre está determinado por el momento nuclear del aspecto experiencial en el que funcionan. De esto se sigue que solo un análisis exacto de la estructura modal del aspecto histórico de nuestra experiencia puede sacar a la luz tanto el significado propio de este modo experiencial como su lugar en el orden temporal de los aspectos.

---

[1] Para una explicación más detallada de esta "referencia" hacia atrás y hacia adelante, consulte abajo §14.

c) El significado nuclear del aspecto histórico

La visión historicista del mundo temporal no podría absolutizar el aspecto histórico de nuestra experiencia sin eliminar su estructura modal. Porque es esta misma estructura la que excluye en principio cualquier intento de reducir todos los otros modos de la experiencia a meras modalidades del aspecto histórico. El sentido propio del último solo puede revelarse en un contexto inquebrantable con el de los otros aspectos; y este estado de cosas explica por qué un historicismo consistente o radical debe llevar al nihilismo, el cual niega que haya algún significado para la historia. Porque la absolutización de un aspecto particular, cuyo significado es solo relativo, destruye este significado y acordemente resulta en un sinsentido absoluto.

Para descubrir al historicismo en su esencia, debemos tratar de rastrear el núcleo modal del modo histórico de la experiencia. ¿Cuál es el momento nuclear irreductible de su estructura? Una indagación etimológica del término "historia" por sí misma no puede ayudarnos a detectarlo. Esta palabra es de origen griego e inicialmente no tenía ningún otro significado más que investigación. Este sentido neutral se reveló también en el uso del término historia natural, que adquirió una importancia particular solo desde el advenimiento de la filosofía romanticista y del evolucionismo darwiniano, que lo utilizaron en un contexto directo con la historia de la humanidad. Fue el concepto analógico (*i. e.*, multívoco) de evolución o desarrollo, que sirvió como una clase de denominador básico para la así llamada historia natural así como también para la historia en su uso propio.

Sin embargo, incluso desde la perspectiva historicista, fue necesario indicar un criterio para la distinción entre los cam-

HISTORICISMO, HISTORIA Y EL ASPECTO HISTÓRICO

pos de investigación de la historiografía propiamente dicha y de las ciencias naturales que tienen que ver con el estudio de la historia natural en su sentido genético. Ahora, todos los intentos filosóficos modernos de delimitar el punto de vista científico propiamente histórico del de las ciencias naturales genéticas terminaron aceptando la noción de cultura como el criterio central.

Pero, ¿qué se entendió por cultura? Aquí, la influencia del motivo básico religioso del pensamiento humanista que he explicado en mi primera conferencia [capítulo tres] se manifestó claramente. El filósofo italiano Vico, quien fue el primero en contraponer el modo histórico de pensamiento al matemático y científico, identificó la cultura con la sociedad humana, a la que llamó el mundo civil. En clara oposición al punto de vista cartesiano, dijo que la naturaleza no es creada por la razón humana, solo el mundo civil de la cultura humana.[1] Naturalmente, Descartes no pretendió que la naturaleza propiamente dicha fuera creada por el pensamiento humano. Solo era la imagen matemática y mecanicista de la naturaleza la que fue vista como una creación autónoma del pensamiento metódico matemático. Vico, sin embargo, se puso en contra de esta imagen mecanicista del mundo desde la perspectiva del motivo libertad humanista. Según él, la verdadera libertad creativa de la razón humana no se revela en el pensamiento científico matemático y natural, sino en la creación del mundo cultural de la sociedad humana. Y esta creación ocurre en un proceso histórico por el espíritu racional de las naciones. La cultura humana, como resultado de este proceso creativo, abarca todo lo que en la vida social humana sobrepasa el nivel animal de la existencia: las institu-

---

[1] Vico, *op. cit.*

ciones sociales del matrimonio y la familia, las instituciones políticas, las formas del trato social convencional, el lenguaje, la economía, las artes, la ley, la moralidad, la religión. De esta manera, la cultura fue vista como un segundo mundo además del mundo de la naturaleza, un mundo de una realidad histórica específica. Y los principios de su orden social debían ser encontrados supuestamente en la razón humana práctica como la creadora de este mundo civil.

Esta identificación de la cultura con la totalidad del mundo social del hombre se mantuvo en todas las posteriores teorías filosóficas de la historia. Fue la base misma de la visión historicista del mundo, que se originó en una absolutización del aspecto histórico de la experiencia humana. Todo *ismo* en el reino de las visiones filosóficas del mundo comienza con la igualación de un aspecto o modo particular de la experiencia con la realidad completa de nuestro mundo empírico. De esta manera, un análisis verdaderamente crítico de la noción de cultura fue excluido en principio también en el caso de la visión historicista del mundo. Una realidad de carácter puramente cultural no puede existir. Es la forma del sustantivo de la palabra *cultura* lo que favoreció esta equivocación, así como la forma del sustantivo del término *vida* favoreció la igualación de la realidad con el modo biológico de la experiencia, lo cual a su vez llevó a la visión vitalista o biologicista del mundo. Debemos, por tanto, reemplazar el sustantivo *cultura* con el adjetivo *cultural*, a fin de enfatizar que es solamente un aspecto modal de nuestro mundo temporal lo que se quiere decir. Tomado en este sentido modal, el término "cultural" no quiere decir nada más que un modo (experiencial) particular de formación o moldeado, que es fundamentalmente diferente a todos los modos de formación encontrados en la naturaleza y concebidos en los aspectos físico-químico o biótico de la experiencia. Es un modo de control a través del cual se da forma a un material de acuerdo a un plan libremente elaborado y variable.

Una araña teje su red con precisión impecable, pero lo hace siguiendo un patrón fijo y uniforme prescrito por el instinto de las especies. Carece de libre control o dominio sobre su material, que es la condición precisa de la variabilidad de toda formación cultural. De esta manera, el modo cultural de formación debe recibir su cualificación específica a través de la libertad de control, dominio o poder. Por esta razón el gran mandato cultural dado al hombre en la creación dice: "sojuzguen la tierra y tengan dominio sobre ella" (Génesis 1:28). Y si el punto de vista histórico genuino de la historiografía es el del desarrollo cultural de la humanidad, se sigue que el poder o control formativo también debe ser el núcleo modal del aspecto histórico. Es este momento nuclear el único que puede dar al concepto analógico o multívoco de desarrollo su propio sentido histórico. El desarrollo histórico de la humanidad significa en principio, entonces, el desarrollo de su poder formativo sobre el mundo y sobre su vida social.

El modo cultural de formación se revela en dos direcciones, que están estrechamente conectadas entre sí. Por un lado, es un poder formativo sobre las personas, desplegándose al dar forma cultural a su experiencia social; y por el otro, aparece como una manera controlada de dar forma a los materiales, cosas o fuerzas naturales con fines culturales. Por esto los alemanes hablan de *Personkultur* y *Sachkultur*. Ya que todos los fenómenos culturales están vinculados a la sociedad humana en su desarrollo histórico, el desarrollo de la *Sachkultur* es en principio dependiente del de la *Personkultur*. Porque la formación cultural de los materiales o de las fuerzas naturales solo puede ocurrir a través de los seres humanos, quienes deben aprenderla por la educación sociocultural, dada en forma sociocultural a sus mentes. Además, ambas *Personkultur* y *Sachkultur*, presuponen las ideas guía de los proyectos que las figuras o grupos líderes en la historia buscan realizar en una sociedad humana. Por lo tanto, el poder formativo de estas figuras y grupos líderes siempre implica una relación intencional con tales ideas.

Estas ideas no pueden ser realizadas de acuerdo con la concepción meramente subjetiva de quienes las propagan. Deben asumir una forma sociocultural de modo que ellas mismas puedan ser capaces de ejercer poder formativo en las relaciones sociales. A manera de ejemplo, hago referencia a la influencia cultural de las ideas de la ley natural, especialmente la idea de los derechos humanos innatos, o a la influencia cultural de las ideas tecnológicas de los grandes inventores, las ideas estéticas de los grandes artistas, las ideas morales de los predicadores de nuevas moralidades, etcétera. Dichas ideas no son de importancia histórico cultural en sí mismas, pero adquieren una importancia histórica tan pronto como comienzan a ejercer poder formativo en la sociedad humana. Solo pueden ser realizadas en estructuras totales típicas de relaciones sociales que en principio funcionan en todos los aspectos de nuestro horizonte experiencial, como un estado, una comunidad industrial, una escuela, una comunidad religiosa y así sucesivamente. Por tanto, la realidad empírica de la vida social humana nunca puede ser agotada en su aspecto histórico cultural, como lo asumió el histori-

HISTORICISMO, HISTORIA Y EL ASPECTO HISTÓRICO   101

cismo. Todo lo que es real o que realmente sucede en la sociedad humana es más que meramente histórico.

§14. ANTICIPACIONES Y RETROCIPACIONES
EN LA NOCIÓN DE "DESARROLLO"

Después de haber establecido así el momento nuclear del aspecto histórico de nuestra experiencia, podemos ahora volver al concepto analógico de *desarrollo histórico*. En la conferencia anterior hemos visto que la Escuela Histórica, que en la primera mitad del siglo pasado introdujo el nuevo modo histórico de pensamiento en todas las ramas de la investigación científica social, enfatizó fuertemente este concepto de desarrollo histórico. Y no cabe duda que es esta misma noción la que permite al historiador descubrir coherencias internas en la sucesión temporal de los hechos y los cambios históricos. Es el proceso de desarrollo histórico el que liga la condición histórica presente de la sociedad humana con las fases previas de su historia. Si esta noción de desarrollo fuera abandonada, ninguna comprensión sintética de un proceso histórico sería posible, y la historiografía degeneraría en una colección de reportes variados del pasado.

Pero es exactamente el carácter analógico o multívoco de este concepto que ha producido serias dudas en cuanto a su importancia científica. El famoso historiador holandés Huizinga, ha planteado la pregunta de si nuestro hablar de desarrollo en la historia no descansa en una mera metáfora. Esta palabra "desarrollo", dice él, es tomada de la biología, donde se relaciona con el proceso de evolución de un organismo vivo. Pero, ¿qué significado puede tener cuando es transferido a la historia?[1] Nuestra respuesta debe ser que, como una analogía biótica en nuestro modo de experiencia histórico cultural, la noción de desarrollo histórico está implicada en la de vida sociocultural, la que ciertamente no puede ser una mera metáfora. Es verdad que todos los demás modos de vida, tales como los aspectos sensitivo, cultural, económico, estético, diquético, moral y fídico de la vida, se remiten al modo original de la vida orgánica que es su fundamento indispensable. Pero esto no significa que podrían ser reducidos al último, o si esto resulta imposible, que podrían ser considerados meras metáforas al mismo nivel que por ejemplo el uso metafórico del término "juego" en la frase: "el juego de las olas". El sentido de la vida y del desarrollo no se agotan en su modo de manifestación biológica. Jesucristo ha dicho que el hombre no vivirá solo de pan, sino de toda palabra que procede de la boca de Dios. Aquí el término "vivir" ciertamente no es usado metafóricamente, sino más bien en la plenitud religiosa de su significado. Así que debemos tratar de descubrir el significado particular del desarrollo histórico a partir de la estructura modal del aspecto histórico-cultural de la experiencia.

Hemos visto que el significado propio de un aspecto particular de nuestra experiencia solo puede revelarse en su inquebrantable coherencia con el de todos los demás aspectos modales. Y esta coherencia de significado encuentra expresión en una serie de momentos analógicos en su estructura, refiriendo hacia atrás y hacia adelante respectivamente a todos los aspectos que tienen un lugar anterior o posterior

---

[1] Ver, por ejemplo, Johan Huizinga, *Men and Ideas: History, the Middle Ages, the Renaissance*, trad. J. S. Holmes y Hans van Marle (Nueva York: Meridian, 1959), pp. 17–76.

en el orden temporal.[1] Esto significa que todo momento analógico en el modo cultural o histórico de la experiencia tiene su lugar particular en el orden de las analogías y no puede revelar su propio sentido histórico cultural separado de los otros.[2] Como una analogía biótica en el sentido cultural de la historia, el desarrollo cultural refiere hacia atrás al desarrollo en su sentido biológico, pero no directamente. El modo histórico de la experiencia está inmediatamente fundado en el modo lógico o analítico de distinguir nuestras experiencias. En otras palabras, el aspecto histórico-cultural está directamente fundado en el aspecto lógico. Sin la base de la distinción lógica, ninguna experiencia histórica es posible.

Tomemos, por ejemplo, la Batalla de Waterloo como un hecho histórico. El famoso economista austriaco Hayek planteó la pregunta de si el trabajo de los campesinos, quienes trataban desesperadamente de salvar sus cultivos en los campos de batalla, también formó parte de la batalla.[3] Esta pregunta es muy instructiva, porque prueba que nuestro modo

---

[1] Para Dooyeweerd, la multiplicidad de aspectos modales (descritos anteriormente en §2 [a]) es coherente en un orden irreversible, pasando de modos inferiores —numérico, espacial, etc.— a modos de orden superior: diquético, moral, fídico. Los modos inferiores "fundan" los superiores, y los aspectos superiores "abren" los aspectos inferiores (así, en lo que sigue, él observa que el aspecto histórico está "fundado" en el aspecto lógico). Lo que él enfatiza aquí es que dentro de cada aspecto, las analogías refieren a todos los demás aspectos debido a su "coherencia inquebrantable". Las analogías que apuntan hacia aspectos "superiores" son "anticipaciones"; las analogías que refieren a modos "inferiores" son "retrocipaciones".

[2] El historicismo, argumenta Dooyeweerd, no honra la coherencia de los aspectos de la realidad al divorciar el histórico de los otros aspectos a los que refiere.

[3] Hayek, "The Facts of the Social Sciences", *Ethics* 54 (1943), pp. 1-13.

histórico de experimentar la Batalla de Waterloo no puede estar fundada en un registro de la percepción sensorial solamente. Desde el punto de vista sensorial, el trabajo de los campesinos sin duda tuvo lugar en el campo de batalla. Pero implícitamente, hacemos una distinción analítica (o lógica) entre las acciones de las personas, si pertenecen o no a la batalla como un combate histórico de poder entre las fuerzas de Napoleón y las de sus oponentes aliados.

Esta coherencia interna entre los aspectos lógico e histórico encuentra expresión en sus respectivas estructuras modales. El aspecto histórico debe por lo tanto desplegar analogías lógicas. Me limitaré a indicar esa analogía lógica particular en el modo histórico de la experiencia que brinda una determinación más amplia al concepto analógico de desarrollo histórico. En el aspecto lógico de nuestro pensamiento y experiencia, nos encontramos con la relación lógica fundamental de contradicción. Experimentamos una contradicción lógica cuando un argumento se sirve de dos proposiciones que se excluyen entre sí en un sentido lógico. En este caso planteamos que este modo de razonamiento es ilógico; y esta afirmación implica una evaluación normativa, ya que implica la validez de una norma lógica fundamental del pensamiento que prohíbe tales contradicciones.

Ahora, es indiscutible que en todos los aspectos experienciales que están basados en el lógico[1] se encuentra una analogía de este contraste lógico normativo. Esta es una fuerte indicación del carácter normativo de estos aspectos, lo que significa que dentro de sus modos de experiencia, el compor-

---

[1] Los aspectos "inferiores" como los modos numérico o espacial no están "basados" o "fundados" en el lógico, solo aquellos que son "superiores" en el orden de coherencia, como los aspectos social o económico.

HISTORICISMO, HISTORIA Y EL ASPECTO HISTÓRICO   105

tamiento no está sujeto a leyes de la naturaleza, sino a normas, en relación con lo que debería ser. Me refiero a los contrastes cortés-descortés, decente-indecente y otros contrastes que funcionan en el aspecto del trato social convencional; al contraste lingüísticamente correcto o incorrecto, que nos encontramos en el aspecto lingüístico de la experiencia; a los contrastes estético-antiestético, económico-antieconómico, legal-ilegal, moral-inmoral, creencia-incredulidad, que ocurren respectivamente en los aspectos estético, económico, diquético, moral y fídico, de nuestro horizonte experiencial.

Por lo tanto, la noción analógica de desarrollo histórico está inquebrantablemente conectada con el contraste histórico-antihistórico o progresivo-reaccionario. Por este contraste queremos decir que el comportamiento o programa de una figura o grupo líder está en línea con, o es contrario a, los requerimientos del desarrollo histórico. Como una clara analogía de la relación lógica de contradicción este contraste implica un criterio normativo, de manera que el concepto de desarrollo histórico debe tener él mismo un significado cultural normativo. Y ya que el contraste en cuestión parece estar fundado en la estructura modal del aspecto histórico mismo, su sentido normativo no puede ser reducido a una evaluación meramente subjetiva del curso factual de la historia. Más bien, debe estar fundado en una norma objetiva de desarrollo histórico que implícitamente yace en la base del modo histórico-cultural de la experiencia. Nadie, cuya conciencia histórica no haya sido suplantada por consideraciones políticas no históricas, negará que desde un punto de vista histórico-político el así llamado movimiento contrarrevolucionario en Europa, que después de la derrota de Napoleón luchó por la restauración del régimen feudal medieval, fue de carácter reaccionario. Este juicio será independiente de la pregunta de si uno admira o no las formas culturales de la sociedad medieval, y de si la memoria de aquellos tiempos es recordada o no con una clase de deseo romántico.

§15. EL CRITERIO NORMATIVO PARA DETERMINAR EL "DESARROLLO": LA DIFERENCIACIÓN

a) El proceso de despliegue

Pero, ¿en qué norma objetiva de desarrollo histórico puede estar fundado este juicio? La Escuela Histórica alemana hizo una aguda distinción entre elementos vivos y muertos en la tradición histórica de una nación. Los primeros deberían ser utilizados en la línea progresiva del desarrollo ulterior, los segundos deberían ser desechados. Por esta razón la Escuela Histórica rechazó cualquier intento reaccionario de revivir el régimen político medieval. Pero esta escuela fracasó en producir una norma supraarbitraria del desarrollo cultural mediante la cual podamos establecer lo que constituye el significado histórico propio de los términos progreso y reacción. Y la razón por la que fracasó es que su concepción del desarrollo histórico se aferró exclusivamente a las analogías bióticas en el modo histórico-cultural de la experiencia. Tomando el desarrollo natural de un organismo vivo como patrón, los adherentes de esta escuela enfatizaron el carácter orgánico del proceso histórico de desarrollo. La continuidad de este desarrollo, señalaron, une el presente y la condición futura de una civilización nacional con su pasado histórico. La distinción entre elementos vivos y muertos en la tradición histórica de un pueblo también fue orientada por ellos exclusivamente hacia analogías bióticas en el proceso de desarrollo cultural.

Pero estas analogías son de carácter retrocipatorio. Remiten atrás en el orden del tiempo hacia un aspecto anterior de nuestra experiencia que carece de un carácter normativo.[1] El desarrollo en su sentido biológico no está gobernado por normas, es decir, por reglas relativas a lo que *debiera ser*, sino por leyes de la naturaleza. En el aspecto biótico del tiempo, el desarrollo de un organismo vivo pluricelular solo despliega las fases naturales de nacimiento, adolescencia, madurez y declive. Pero en el proceso histórico del desarrollo cultural una vocación humana normativa se revela, una tarea cultural encomendada al hombre en su creación. Esta tarea no puede ser cumplida excepto en la dirección anticipatoria o prospectiva del tiempo, en la que el aspecto histórico-cultural de nuestro mundo temporal abre su sentido al desplegar sus momentos anticipatorios. Se recordará que los momentos anticipatorios en la estructura de un aspecto experiencial son aquellos momentos analógicos que remiten adelante a los aspectos que ocupan un lugar posterior en el orden temporal de nuestra experiencia. Hemos establecido que todos los aspectos que en este orden están fundados en el modo lógico de la experiencia, incluyendo el aspecto histórico, son de carácter normativo. Por lo tanto, el momento nuclear del modo histórico-cultural de desarrollo —a saber, el poder formativo— tiene él mismo un sentido normativo, ya que implica una vocación y una tarea cultural normativa, enco-

---

[1] El aspecto "orgánico" o "biótico" al que se refiere esta noción de desarrollo *precede* al aspecto lógico; por lo tanto, carece de un sentido de normatividad requerido para ubicar criterios normativos que permitan determinar lo que constituye el "desarrollo".

mendada al hombre en la creación. Incluso, ni el abuso más terrible del poder cultural en nuestro mundo caído puede hacer que el poder sea pecaminoso en sí mismo, ni puede restarle valor al sentido normativo de la vocación cultural del hombre.

Hasta que el aspecto histórico-cultural de una sociedad humana revela los momentos anticipatorios de su significado, se encuentra en una condición rígida y primitiva. Las culturas primitivas están encerradas en comunidades organizadas indiferenciadas, que despliegan una fuerte tendencia hacia el aislamiento.[1] Mientras tales sociedades primitivas mantienen su aislamiento en la historia, no puede haber ninguna cuestión de desarrollo cultural en el sentido que se entiende en la historiografía propiamente dicha. Despliegan un carácter totalitario, ya que abrazan a sus miembros en todas las esferas de sus vidas personales, y también porque la existencia temporal del individuo es completamente dependiente de la pertenencia a la familia o sib, respectivamente, y a la comunidad tribal. No hay lugar todavía para una diferenciación de la cultura en las esferas particulares de poder formativo (a saber, las de la ciencia, las bellas artes, el comercio y la industria, el estado y la iglesia, y así sucesivamente). Ya que dichas comunidades indiferenciadas cumplen todas las tareas para las que en un nivel mayor de civilización se forman organizaciones particulares, solo hay

---

[1] En el proceso de desarrollo o despliegue histórico, las diversas "esferas" sociales (como el estado, la familia, la iglesia, el club, etc.) se *diferencian* como esferas distintas, cada una con su propio ámbito de soberanía. En las culturas primitivas, sugiere Dooyeweerd, estas esferas permanecen indiferenciadas y, por lo tanto, tienden al control totalitario. En este sentido, incluso la Europa medieval sería una cultura "primitiva" o "indiferenciada".

una esfera cultural indiferenciada única. Una tradición rígida, frecuentemente deificada por una creencia pagana y ansiosamente guardada por los líderes del grupo, tiene el monopolio del poder formativo. El proceso de desarrollo por el que tales comunidades culturales se forman solo muestra analogías de las fases bióticas de nacimiento, maduración, adolescencia, vejez y declive. La duración de su existencia depende de la de las comunidades populares y tribales por las que se sustentan. Pueden desaparecer de la escena sin dejar ningún rastro en la historia de la humanidad. Así es como el historicismo radical concibió el curso de toda civilización y de esta manera Spengler predijo el inevitable declive de la cultura occidental.

Pero la situación es completamente diferente en el desarrollo histórico de las culturas que se abren. Desde los antiguos centros culturales de la historia mundial —como Babilonia, Egipto, Palestina, Creta, Grecia, Roma, Bizancio—, tendencias esenciales de desarrollo pasaron a la civilización medieval y moderna occidental. Fertilizaron las culturas germánica y árabe, y esta fertilización dio lugar a nuevas formas de civilización. Este desarrollo cultural abierto ha sido liberado de la rígida dependencia de las condiciones de vida de las pequeñas comunidades populares o tribales. No se mueve dentro de los estrechos límites de un grupo cultural cerrado e indiferenciado. Sino que, como una corriente fertilizante, está siempre buscando nuevos canales a lo largo de los cuales continuar su curso.

El proceso por el que el aspecto cultural de una sociedad se abre siempre ocurre en un conflicto entre los guardianes de la tradición y los proponentes de nuevas ideas. El poder formativo de la tradición es enorme, porque, de una forma concentrada, encarna los tesoros culturales amasados en el curso de los siglos. Cada generación está ligada históricamente a las generaciones anteriores por su tradición. Todos estamos dominados por ella en un grado mucho mayor de lo que nos damos cuenta. En una civilización cerrada primitiva, su poder es casi absoluto; en una cultura abierta, la tradición ya no es inexpugnable, pero tiene el papel indispensable de guardar esa medida de continuidad en el progreso cultural sin la cual la vida cultural sería imposible. En la lucha con el poder de la tradición, las ideas progresistas de los así llamados moldeadores de la historia tienen que ser purgadas de su subjetividad revolucionaria y ajustarse a la norma de continuidad histórica. Incluso Jacob Burckhardt, ese gran discípulo de Leopold von Ranke, aunque fuertemente afectado por el relativismo historicista, se atuvo a la norma de continuidad como última garantía contra el declive de toda la civilización.[1]

El proceso de apertura de la vida cultural se caracteriza por la destrucción del poder indiferenciado y exclusivo de las comunidades primitivas. Es un proceso de diferenciación cultural que se equilibra con una creciente integración cultural. Es efectuado por la ruptura de las rígidas paredes del aislamiento que han encerrado la vida cultural primitiva. Esto se logra sometiendo la última a un contacto fructífero con las civilizaciones que ya han roto las ataduras de la tradición, habiéndose abierto previamente a influencias externas.

Desde Auguste Comte y Herbert Spencer, el criterio de diferenciación e integración ha sido aceptado por muchos sociólogos para distinguir las sociedades más desarrolladas

---

[1] Véase, por ejemplo, Jacob Burckhardt, *On History and Historians*, trad. Harry Zohn (Nueva York: Harper & Row, 1965).

de las primitivas. El proceso de diferenciación fue visto como una consecuencia de la división del trabajo y se intentó explicar de manera científica natural en analogía con la creciente diferenciación de la vida orgánica de los organismos más desarrollados. Pero yo no entiendo el término "diferenciación cultural" en este sentido seudocientífico natural; más bien tengo en mente una diferenciación de las estructuras típicas de las diferentes relaciones sociales que se presentan en una sociedad humana. Un sib o clan primitivo despliega rasgos mezclados de una familia extendida, una organización de negocios, un club o una escuela, un estado, una comunidad religiosa, y así sucesivamente. En una sociedad diferenciada, por el otro lado, todas estas comunidades se distinguen claramente una de la otra, de manera que cada una de ellas puede revelar su propia naturaleza interna, a pesar del hecho de que existe toda clase de interrelaciones entre ellas. Cada una de estas comunidades diferenciadas tiene su propia esfera histórico-cultural típica de poder formativo, cuyos límites internos están determinados por la naturaleza interna de las comunidades a las que pertenecen.

b) Las estructuras de individualidad

Las estructuras típicas de estas comunidades son realmente estructuras de individualidad, ya que son estructuras típicas de un todo social individual.[1] Con excepción de las comunidades naturales como el matrimonio y la familia, que tienen una base biótica típica, todas ellas están fundadas típicamente en formaciones de poder histórico-culturales, que presu-

---

[1] La noción de "estructuras de individualidad" es el foco del volumen III de *A New Critique of Theoretical Thought: The Structures of Individuality of Temporal Reality*.

ponen el proceso de diferenciación e integración cultural. En consecuencia, aunque no pueden realizarse antes de que este proceso histórico haya comenzado, sus estructuras típicas no pueden ser más variables que las estructuras modales de sus diferentes aspectos, ya que estas normas estructurales determinan la naturaleza interna de las comunidades diferenciadas. Como tales, deben estar fundadas en el orden de la creación, el cual ha determinado la naturaleza interna de todo lo que se presenta dentro de nuestro mundo temporal. Y no deben ser rastreadas de manera científica natural, ya que son normas estructurales que pueden ser violadas por el hombre.

En el orden del mundo temporal, las normas solo están dadas como principios que necesitan una formación por el hombre de acuerdo con el nivel de desarrollo histórico de una sociedad. Las formas sociales que asumen de esta manera son en consecuencia de carácter variable; pero los principios estructurales, a los que estas formas dan un contenido positivo variable, no son fenómenos históricos variables, ya que ellos solos hacen posible todas las formaciones variables de las comunidades sociales. Ni la naturaleza interna del matrimonio, ni la de la familia, el estado, la iglesia, una comunidad industrial, ni cosas por el estilo, son variables en el tiempo, sino solamente las formas sociales en las que son realizadas. La Escuela Histórica enfatizó la individualidad absoluta de cualquier comunidad nacional, pero pasó por alto las estructuras de individualidad típicas que determinan la naturaleza interna de las diferentes comunidades, incluyendo la nacional, que como tales no pueden ser de carácter meramente histórico. Sin embargo, es verdad que el proceso de diferenciación e integración cultural es al mismo tiempo un proceso de creciente individualización de la vida cultural humana; porque solo en una civilización abierta y diferenciada es que la individualidad asume un significado realmente histórico. Es verdad que en las áreas culturales primitivas y cerradas la individualidad no está completamente ausente. Pero a consecuencia del dominio rígido de la tradición la individualidad retiene cierta uniformidad tradicional, de manera que generación a generación tales culturas cerradas despliegan generalmente hablando las mismas características individuales. Por esta razón, a la historiografía en su sentido propio no le interesan estas individualidades culturales.

Sin embargo, tan pronto como el proceso de diferenciación e integración comienza, la tarea histórica de las disposiciones y talentos culturales individuales se hace patente. Toda contribución individual a la apertura del aspecto cultural de la sociedad humana se convierte con el tiempo en una contribución al desarrollo cultural de la *humanidad*, que tiene una perspectiva mundial. En consecuencia, la individualidad de los líderes y grupos culturales asumen un sentido histórico más profundo. Es además el proceso de apertura de la cultura humana el único que puede dar lugar a comunidades *nacionales*. Una nación, vista como una unidad sociocultural, debería ser claramente distinguida de la unidad étnica primitiva, la cual es llamada comunidad popular o tribal. Un todo cultural nacional real no es un producto natural de la sangre y el suelo, sino el resultado de un proceso de diferenciación e integración en la formación cultural de la sociedad humana. En una comunidad nacional, todas las diferencias étnicas entre los varios grupos de una población son integradas en un todo individual nuevo, que carece de los rasgos totalitarios indiferenciados de una unidad étnica cerrada y primitiva como una tribu o un pueblo. Las diferentes personas de los Estados Unidos de Norteamérica están unidas sin duda en una comunidad nacional, pero cuán diferentes son los componentes étnicos que están integrados en este todo nacional.

Fue, por lo tanto, una prueba inequívoca del carácter reaccionario del mito de la sangre y el suelo propagado por el nazismo alemán cuando trató de socavar la conciencia nacional de los pueblos germánicos reviviendo la idea étnica primitiva de *Volkstum*. De manera similar, es una prueba inconfundible de la tendencia retrógrada de todos los sistemas políticos totalitarios modernos cuando intentan aniquilar el proceso de diferenciación e individualización cultural mediante una homogeneización mental metódica (*Gleichschaltung*) de todas las esferas culturales; porque esta homogeneización implica una negación fundamental del valor de la personalidad individual en el proceso de despliegue (apertura) de la historia.

Así que podemos afirmar que la norma de diferenciación, integración e individualización cultural es realmente una norma objetiva del proceso de despliegue histórico de la sociedad humana. Está fundada en el divino orden del mundo, ya que indica las condiciones necesarias de este proceso de despliegue prospectivo, sin el que la humanidad no puede cumplir su tarea histórica encomendada a ella por el gran mandato cultural. Más aún, nos provee con un criterio objetivo para distinguir en la historia las tendencias verdaderamente progresistas de las reaccionarias. El proceso de despliegue o apertura del aspecto histórico-cultural ocurre en la dirección anticipatoria o prospectiva del orden temporal. Debe, por lo tanto, ser posible señalar los momentos anticipatorios en su estructura modal por los que se revela la coherencia interna de significado del proceso histórico de desarrollo con el de los aspectos normativos de nuestro horizonte temporal de la experiencia arreglados posteriormente. El historicismo no es capaz de hacerlo, ya que ha reducido estos aspectos normativos a meras modalidades del proceso histórico de desarrollo. En consecuencia, niega su carácter y significado irreductibles. Para empezar, el proceso de despliegue progresivo de la historia está caracterizado por la revelación de una anticipación simbólica o lingüística en el modo histórico de la experiencia. El aspecto lingüístico de nuestro horizonte experiencial es el de la comunicación por medio de signos que tienen significado simbólico. Estos signos pueden ser palabras u otros símbolos. Juegan un papel esencial en nuestra experiencia social. En el proceso de apertura del desarrollo histórico, lo que realmente tiene significado histórico comienza a separarse de lo que es históricamente insignificante. Esto da lugar a una significación simbólica de los hechos históricos a fin de preservar su memoria.

Hegel y von Ranke mantuvieron que la historia propiamente dicha no comenzó antes de que surgiera la necesidad de preservar la memoria de los eventos históricos por medio de crónicas, registros y otros medios. La así llamada *Kulturkreislehre* en la etnología —que busca rastrear la continuidad genética en la evolución cultural de la humanidad desde las así llamadas culturas primigenias de la prehistoria hasta las civilizaciones del más alto nivel de desarrollo—, ha negado que la presencia de memoriales pueda ser de alguna importancia esencial para la delimitación de este campo de investigación histórico. Como su fundador Frobenius ha dicho: "la historia es acción, y en comparación con esto, cuán poco esencial es su registro simbólico".[1] La verdad es, sin embargo, que el surgimiento de dichos memoriales es un criterio incuestionable del despliegue cultural de una sociedad en sentido progresivo. En consecuencia, despreciar el surgimiento de memoriales históricos con respecto a su significado para el desarrollo histórico de la humanidad, testifica una falta de comprensión de la estructura modal del aspecto histórico de la experiencia en su proceso de apertura. El hecho de que los memoriales históricos, o por lo menos una información histórica oral confiable esté ausente en una sociedad primitiva —y solo se encuentren representaciones mitológicas de la génesis y el desarrollo de su vida cultural—, no puede ser accidental. El curso relativamente uniforme del proceso de desarrollo de una sociedad primitiva todavía no le ha dado a la musa de la historia ningún material que merezca ser registrado como memorable en un sentido realmente histórico. Una conciencia histórica todavía cerrada se aferra a las analogías bióticas en el desarrollo cultural y se inclina a una interpretación mitológica de su curso bajo la influencia de una religión primitiva de la vida orgánica. La revelación de la anticipación simbólica o lingüística en el proceso de despliegue del aspecto histórico de la experiencia está indisolublemente ligada a una revelación del encuentro cultural entre diferentes naciones atrapadas en el flujo de la historia universal. El encuentro cultural entre diferentes naciones en este sentido internacional es un momento anticipatorio en el proceso del desarrollo histórico que remite adelante hacia la apertura del aspecto modal del trato social convencional.

---

[1] Leo Frobenius, *Ursprung der Afrikanischen Kultur* [*El origen de la cultura africana*] (1898).

Dado que el proceso de diferenciación cultural conduce a una creciente diversidad típica de esferas culturales, hay un constante peligro de que una de estas esferas intente expandir su poder formativo de manera excesiva a expensas de las otras. De hecho, desde la disolución de la cultura eclesiásticamente unificada que prevaleció en la civilización europea medieval, ha habido una batalla continua entre las emancipadas esferas culturales del estado, la ciencia natural, la industria y el comercio, y así sucesivamente, por adquirir la supremacía sobre las otras. En el proceso de despliegue progresivo de la historia, por lo tanto, la preservación de una relación armónica entre las esferas culturales diferenciadas llega a ser de vital interés para toda la sociedad humana. Pero esta armonía cultural solo puede ser garantizada si el proceso de desarrollo histórico cumple con el principio normativo de economía cultural. Este principio prohíbe cualquier expansión excesiva del poder formativo de una esfera cultural particular a costa de las demás.[1] Aquí las anticipaciones estética y económica en el modo histórico de la experiencia se revelan en su coherencia mutua inquebrantable. Ambos principios, el de economía cultural y el de armonía cultural, apelan a la naturaleza interna de las esferas culturales diferenciadas determinada por las estructuras de individualidad típicas de las esferas de la sociedad a las que pertenecen. Por lo tanto, también están fundados en el divino orden del mundo. En el proceso de despliegue (apertura) de la cultura humana, tan pronto como los límites naturales de las diferentes esferas culturales son ignorados por una expansión

---

[1] En otras palabras, cada *esfera* es *soberana* dentro de su ámbito de "jurisdicción". El estado, por ejemplo, no puede entrometerse en la esfera de la iglesia.

excesiva de una de ellas, surgen tensiones y conflictos desastrosos en la sociedad humana. Esto puede evocar reacciones convulsivas por parte de aquellas esferas culturales que son amenazadas, o puede conducir incluso a la ruina completa de una civilización, a menos que las contratendencias en el proceso de desarrollo se manifiesten antes de que sea demasiado tarde, y que adquieran suficiente poder cultural para controlar el exceso de expansión del poder de un factor cultural particular.

Es en tales consecuencias de la violación de los principios de economía y armonía cultural en el proceso de despliegue histórico, que la anticipación diquética en la historia sale a relucir. En este punto nos encontramos confrontados con el adagio hegeliano: "*Die Weltgeschichte ist der Weltgericht*".[1] No acepto este dictado en el sentido en que Hegel lo concibió, sino más bien en el sentido de que la violación de los principios normativos a los que el proceso de despliegue del aspecto histórico cultural de la sociedad humana está sujeto es vengada en el curso de la historia universal. Esto puede ser verificado al observar las consecuencias de tales violaciones.

§16. FE Y CULTURA

Cuando, finalmente, la cuestión es planteada con respecto a la causa fundamental de la desarmonía en el proceso de despliegue de la historia, nos encontramos cara a cara con el problema concerniente a la relación entre fe y cultura, y con los motivos básicos religiosos que operan en la esfera central de la vida humana. La desarmonía a la que me refiero

---

[1] "La historia universal es el juicio del mundo". G. W. F. Hegel, *Philosophy of Right*, trad. T. M. Knox (Oxford: Clarendon Press, 1962), §340. Hegel saca esto de Schiller.

HISTORICISMO, HISTORIA Y EL ASPECTO HISTÓRICO 119

pertenece, por desgracia, a la línea progresiva del desarrollo cultural, ya que solo puede revelarse en el proceso de despliegue histórico de la diferenciación cultural. Los conflictos y tensiones que son particularmente observados en la civilización occidental moderna, no pueden ocurrir en una cultura primitiva y cerrada. Ya que cualquier expansión del poder formativo de la humanidad sobre el mundo da lugar a una creciente manifestación del pecado humano, el proceso de apertura histórico está marcado con sangre y lágrimas. No conduce a un paraíso terrenal.

¿Cuál es, entonces, el sentido de todo este esfuerzo, conflicto y miseria extremos a los que el hombre se somete a fin de cumplir su tarea cultural en el mundo? El historicismo radical, como se manifestó en todas sus consecuencias en *La decadencia de occidente* de Spengler, priva a la historia de la humanidad de cualquier esperanza para el futuro y la deja sin sentido. Este es el resultado de la absolutización del aspecto histórico de la experiencia; porque hemos visto que el último solo puede revelar su significado en una inquebrantable coherencia con todos los demás aspectos de nuestro horizonte experiencial temporal. Este horizonte temporal mismo remite al ego humano como su punto de referencia central, tanto en su comunión espiritual con todos los demás egos humanos como en su relación central con el Autor Divino de todo lo que ha sido creado. En última instancia, el problema del significado de la historia gira en torno a la pregunta: ¿quién es el hombre en sí mismo y cuál es su origen y su destino final? Fuera de la revelación bíblica central de la creación, la caída en el pecado y la redención a través de Jesucristo, ninguna respuesta real se ha de encontrar a esta pregunta. Los conflictos y tensiones dialécticas que ocurren en el proceso de apertura de la vida cultural humana resultan de la absolutización de lo que es relativo. Y toda absolutización tiene su origen en el espíritu de la apostasía, el espíritu de la *civitas terrena*, el reino de las tinieblas, como le llamó Agustín.[1]

No habría esperanza futura para la humanidad ni para el proceso completo del desarrollo cultural del hombre, si Jesucristo no hubiera llegado a ser el centro espiritual y su reino el fin último de la historia universal. Este centro y fin de la historia universal no está atado ni a la civilización occidental ni a ninguna otra. Sino que conducirá a la nueva humanidad como un todo a su verdadero destino, ya que ha conquistado el mundo por el amor divino revelado en su *autosacrificio*.[2]

---

[1] Agustín, *The City of God*, trad. Henry Bettenson (Londres: Penguin, 1984), XIV.28.

[2] 1 Juan 5:19 ss.; Agustín, *City of God*, X.6.

PARTE III
FILOSOFÍA Y TEOLOGÍA

CAPÍTULO 5
FILOSOFÍA, TEOLOGÍA Y RELIGIÓN

§17. LA RELACIÓN ENTRE FILOSOFÍA Y TEOLOGÍA: UNA RESEÑA HISTÓRICA

Puede parecer una empresa peligrosa para un no teólogo hablar respecto a la relación entre la filosofía y la teología. Sin embargo, como representante de una tendencia filosófica que reclama tener un punto de partida cristiano radical, he sido obligado a hacerlo; especialmente porque soy de la opinión de que esta filosofía cristiana no deriva sus fundamentos de la teología en su sentido científico y por lo tanto debería ser claramente distinguida de la última.

No es de sorprender que muchos teólogos estén desconcertados por este punto de vista. Y esta duda inicial puede convertirse fácilmente en sospecha cuando esta nueva filosofía sujete los fundamentos filosóficos tradicionales del pensamiento teológico dogmático a una crítica radical y requiera una reforma interna de estos fundamentos desde un punto de vista bíblico. Tal sospecha es entendible, ya que la filosofía ha sido un peligroso rival para la teología cristiana desde el principio. Desde el pensador griego Parménides, el fundador de la metafísica occidental, la teoría filosófica ha sido opuesta a la creencia popular. Se presentó como el camino de la verdad frente al de la *doxa* (opinión engañosa), limitada por las representaciones y emociones sensoriales.[1]

---

[1] "Meet it is that thou shouldst learn all things, as well the unshaken heart of well-rounded truth, as the opinions of mortals in which is no true belief

En el famoso diálogo *Fedón* de Platón, Sócrates dice que solo está destinado a los filósofos el acercarse a la raza de los dioses. Fue la convicción común de todos los pensadores griegos, quienes se aferraron a la posibilidad del conocimiento teológico, que la verdadera teología solo puede ser de carácter filosófico y que no puede estar fundada en la fe, sino en el pensamiento teórico solamente. Es verdad que Platón no rechazó la posibilidad de una revelación divina, recibida en un estado de entusiasmo santo, pero negó que tales revelaciones pudieran ser en algún sentido la fuente del verdadero conocimiento teológico.

a) La tradición agustiniana

Es por lo tanto completamente entendible que los padres de la iglesia en sus tratados sobre la doctrina cristiana enfatizaran que la teología cristiana tiene su propio principio de conocimiento, a saber, la Palabra-revelación.[1] Y debido a que posee este principio (que contiene la verdad absoluta), la teología cristiana sobrepasa, en su opinión, toda filosofía pagana en su certeza de conocimiento. El pensamiento teórico no puede alcanzar la verdad a menos que sea iluminado por este principio. Por lo tanto, sostuvieron, la filosofía pagana está llena de errores y no puede ser aceptada como

---

at all" ["Es preciso que te aprendas todo, tanto el imperturbable corazón de la Verdad bien redonda, como las opiniones de los mortales, en las que no hay verdadera creencia"], Fr. 342 (Kirk y Raven, p. 267).

[1] Para Dooyeweerd la "Palabra-revelación" abarca más que la Biblia como la Palabra inscrita de Dios. La Biblia señala la autorrevelación de Dios en la creación y la encarnación. La Biblia es la revelación especial fundamental, comunicada al "corazón", que sirve para "interpretar" el divino orden del mundo. Para una discusión, ver Olthuis, "Dooyeweerd on Religion and Faith", pp. 24-25, 32-38.

una ciencia autónoma.¹ La teología cristiana, creyeron, es ella misma la ciencia suprema, la verdadera filosofía cristiana. Las filosofías griega y grecorromana a lo más pueden prestar algunos servicios a la *sacra doctrina*, siempre y cuando, no obstante, permanezcan siendo siervas sujetas al control de la teología.

Fue especialmente Agustín quien defendió esta visión de la relación entre la filosofía y la teología cristiana. Su rechazo de la autonomía del pensamiento filosófico está completamente de acuerdo con la posición de la nueva filosofía cristiana que tenía en mente al principio de esta conferencia. Pero su visión de la relación entre la teología cristiana y la filosofía sufre un uso ambiguo del término teología.² Por un lado, esta palabra es usada en el sentido del verdadero conocimiento de Dios y de nosotros mismos, y se refiere a la santa doctrina de la iglesia. Como tal, no puede tener un significado teórico y científico, como llegará a ser evidente en breve. Por el otro lado, la teología cristiana se refiere a una explicación teórica de los artículos de fe en su confrontación científica con los textos de la Sagrada Escritura y con visiones heréticas. En este sentido, la teología cristiana está limitada al pensamiento

---

¹ *Cf.* Agustín, *De Doctrina Christiana*, II.xxxix.58-xlii.63.
² La relación de Dooyeweerd con Agustín es tanto de deuda como de distancia: por un lado, Dooyeweerd ve en Agustín un precursor de la filosofía cristiana que él está desarrollando, en la medida que Agustín reconoció que el conocimiento comienza y se basa en compromisos suprateóricos (*credum ut intelligam*). Pero Dooyeweerd siente que Agustín no distinguió adecuadamente la teología y la filosofía cristiana como dos disciplinas distintas, justamente porque carecía de una definición precisa de teología. A veces, por "teología", Agustín se refiere a lo que Dooyeweerd describe como "religión"; pero en otras ocasiones, define la teología como una ciencia teórica relacionada con un aspecto específico. Dooyeweerd distinguirá cuidadosamente estos dos sentidos con términos diferentes.

humano teórico, el cual no puede reclamar la infalibilidad de la Palabra de Dios. Fue la influencia de la filosofía griega la que condujo al paso fatal de confundir la teología cristiana teórica con el verdadero conocimiento de Dios y el verdadero autoconocimiento (*Deum et animam scire*). La *gnosis* teológica, permeada por ideas filosóficas griegas, fue elevada sobre la simple creencia de la congregación. La entera concepción de la así llamada "sagrada teología" como la *regina scientiarum* [reina de las ciencias] fue de origen griego. En el tercer libro de su *Metafísica*, capítulo dos, Aristóteles dice que la doctrina metafísica de la meta suprema y del bien, tiene el control y la guía sobre todas las otras ciencias, las cuales, como sus esclavas, no están ni siquiera autorizadas para contradecir sus verdades.[1] Esta declaración claramente se refiere al conocimiento metafísico de Dios, que en el segundo capítulo del primer libro fue llamado la "ciencia guía y más estimable". Consecuentemente la teología filosófica fue considerada la reina de todas las ciencias. Esta tesis de Aristóteles fue entonces aplicada a la teología cristiana en su sentido teórico y dogmático. Y esta teología a su vez fue denominada filosofía cristiana. Esto significó que los problemas filosóficos fueron meramente discutidos en un contexto teológico.

En el siglo IX, Juan Escoto Erígena defendió la tesis de que la verdadera filosofía es idéntica a la verdadera religión. En su tratado sobre la predestinación apeló al tratado de Agustín sobre la verdadera religión para corroborar esta visión.[2] Y en línea con Agustín identificó la filosofía cristiana con la teología dogmática como la explicación teórica de

---

[1] *Metafísica*, III.2; VI; XII.
[2] Agustín, *Of True Religion*, en *Augustine, Earlier Writings*, trad. J. H. S. Burleigh (Filadelfia: Westminster, 1953), v.8: "Así que se enseña y se cree como un punto principal en la salvación del hombre que la filosofía,

los cánones de la religión cristiana. "¿Qué más puede ser la verdadera filosofía, que la explicación de las reglas de la verdadera religión?" Esta identificación de la teología dogmática con la filosofía cristiana por un lado y con la religión cristiana como es expresada en la santa doctrina de la iglesia por el otro, continuó siendo característica de la tradición agustiniana en la escolástica.

b) La tradición tomista

La *Summa Theologiae* de Tomás de Aquino, que introdujo una nueva visión, despliega la misma ambigüedad fundamental en el uso de los términos "teología" y "*sacra doctrina*". Este prodigioso trabajo comienza con una discusión de la pregunta acerca de si la *sacra doctrina* es necesaria *ad humanam salutem* [para la salvación humana] y si es una ciencia. Estas preguntas son contestadas afirmativamente.[1] Es necesario *ad humanam salutem* que haya una doctrina acorde a la revelación divina además de las ciencias filosóficas, que son estudiadas solo por la luz de la razón humana natural. Y es una ciencia de mayor rango que la filosofía ya que su principio de conocimiento es de carácter supranatural.[2] Como tal, no requiere la ayuda necesaria de las ciencias filosóficas, aunque puede usarlas como sus esclavas para facilitar el entendimiento de sus verdades supranaturales. Esto es justificado por la insuficiencia del intelecto humano que no puede entender las verdades supranaturales de la santa doctrina

---

es decir, la búsqueda de la sabiduría, no puede estar completamente divorciada de la religión".
[1] *Summa Theologiae*, Ia.1.1.
[2] *ST*, Ia.1.5.

sin la base de las verdades naturales que son conocidas solo mediante la razón.

Estas explicaciones han desconcertado no poco a los comentaristas de la *Summa*. ¿Qué se entendía por "*sacra doctrina*"? Tomás incluso la identificó con la Sagrada Escritura: "*Sacra Scriptura seu doctrina*", como escribió en sus discusiones sobre el carácter científico de la santa doctrina.[1] Algunos comentaristas fueron de la opinión de que por *sacra doctrina* se entendió la fe cristiana. Otros la interpretaron como la teología en su sentido científico propio. De nuevo, otros le atribuyeron el sentido de la santa doctrina de la iglesia vista aparte de la teología y de la fe. El papa León XIII puso fin a esta incertidumbre en su encíclica *Aeterni Patris*, en la que enfáticamente estableció que la teología necesita la filosofía para darle el carácter y espíritu de una ciencia.

En cualquier caso, la visión de Tomás de la relación entre la teología cristiana y la filosofía difiere en principio de la de Agustín. Tomás ya no identifica la teología dogmática con la filosofía cristiana. La cuestión de una filosofía cristiana ya no existe.[2] La filosofía es aceptada como una ciencia autónoma incluyendo una teología filosófica o natural que remite a la luz natural de la razón por sí sola. La filosofía tomista es el sistema aristotélico, elaborado en algunos puntos de una manera original y mezclado con ideas agustinianas, neoplatónicas y estoicas. La teología cristiana, por el otro lado, es elevada al rango de una ciencia supranatural que sobrepasa la filosofía tanto en dignidad como en certeza

---

[1] *ST*, Ia.1.2-3.

[2] Para una descripción del impacto de la disyunción de Aquino en la historia de la filosofía, retomando el análisis de Dooyeweerd, ver James K. A. Smith, "*The Art of Christian Atheism: Faith and Philosophy in Early Heidegger*", *Faith and Philosophy* 14 (1997): 71-81.

FILOSOFÍA, TEOLOGÍA Y RELIGIÓN

de conocimiento, debido a sus principios infalibles supranaturales originados en la revelación divina. Debido a que las verdades naturales de la filosofía no pueden contradecir las verdades supranaturales de la santa doctrina cristiana, la filosofía aristotélica es acomodada a la última hasta donde las apariencias lo permiten. Sin embargo, la filosofía misma es retirada del control interno de la Palabra de Dios. Y el carácter supranatural de la teología cristiana es justificado por el hecho de que debe tomar su conocimiento de la revelación divina. Pero el problema mismo concerniente al carácter científico de este conocimiento es enmascarado por el uso ambiguo del término *sacra doctrina*. Esto condujo a Tomás a una identificación fatal de la teología con las Sagradas Escrituras por un lado y con la doctrina de la iglesia por el otro.

c) Barth

La falta de una clara distinción entre la Palabra-revelación como el principio central del conocimiento y el objeto científico propiamente dicho de la teología dogmática ha persistido en las discusiones posteriores relativas a la relación entre la teología dogmática y la filosofía, tanto en los círculos católicos romanos como en los protestantes. Por el momento, me limitaré a la visión desarrollada por Karl Barth en el primer volumen de su *Kirchliche Dogmatik* [*Dogmática eclesial*] ya que es representativa de una tendencia influyente en la teología reformada contemporánea.

Por un lado, Barth contrasta la teología dogmática con la filosofía de manera radical. La primera es un instrumento para hallar el verdadero conocimiento de Dios en Jesucristo. El principio del conocimiento teológico es la Palabra de Dios, y esta Palabra es un fuego consumidor para toda filosofía. Porque la filosofía solo se puede originar del pensamiento humano autónomo que está corrompido por el pecado. Una filosofía cristiana es una *contradictio in terminus*.[1] Esta es la razón por la que Barth, en clara oposición a la visión del Dr. Abraham Kuyper, incluso niega que la epistemología de la teología sea de un carácter filosófico. La teología dogmática como un instrumento de la Palabra de Dios debe elaborar su propia epistemología sin la interferencia de la filosofía, mantiene Barth.[2]

Por otro lado, Barth se ve obligado a admitir que la teología dogmática como una ciencia no tiene otra herramienta intelectual a su disposición más que aquella de la que se vale también la filosofía, a saber, el pensamiento teórico, incluso aunque sea completamente inadecuado para el verdadero pensamiento teológico. Esta [falta de una alternativa al pensamiento teórico] es la razón por la que el teólogo no puede escapar de las nociones filosóficas. Él puede tomarlas de todos los tipos de sistemas, con tal que no se ate a ninguno de ellos y emplee estas nociones solo en un sentido puramente formal separándolas de sus contenidos filosóficos materiales.[3] Ignorando por el momento esta distinción bastante problemática entre un uso formal y uno material de los conceptos filosóficos, observamos que Barth también emplea el término "teología" de manera ambigua. Por un lado, entiende por ella el verdadero conocimiento de Dios en Jesucristo; y por el otro, la ciencia dogmática de las verdades de la fe cristiana

---

[1] Karl Barth, *Church Dogmatics*, I/1, trad. G. T. Thomson (Edimburgo: T&T Clark, 1936), pp. 4-5.
[2] *Ibíd.*, pp. 1-47.
[3] *Ibíd.*, pp. 390 ss.

FILOSOFÍA, TEOLOGÍA Y RELIGIÓN

reveladas en las Sagradas Escrituras. Pero no distingue estos dos significados de manera satisfactoria.

§18. RELIGIÓN: EL CONOCIMIENTO SUPRATEÓRICO DE DIOS

Si deseamos tener éxito en plantear el problema relativo a una filosofía cristiana y su relación con la teología dogmática de manera clara, debemos en primer lugar evitar cualquier ambigüedad en el uso de los términos y definir lo que entendemos por ellos. Deseamos establecer desde el principio que el verdadero conocimiento de Dios y de nosotros mismos (*Deum et animam scire* en el sentido agustiniano)[1] sobrepasa todo pensamiento teórico. Este conocimiento no puede ser el objeto teórico ni de una teología dogmática ni de una filosofía cristiana. Solo puede ser adquirido por la operación de la Palabra de Dios y el Espíritu Santo en el corazón, es decir, en el centro y raíz religiosa de nuestra existencia y experiencia humana entera. El verdadero conocimiento de Dios y el autoconocimiento son las presuposiciones centrales tanto de una teología bíblica[2] (en su sentido científico teórico), como de una filosofía cristiana, en tanto que la última tenga un punto de partida realmente bíblico. Esto implica que el principio central de conocimiento de la teología dogmática y el de la filosofía cristiana debería ser el mismo.

Desde la perspectiva bíblica integral y radical es imposible aceptar la distinción escolástica tomista entre una esfera

---

[1] Agustín, *Soliloquies*, I.ii.7.
[2] Es decir, una teología dogmática o sistemática basada en la Biblia. Como se verá a continuación, Dooyeweerd implica que en lugar de que la teología bíblica sea una "rama" de la teología, como se ha convertido actualmente, toda teología debería ser "bíblica".

natural de conocimiento donde la luz natural de la razón es suficiente, y una esfera supranatural donde nuestro conocimiento es dependiente de la Palabra-revelación divina. Esta distinción testifica la carencia de un autoconocimiento real, causado por un alejamiento del punto de vista bíblico. El pensamiento teórico no es una sustancia independiente, como lo supuso Aristóteles. Siempre está relacionado con el *yo*, el ego humano; y este ego, como el centro y unidad radical de nuestra existencia y experiencia completa, es de naturaleza [o estructura] religiosa. Por lo tanto, el autoconocimiento real es dependiente del conocimiento de Dios, ya que el ego es el asiento central de la *imago Dei*.

Sin un verdadero autoconocimiento es imposible adquirir una comprensión de la relación real entre la teología dogmática y la filosofía. Porque ambos, el pensamiento teológico y el filosófico, tienen su centro en el mismo ego humano. Este *yo* es el punto de referencia central del orden temporal completo de nuestra experiencia. Soy *yo* quien experimenta, y no una función sensorial o intelectual abstracta de mi conciencia. Dentro del horizonte y el orden del tiempo, sin embargo, nuestra experiencia despliega una gran diversidad de aspectos fundamentales o modos experienciales, que como tales no se refieren a un *qué* concreto, *i. e.*, a cosas o eventos concretos de nuestro mundo empírico; sino únicamente al *cómo*, *i. e.*, a una *manera* especial de experimentarlos.

A fin de evitar la multivocalidad del término "aspecto" en lenguaje común, llamaré a estos modos fundamentales de nuestra experiencia temporal, sus aspectos *modales*.[1] Una breve enumeración puede bastar, por ahora, para obtener una visión general de la diversidad modal de nuestra experiencia

---

[1] *Cf.* la discusión anterior, en el cap. 1 (§2).

FILOSOFÍA, TEOLOGÍA Y RELIGIÓN 133

dentro del orden del tiempo. Dentro de este orden temporal nuestra experiencia despliega un aspecto numérico, un aspecto espacial, un aspecto de movimiento extensivo, un aspecto de energía en el que experimentamos el modo físico-químico de cambio, un aspecto biótico o de vida orgánica, un aspecto sensitivo o de sentimiento y percepción sensorial, y un aspecto lógico (*i. e.*, el modo analítico de distinción en nuestra experiencia, que se encuentra en la base de nuestros conceptos y juicios lógicos). Asimismo, nuestro horizonte temporal de la experiencia despliega un aspecto histórico o del modo cultural de desarrollo de la vida social, un aspecto de significación simbólica yaciendo en el fundamento de todo fenómeno lingüístico; y finalmente, un aspecto de trato social, uno económico, uno estético, uno diquético, uno moral y uno de fe.

Todas estas modalidades fundamentales e irreductibles de nuestra experiencia tienen su fundamento común en el orden del tiempo, establecido por la voluntad creativa de Dios. Este orden del tiempo los tiene arreglados en una sucesión irreversible y los mantiene en una coherencia mutua inquebrantable. Por esta razón los aspectos modales de nuestra experiencia son esencialmente modos del tiempo, el cual se expresa en cada uno de estos en un sentido modal específico. Más allá del horizonte temporal de nuestra experiencia esta diversidad de aspectos modales pierde su sentido y fundamento. Ni el *yo* humano, como el centro religioso y unidad radical de la existencia humana, ni Dios, cuya imagen de acuerdo al orden de la creación encuentra su expresión central en el ego humano, han de ser encontrados dentro de esta diversidad modal de nuestro horizonte temporal.

En el ego humano, como el asiento central de la *imago Dei*, Dios concentró el significado entero del mundo temporal en una unidad religiosa radical. El hombre, creado a la imagen de Dios, debería dirigir todas las funciones y poderes temporales de su existencia y de su mundo temporal completo al servicio de Dios. Esto lo debió cumplir en la unidad central de su ego amando a Dios sobre todo. Y debido a que en el orden de la creación todo ego humano en este sentido religioso central fue unido a todos los demás egos humanos en una comunión central de servicio a Dios, el amor al prójimo fue incluido en el amor a Dios. No podemos amar a Dios sin amar su imagen, expresada en nuestro propio ego y en el de nuestros semejantes.[1] Por lo tanto, la entera ley divina para la creación de Dios despliega su unidad radical en el mandato central del amor dirigido al corazón (*i. e.*, el centro religioso de la vida humana). No podemos entender el sentido radical y central de este mandato en tanto que lo relacionemos solo con el aspecto moral de nuestra existencia temporal. Así como *todos* los aspectos de nuestra experiencia y existencia temporal encuentran su punto de referencia central en el ego humano, así el mandato del amor representa la unidad central de todas las diferentes ordenanzas de Dios para el mundo temporal. Porque no es solo la existencia temporal individual del hombre la que está centrada en una unidad radical, sino más bien es nuestro mundo temporal entero, la "tierra" como es llamada en las palabras iniciales del libro de Génesis, el que de acuerdo al orden de la creación encuentra su centro en la raíz religiosa de la humanidad, *i. e.*, en la

---

[1] Sobre este análisis del "significado" del *yo*, ver Agustín, *De doctrina christiana*, libro I.

comunidad espiritual de los corazones de los hombres en su comunión central con Dios el Creador.

Este es el sentido radical e integral de la *creación* de acuerdo a la Palabra de Dios. Es al mismo tiempo la autorrevelación de Dios como Creador y la revelación del hombre como un ser creado a la imagen de Dios. Nos revela que, incluso en su posición central con respecto al mundo temporal, el hombre no es nada en sí mismo, sino que la plenitud de significado de su existencia era nada menos que reflejar la imagen divina de su Creador.

Esto además determina el sentido radical y central de *la caída en el pecado*. Esta apostasía tiene que ver con la raíz, *i. e.*, el centro religioso de la existencia humana. La vida espiritual del hombre dependía de guardar la Palabra de Dios con todo su corazón. Tan pronto como el hombre cerró su corazón y se apartó de la Palabra de Dios dando oído a la falsa ilusión de ser algo en sí mismo (*i. e.*, de ser como Dios), la *imago Dei* fue radicalmente entenebrecida en él y cayó presa de la muerte espiritual. Esta apostasía implicó la apostasía del mundo temporal completo que fue concentrado en el ego del hombre. Por tanto, la tierra fue maldecida, porque no tenía raíz religiosa propia, sino que fue relacionada a la raíz o centro religioso de la existencia humana.

Por la misma razón, la *redención* en Jesucristo y la comunión del Espíritu Santo que nos hace miembros de su cuerpo tiene un sentido central y radical. En Cristo, la humanidad y el mundo temporal entero han recibido una nueva raíz religiosa en la que la *imago Dei* es revelada en la plenitud de su significado.

Así, el tema central de las Sagradas Escrituras, a saber, el de la creación, la caída en el pecado y la redención por Jesucristo en la comunión del Espíritu Santo, tiene una unidad radical de significado, que está relacionada con la unidad central de nuestra existencia humana. Efectúa el verdadero conocimiento de Dios y de nosotros mismos, si nuestro corazón es completamente abierto por el Espíritu Santo de modo que se encuentre en la empuñadura de la Palabra de Dios y ha llegado a ser prisionero de Jesucristo. Mientras este significado central de la Palabra-revelación esté en juego, nos encontramos más allá de los problemas científicos tanto de la teología como de la filosofía. Su aceptación o rechazo es un asunto de vida o muerte para nosotros, y no una cuestión de reflexión teórica. En este sentido, el motivo central de la Sagrada Escritura es el punto de partida supracientífico común de una teología verdaderamente bíblica y de una filosofía realmente cristiana. Es la llave del conocimiento de la que habló Jesús en su discusión con los escribas e intérpretes de la ley. Es la presuposición religiosa de cualquier pensamiento teórico que puede reclamar con razón un fundamento bíblico. Pero, como tal, nunca puede llegar a ser el objeto teórico de la teología (no más de lo que Dios y el *yo* humano pueden llegar a ser tal objeto).

§19. Teología y la crítica del pensamiento teórico

El pensamiento teórico tanto teológico como filosófico se mueve dentro de los límites del orden temporal de nuestra experiencia con su diversidad de aspectos modales. Dentro de este orden temporal la unidad central y radical del significado de la creación es, por decirlo así, refractada en una rica diversidad de modalidades, tal como la luz del sol es refractada por un prisma en una rica diversidad de colores. Los diferentes aspectos modales de nuestro horizonte temporal de la experiencia que hemos enumerado brevemente, determinan en principio los diferentes puntos de vista bajo los cuales la realidad empírica es considerada e investigada por las ciencias especiales. Esta disociación analítica de nuestra experiencia en sus diferentes aspectos modales, que en la actitud experiencial precientífica está ausente en principio, es característica de la actitud teórica del pensamiento.[1] La actitud teórica surge tan pronto como empezamos a oponer el aspecto lógico de nuestro pensamiento a los modos no lógicos de la experiencia a fin de obtener una comprensión teórica lógica de los últimos, disociando los elementos de sus estructuras modales de manera analítica.

Pero estos aspectos no lógicos ofrecen resistencia al intento de concebirlos de manera lógica como los objetos teóricos de nuestro pensamiento lógico. Esta resistencia teórica de los objetos da lugar a los problemas teóricos fundamentales de las diferentes ciencias especiales. Las ciencias matemáticas, por ejemplo, dan lugar a los problemas fundamentales: ¿qué es el número?, ¿qué es el espacio?, ¿qué es el movimiento extensivo? La física y la química dan lugar al problema: ¿qué es la energía? La biología da lugar al problema: ¿qué es la vida orgánica? La jurisprudencia implica el problema: ¿cuál es el modo diquético de la experiencia? Y así uno podría continuar.

Pero ninguno de estos problemas teóricos fundamentales puede ser resuelto por estas ciencias especiales tomadas por sí mismas. En principio son de carácter filosófico. Esto es así debido a que las ciencias especiales no reflexionan sobre su punto de vista especial como tal. Se concentran totalmente en los fenómenos variables reales que se presentan dentro de

---

[1] Ver cap. 1 (§2.b).

los aspectos experienciales relacionados con sus campos de estudio, al menos en la medida que estas ciencias no sean de un carácter puramente matemático. En otras palabras, no hacen de los aspectos modales de nuestra experiencia mismos su objeto de investigación, sino únicamente los fenómenos reales y solo en la medida en que funcionan en el aspecto especial que delimita su campo de investigación. Los fenómenos reales, sin embargo, tales como las cosas, los eventos, los actos humanos o las relaciones comunales e interpersonales concretas entre los seres humanos en una sociedad dada, funcionan en principio en todos los aspectos modales de nuestra experiencia. Las plantas y los animales, por ejemplo, presentan, como seres perecederos reales, no solo un aspecto biótico; funcionan igualmente en el aspecto numérico, el aspecto espacial, el aspecto físico-químico del efecto energético, el aspecto sensitivo del sentimiento y la percepción sensorial, etcétera. Se presentan a nuestra experiencia precientífica en la estructura típica de un todo individual. Este todo funciona en la inquebrantable coherencia de todos los aspectos modales de nuestra experiencia; sin embargo es típicamente cualificado por uno de estos aspectos. El agua, por ejemplo (en caso de condiciones de temperatura adecuada), se presenta a nuestra experiencia como una materia líquida incolora, cualificada por sus propiedades fisicoquímicas. Sin embargo, funciona también en el aspecto biótico o de la vida orgánica, como un medio necesario para la vida; funciona igualmente en nuestro aspecto sensorial de la percepción, en el aspecto cultural, en los aspectos económico y diquético, etcétera, e incluso en el aspecto fídico. Recuérdese, por ejemplo, lo que se dice en la Biblia acerca del dominio de

FILOSOFÍA, TEOLOGÍA Y RELIGIÓN 139

Dios sobre las aguas, lo cual solo puede ser experimentado en la fe.

Cuando un biólogo considera el agua, solo está interesado en su aspecto biótico, *i. e.*, su función en la vida orgánica. Sin embargo, no puede investigar su función biótica sin tomar en cuenta sus propiedades fisicoquímicas. Esto da lugar al problema teórico fundamental: ¿cuál es la relación mutua entre el aspecto físico-químico y el aspecto biótico de la estructura total típica de un organismo vivo? Un organismo vivo, como un todo individual real, es indudablemente cualificado por su aspecto biótico; sin embargo, muestra igualmente todos los demás aspectos de nuestro mundo experiencial. Por lo tanto, este problema fundamental concerniente a la relación mutua entre los diferentes aspectos modales de un todo individual excede los límites de las ciencias especiales y es en cambio de naturaleza filosófica.

Consideremos otro ejemplo que es de interés directo para la ciencia teológica. Cuando el teólogo dirige su atención teórica a la iglesia como una comunidad organizada institucional en nuestro mundo temporal, es confrontado con un todo social real; este todo es sin duda cualificado por su aspecto fídico como una congregación institucional de creyentes en Jesucristo. Como tal, la iglesia apunta más allá de nuestro horizonte temporal a la comunidad religiosa central de Cristo y los miembros de su cuerpo, de la cual debería ser una expresión temporal. Pero la institución organizada no es idéntica a esta así llamada iglesia invisible. Funciona como un todo social en todos los aspectos modales de nuestro horizonte experiencial temporal. De este modo, el teólogo es confrontado con la inquebrantable coherencia del aspecto fídico de esta institución eclesiástica con sus otros aspectos, donde funciona como una comunidad moral, diquética, económica, lingüística, histórica, sicológica, biótica, espacial, etcétera. ¿Cuál es la relación entre estos diferentes aspectos de la institución eclesiástica y cómo éste todo comunal temporal se relaciona con otras comunidades tales como el estado, la familia, la escuela, las organizaciones industriales, los sindicatos, etcétera?

Como dije anteriormente, estos problemas teóricos fundamentales exceden los límites de todas las ciencias especiales. Son de carácter filosófico, ya que su solución requiere una visión total teórica de nuestro horizonte temporal de la experiencia. ¿Puede la teología dogmática cristiana como tal proveernos esta visión total filosófica? Si es así, entonces no puede ser una ciencia especial, sino que debe —en línea con la concepción agustiniana— ser considerada idéntica a la filosofía cristiana. Pero esta solución del problema ancestral concerniente a la relación entre la teología y la filosofía es inaceptable desde el punto de vista tanto filosófico como teológico. Es verdad que la teología en su actividad científica entra una y otra vez en contacto con otras ciencias, como la filología, la jurisprudencia, la ética, la historiografía, la arqueología, la lógica, la sicología, las ciencias naturales, etcétera. Pero este también es el caso con las otras ciencias especiales. Ciertamente esto no implica que la teología sea por consiguiente una filosofía. La última tiene la indispensable tarea de darnos una comprensión de la naturaleza y estructura internas de los diferentes aspectos modales de nuestro horizonte temporal de la experiencia y darnos una visión teórica de su relación mutua y coherencia interna. Pero la teología no puede darnos dicha visión total teórica más de lo que puede dárnosla la biología. Por tanto, la distinción tomista entre filosofía y teología dogmática constituyó un progreso cuando es comparada con la visión agustiniana que igualó esta teología con la filosofía cristiana. Desde el punto de vista filosófico esta igualación de las dos fue completamente inaceptable ya que implica un malentendido de la naturaleza real de los problemas filosóficos.

Sin embargo, el criterio que Tomás de Aquino utilizó para delimitar el campo de la filosofía frente al de la teología dogmática fue inútil en un sentido científico, y debe ser enteramente rechazado desde el punto de vista bíblico central. Desde el punto de vista científico, no proveyó ninguna comprensión del verdadero objeto teórico de la teología y de la filosofía. En cambio, introdujo la falsa distinción entre una esfera de conocimiento natural autónoma que no tiene otra fuente más que la luz natural del pensamiento teórico, y una esfera supranatural dependiente de la revelación divina y del don supranatural de la fe. De esta manera, la filosofía fue abandonada a la influencia de los motivos religiosos centrales que han sido desenmascarados por la Palabra de Dios como motivos que se originan del espíritu de apostasía e idolatría.

Tan pronto como llegamos con Agustín, sobre la base de la posición bíblica central, a la comprensión de que el pensamiento filosófico no puede ser autosuficiente debido a que es siempre dependiente de un punto de partida religioso, el criterio tomista entero para la distinción entre la filosofía y la teología se rompe. Sin embargo, su influencia en la teología reformada ha sido tan fuerte, que incluso el Dr. Kuyper en su *Encyclopaedie der Heilige Godgeleerdheid* [*Enciclopedia de sagrada teología*],[1] fue incapaz de liberarse de ella, aunque él

---

[1] Abraham Kuyper, *Encyclopedie der heilige godgeleerdheid*, 3 vols. (Kampen: J. H. Kok, 1893–1894). Una edición abreviada en inglés está traducida

mismo ha contradicho la interpretación tomista al llamar su enciclopedia una filosofía cristiana.

Es imposible adquirir una clara comprensión de la relación entre filosofía y teología desde la perspectiva bíblica, a menos que hayamos llegado primero a una clara delimitación del punto de vista científico especial de la teología dogmática. Porque es precisamente a la teología dogmática que tanto la tradición agustiniana como la tomista le atribuyen el derecho exclusivo de ser calificada como una ciencia cristiana. ¿Cuál es el objeto científico propiamente dicho de esta teología? Trataremos de encontrar una respuesta satisfactoria a esta pregunta crucial en nuestra segunda conferencia [sobre filosofía y teología, en el capítulo seis].

---

por J. Hendrik De Vries como *Principles of Sacred Theology* (Grand Rapids: Eerdmans, 1954).

CAPÍTULO 6
EL OBJETO Y LA TAREA DE LA TEOLOGÍA

§20. EL OBJETO DE LA TEOLOGÍA COMO CIENCIA TEÓRICA

a) El carácter científico de la teología

Concluimos nuestra primera conferencia [sobre filosofía y teología] planteando la pregunta: ¿cuál es el punto de vista científico propio de la teología dogmática? ¿Cuál es su objeto[1] teórico propiamente dicho? Hemos visto que esta cuestión no puede ser respondida haciendo referencia a la revelación de Dios en su Palabra como la única fuente verdadera del conocimiento teológico. Porque, como el principio central del conocimiento, esta Palabra-revelación debe convertirse en el fundamento de la vida cristiana entera, tanto en su actividad práctica como en la científica. En este sentido central no puede ser el objeto teórico de ninguna ciencia, sino que funciona solo como su punto de partida central o motivo básico religioso.

Para encontrar una respuesta satisfactoria a la pregunta en cuestión, deberíamos considerar que, como una ciencia, la teología dogmática está vinculada a la actitud teórica del pensamiento. En nuestra primera conferencia [capítulo cinco] establecimos que esta actitud teórica surge tan pronto como empezamos a oponer el aspecto lógico de nuestro pensamiento a los aspectos no lógicos de nuestra experiencia.

---

[1] "Objeto" en el sentido del "tema" de la teología, la región o perspectiva aspectual desde la que investiga la realidad. En alemán se hablaría de *sache* de la teología, su campo o materia.

Esto es necesario para obtener una comprensión lógico teórica de ellos o, como en el caso de las ciencias especiales, de un aspecto especial de los hechos reales que se presentan dentro de los diferentes modos de la experiencia. A través de esta oposición de nuestra función lógica de pensamiento al aspecto no lógico de nuestra experiencia que delimita nuestro campo de investigación científico, ese aspecto particular se convierte en el objeto científico de nuestro pensamiento. Debido a la resistencia que este objeto ofrece a nuestro intento de obtener una comprensión lógico-teórica sistemática de él, se da lugar a problemas teóricos. Ahora se ha hecho evidente que la teología no puede darnos una visión total filosófica de la mutua relación y coherencia entre los diferentes aspectos de nuestra experiencia dentro del orden temporal. Consecuentemente, debe ser una ciencia especial.[1]
En otras palabras, el objeto científico propio de la teología dogmática solo puede ser delimitado por un aspecto modal especial de nuestro horizonte temporal de la experiencia. Como tal debe poderse oponer al aspecto lógico de nuestro pensamiento como un campo de problemas teóricos. Sin embargo, solo podemos ganar una comprensión teórica de este campo uniendo nuestra función lógica de pensamiento

---

[1] Una "ciencia especial" o "ciencia positiva" (*eine positive wissenschaft*) es la ciencia delimitada por un aspecto particular de la experiencia. La comprensión de Dooyeweerd de la teología como una ciencia teórica especial converge significativamente con el desarrollo de este tema por parte de Heidegger (en 1927) en *Phänomenologie und Theologie* (Frankfurt: Klostermann, 1970)/"Phenomenology and Theology", en *The Piety of Thinking*, eds. James G. Hart y John C. Maraldo (Bloomington: Indiana University Press, 1976). Ahí Heidegger también enfatiza que "la teología es una ciencia positiva y, como tal, es absolutamente distinta de la filosofía" (p. 15/7).

EL OBJETO Y LA TAREA DE LA TEOLOGÍA

con ese aspecto especial de nuestra experiencia temporal que delimita nuestro punto de vista teológico científico. Este aspecto experiencial modal que delimita el punto de vista teológico específico no puede ser otro que el aspecto de la fe.

Estoy bien consciente de que esta tesis puede causar un complejo de malentendidos. Aquellos que se aferran a la manera tradicional de confundir el principio central del conocimiento teológico con el objeto científico del pensamiento teológico dogmático, sin duda harán las siguientes objeciones: "al hablar de la fe en el sentido de un aspecto especial de nuestro horizonte temporal de la experiencia que delimita el punto de vista científico particular de la teología, se evidencia un desprecio fundamental por el carácter supranatural de la fe cristiana. Esta última nunca puede originarse de la experiencia humana, sino que es exclusivamente el resultado de la operación del Espíritu Santo en la predicación de la Palabra de Dios. Además, la teología dogmática no puede tener otro objeto aparte de la divina Palabra-revelación, que contiene la doctrina completa de la iglesia. La Sagrada Escritura no puede ser entendida sin la exégesis de sus textos. Esta exégesis requiere un conocimiento teológico de los textos originales. En consecuencia, Tomás de Aquino estaba en lo correcto cuando dijo que una ciencia teológica de la revelación divina es necesaria *ad humanam salutem*. No entendemos la distinción entre el motivo básico central de la Sagrada Escritura que sería de carácter suprateológico y el objeto teórico de la teología dogmática como una ciencia que estaría delimitado por el aspecto fídico de nuestro horizonte temporal de la experiencia. ¿Cómo se puede decir que la revelación divina de la creación, la caída en el pecado y la redención por Jesucristo en la comunión del Espíritu Santo, está fuera del campo de investigación científico de la teología dogmática? Estos temas han sido siempre los materiales más básicos de cualquier dogmática teológica. Retirarlos de la última equivaldría a una completa destrucción de la teología".

¿Cuál será nuestra respuesta a estas serias objeciones? Me disculpo si mi explicación sobre el campo científico de investigación de la teología dogmática no parece clara a primera vista. Las dificultades y preguntas a que da lugar no conciernen a la Palabra-revelación divina, sino exclusivamente al carácter científico y los límites de una dogmática y exégesis teológicas. Y es necesario *ad humanam salutem* adentrarse en estas dificultades de manera seria. Porque la teología dogmática es una ciencia muy peligrosa. Su elevación a un mediador necesario entre la Palabra de Dios y el creyente equivale a idolatría y testifica un error fundamental relativo a su carácter y posición verdaderos. Si nuestra salvación depende de la dogmática y la exégesis teológicas estamos perdidos. Porque ambas son obras humanas, susceptibles a toda clase de errores, desacuerdos de opinión y herejías.[1] Incluso podemos decir que todas las herejías son de origen teológico. Por lo tanto, la confusión tradicional entre la Palabra de Dios como el principio central de conocimiento y el objeto científico de la dogmática y la exégesis teológicas debe estar equivocada en sus fundamentos. Porque es esta misma confusión la que ha dado lugar a igualar falsamente la teología dogmática con la doctrina de la Sagrada Escritura, y a la falsa concepción de

---

[1] Para un mayor desarrollo de la cuestión de la herejía y el estado de la teología dentro de este marco dooyeweerdiano, ver James K. A. Smith, "Fire From Heaven: The Hermeneutics of Heresy", *Journal of TAK 20* (1996): 13-31.

la teología como un mediador necesario entre la Palabra de Dios y los creyentes.

b) La trascendencia del compromiso religioso y los límites de la teología

El objeto teórico del pensamiento científico nunca puede ser el espectro pleno o integral de la realidad. La razón es que el objeto del pensamiento teórico, como tal, solo puede ser resultado de una abstracción teórica.[1] Se origina de la disociación teórica de los diferentes aspectos de la experiencia y la realidad empírica, que en el orden temporal de la creación divina solo son dados en una coherencia continua inquebrantable. Tan pronto como oponemos un aspecto no lógico de nuestra experiencia a la función lógico teórica de nuestro pensamiento (a fin de hacerlo un problema teórico), este aspecto se convierte en el objeto científico de nuestro pensamiento. E incluso si nuestra atención teórica no está enfocada sobre este aspecto como tal, sino únicamente en los hechos concretos que se presentan dentro de este aspecto, esos hechos concretos nunca son nuestro objeto teórico *en su realidad plena*. Más bien, solo son sujetados al punto de vista científico abstracto particular que delimita nuestro campo de investigación.

En cuanto a la teología esto significa que la divina Palabra-revelación nunca puede convertirse en el objeto teórico de la investigación teológica en la realidad plena donde se nos presenta. En su sentido religioso central se dirige al corazón,

---

[1] La experiencia preteórica "vivida" excede la comprensión de la descripción teórica conceptual; como tal, el compromiso religioso, tanto preteórico como suprateórico, nunca puede convertirse en un "objeto" de la teología como ciencia teórica.

al centro religioso de nuestra existencia, como un poder espiritual divino, y no como un objeto de reflexión teológica. Por lo tanto, el tema básico de la Sagrada Escritura, a saber, el de la creación, la caída en el pecado y la redención por Jesucristo en la comunión del Espíritu Santo, nunca puede convertirse en el objeto científico de la teología en este sentido religioso central. Como tal, es más bien el punto de partida suprateológico de todo pensamiento cristiano verdaderamente bíblico, la llave del conocimiento de Dios y de nosotros mismos.[1] Pero dentro del orden temporal de nuestra experiencia esta Palabra-revelación se manifiesta en la misma diversidad modal de aspectos que encontramos en nuestra propia existencia humana temporal. La Palabra de Dios ha entrado en nuestro horizonte temporal, de la misma manera que se ha hecho carne en Jesucristo, nuestro Salvador. Y es solo dentro de la diversidad temporal de los aspectos experienciales que la divina revelación puede convertirse en un objeto del pensamiento teológico.

No cabe duda que el orden temporal de nuestra experiencia, de acuerdo con el orden divino de la creación, tiene un aspecto límite de fe, que en este sentido es un modo fundamental de la experiencia claramente distinto de todos los demás modos. La estructura modal de este aspecto, la cual determina su significado irreductible, pertenece al orden de la creación, y como tal no pudo ser afectada por el pecado. El pecado no puede destruir nada de la creación de

---

[1] La "Palabra-revelación" trasciende el orden temporal de la experiencia y, por lo tanto, no puede ser objetivada por el pensamiento teórico que opera dentro del horizonte temporal. Sin embargo, la divina Palabra-revelación se "manifiesta" dentro de ese orden (por ejemplo, en las Escrituras); son estas manifestaciones temporales concretas las que son investigadas por la teología.

EL OBJETO Y LA TAREA DE LA TEOLOGÍA   149

Dios, solo puede darle una *dirección*[1] falsa y apóstata. Tanto la genuina fe cristiana como la apóstata, e incluso la incredulidad, solo pueden funcionar dentro del mismo aspecto modal de la fe que es inherente al orden temporal creado de nuestra experiencia. Todas ellas tienen un carácter fídico fundamental, así como las maneras legal e ilegal de conducta son de carácter diquético y como las maneras lógica e ilógica de razonamiento solo pueden ocurrir dentro del aspecto lógico del pensamiento. Pero el aspecto modal de la fe no puede ser igualado con el acto real de creer, el cual en su realidad plena surge del corazón y aunque es *cualificado* por su aspecto fídico también presenta otros aspectos en el orden temporal de la experiencia. Está fuera de discusión que la fe cristiana concreta en su sentido verdadero solo puede originarse por la operación de la Palabra de Dios como un poder espiritual central en el corazón, *i. e.*, el centro religioso de nuestra existencia.[2] Pero esto no desmerece el hecho de que funciona dentro del aspecto modal de la fe de nuestra experiencia temporal, el cual pertenece al orden temporal de la creación.

---

[1] La fe, para Dooyeweerd, es creacional; es decir, es parte del ser criatura en lugar de un "remedio" poslapsario. Como tal, es parte de la *estructura* de la creación que, después de la caída, puede tomar una *dirección* apóstata. Ver también la discusión sobre idolatría en el cap. 2, §6.

[2] Con Pascal y existencialistas como Kierkegaard, Dooyeweerd comparte una comprensión del *yo* humano como algo *más que* racional; por lo tanto, "conversión" no se entiende como el asentimiento intelectual a las proposiciones teológicas, sino más bien el compromiso existencial del "corazón" como el "centro *religioso* de nuestra existencia". El *yo* no es, para Dooyeweerd, *homo rationale* sino más bien *homo religionis*. Ver también los capítulos 2 y 7.

c) Las revelaciones de Dios y la posibilidad de la teología

Ahora, se debería considerar que este aspecto fídico ocupa un lugar completamente excepcional en el orden de la creación; es el aspecto límite que incluso en el núcleo de su sentido modal refiere más allá del orden temporal al centro religioso de nuestra existencia y al Origen divino de todo lo que ha sido creado. Este núcleo modal del aspecto de la fe puede ser circunscrito como *el modo último de certeza dentro del orden temporal de la experiencia que remite a una revelación indubitable de Dios, tocándonos en el centro religioso de nuestra existencia.*[1] Ahora, el Dios viviente se ha revelado en la totalidad de su creación, en todas las obras de su manos.[2] Pero esta revelación que en el orden temporal despliega una rica diversidad de aspectos, encuentra su centro de operación en el corazón, el centro y raíz de la existencia humana, donde Dios ha expresado el significado central de su imagen. Y es a través del aspecto de la fe en su significado modal que la revelación divina dentro del orden temporal de nuestra experiencia se relaciona con este centro religioso de nuestra conciencia y existencia.

Deberíamos considerar, sin embargo, que desde el comienzo mismo esta revelación de Dios en todas las obras de sus

---

[1] En la erudición posterior, el "aspecto fídico" o "aspecto de la fe" también se ha descrito como el *aspecto certitudinal*. Sin embargo, esta no es una certeza cartesiana, sino más bien lo que Herman Bavinck describió como la certeza *de la fe*, una contradicción en los términos desde un punto de vista cartesiano. Ver Herman Bavinck, *The Certainty of Faith*, trad. Harry der Nederlanden (St. Catharines: Paideia Press, 1980).

[2] Para la discusión de Calvino sobre la "revelación general" en la creación, ver *Institución*, I.v. Para un comentario, ver Susan E. Schreiner, *The Theatre of His Glory: Nature and the Natural Order in the Thought of John Calvin* (Durham: Labyrinth Press, 1991).

EL OBJETO Y LA TAREA DE LA TEOLOGÍA   151

manos no estuvo abierta a un supuesto entendimiento humano autónomo. Esta *fanerosis*, como es llamada en el primer capítulo de la epístola a los Romanos (1:19), fue dilucidada e interpretada por la Palabra de Dios que se dirigió al corazón del hombre por mediación de la función temporal de fe. En tanto que el corazón humano estuvo abierto a la Palabra de Dios, el hombre fue capaz de entender el sentido de la *fanerosis* general[1] de Dios por medio de su función fídica innata. Pero tan pronto como este corazón se cerró y se apartó de la Palabra de Dios como resultado de su apostasía, el aspecto fídico de la experiencia humana temporal también se cerró. Ya no fue la ventana de nuestra experiencia temporal abierta a la luz de la eternidad, sino que se convirtió en el instrumento del espíritu de apostasía.[2] Asimismo, el impulso religioso innato del corazón humano a trascenderse a sí mismo a fin de encontrar descanso en su origen divino, comenzó a desplegarse en una dirección idólatra. Es exclusivamente por la operación del Espíritu Santo que regenera el corazón, que el aspecto fídico de nuestra experiencia temporal puede ser

---

[1] Tanto la teología católica como la reformada han hecho una distinción tradicional entre la revelación "general" o "natural" de Dios en las obras de la creación, y su revelación "especial" en las Escrituras. Para una historia del concepto de revelación general, véase Bruce A. Demarest, *General Revelation: Historical Views and Contemporary Issues* (Grand Rapids: Zondervan, 1982).

[2] En contraste con la tradición católica que sigue a Tomás, la tradición reformada ha enfatizado que la revelación general de Dios en la creación ya no se reconoce debido a los efectos noéticos del pecado. Mientras que la tradición católica apunta a Romanos 1:20, la tradición reformada lee esto a la luz de Romanos 1:19, lo que indica que esta verdad es suprimida y la gente ya no la reconoce. No hay, propiamente hablando, ninguna teología "natural" reformada. Para la discusión seminal de Calvino, ver *Institución*, I.i-vi.

reabierto a la Palabra de Dios, de manera que su dirección negativa es cambiada en una positiva. Por tanto, es completamente cierto que la fe cristiana viva no puede originarse de ninguna manera a partir de la experiencia temporal del hombre, quien debido a su apostasía ha caído presa de la muerte espiritual.[1]

§21. LA FE Y LA RELACIÓN ENTRE LA NATURALEZA Y LA GRACIA

a) El dualismo escolástico

Sin embargo, su estructura modal y carácter fídico general pertenecen al orden temporal de la experiencia humana ya que está fundada en la creación divina. En consecuencia, incluso tampoco la fe cristiana resulta de un acto creativo de Dios completamente nuevo como piensa Barth.[2] Por tanto, la visión católica romana escolástica de la fe como un don supranatural de Dios para el intelecto humano[3] manifestándose más allá del orden natural de la creación también debería ser rechazada desde la perspectiva bíblica. Es solo bajo la influencia del motivo religioso dualista de la naturaleza y la gracia que la teología escolástica introdujo esta concepción. Pero este motivo, que continuó dominando tanto la teología católica romana como la escolástica protestante, es de origen no bíblico. Es un motivo básico dialéctico apuntando a una

---

[1] Aquí y más abajo, Dooyeweerd responde a la objeción planteada anteriormente, de que su comprensión del aspecto fídico "naturaliza" la fe y la regeneración.

[2] Barth, *Church Dogmatics*, I/1, pp. 260-283.

[3] Véase, por ejemplo, Tomás de Aquino, *Summa Theologiae*, IaIIae.85.1-2, IIaIIae.5.1 (sobre la pérdida de la gracia y la fe como efecto del pecado) y IIaIIae.6.1-2 (sobre la "infusión" sobrenatural de la fe).

EL OBJETO Y LA TAREA DE LA TEOLOGÍA

acomodación del motivo central de la Sagrada Escritura y los motivos religiosos de carácter apóstata, o bien al de la filosofía griega o al del humanismo moderno. Este motivo básico dualista ha privado a la teología escolástica de la comprensión del carácter radical e integral de la Palabra-revelación. Ha conducido a una concepción teológica de la naturaleza humana que no tiene lugar para el corazón como el centro religioso y unidad radical de la existencia humana.[1] Atribuyendo autonomía a la así llamada razón natural frente a la fe y la revelación divina, la teología escolástica tradicional meramente dio expresión a la falsa visión griega de la razón como el centro de la naturaleza humana. Dentro del marco de la doctrina eclesiástica católica romana esto no causó dificultades internas, ya que esta doctrina no aceptó el carácter radical de la caída en el pecado.[2]

En la teología reformada, por el contrario, esta visión no bíblica de la naturaleza humana no pudo sino provocar una contradicción interna con la doctrina bíblica del pecado y la redención. Porque, si la naturaleza humana no tiene un centro o radix religiosa, ¿cómo puede ser la caída de carácter radical, *i. e.*, tocar la raíz de nuestra naturaleza? El pecado

---

[1] Dooyeweerd, al igual que Pascal, siempre señala al "corazón" como el centro de la existencia humana, precisamente para delimitar el *racionalismo* que ha dominado la teología occidental, particularmente en la escolástica (católica y protestante) que le interesa aquí. El racional*ismo*, en los términos de Dooyeweerd, es tanto una *absolutización* de un aspecto del orden temporal, como una *reducción* de la multidimensionalidad del *yo* humano.

[2] Es decir, se entendió que la fe era un suplemento sobrenatural perdido en la caída. La "naturaleza" entonces no se ve afectada por el pecado. Como se mencionó anteriormente, véase Tomás de Aquino, *Summa Theologiae*, IaIIae.85.1-2, IIaIIae.5.1 (sobre la pérdida de la gracia y la fe como efecto del pecado) y IIaIIae.6.1-2 (sobre la "infusión" sobrenatural de la fe).

no puede surgir del intelecto del hombre. Si el último fuera el centro de nuestra naturaleza humana, independiente de nuestra vida religiosa central, no se vería afectado por el pecado. Por lo tanto, la doctrina católica romana fue consistente cuando negó la corrupción interna de la naturaleza humana. Y es esta misma visión de la naturaleza humana la que ocasionó que el problema de la relación entre la teología y la filosofía fuera planteado sobre una base fundamentalmente errónea. La distinción completa entre una así llamada sagrada teología y las así llamadas ciencias profanas surgió del dualismo no bíblico inherente al motivo básico escolástico de la naturaleza y la gracia supranatural.

b) El dualismo de Barth

Es un alentador síntoma del redespertar de una conciencia bíblica el que bajo la influencia del agustinianismo un número creciente de pensadores católicos romanos pertenecientes al movimiento de la así llamada *nouvelle théologie*[1] haya comenzado a oponerse a esta visión dualista. Ellos concuerdan con el movimiento filosófico reformado en los Países Bajos en abogar por la necesidad de una filosofía cristiana. Por otro lado, debemos observar que la visión barthiana de la teología como la ciencia cristiana exclusiva y su relación negativa con la filosofía sigue estando penetrada totalmente por este dualismo. Esto es un hecho desconcertante, ya que en claro contraste con el catolicismo romano Barth reclama para su teología un carácter bíblico radical. ¿Cómo ha de ser esto explicado? La razón es que Barth, aunque se opuso fuertemente a la visión tomista sintética de la naturaleza y la

---

[1] Un movimiento en la teología católica, en Francia, en la década de 1960, que influyó y fue influenciado por el Vaticano II.

EL OBJETO Y LA TAREA DE LA TEOLOGÍA   155

gracia no abandonó este tema dualista en sí; un esquema que en la visión agustiniana era aún desconocido. Simplemente sustituyó su concepción sintética según la cual la naturaleza es la base autónoma de la esfera supranatural de la gracia, por una antitética que niega cualquier punto de contacto entre la naturaleza autónoma corrompida y la obra divina de la gracia. Por ende la filosofía fue excomulgada como tal, ya que por naturaleza sería un producto autónomo del pensamiento natural que está corrompido por el pecado. Entre todas las ciencias se supuso que solo la teología dogmática podía ser permeada por la Palabra-revelación. En mi opinión, esta visión dualista traiciona las secuelas del nominalismo occamiano que ha influido especialmente la visión luterana relativa a la imposibilidad de una filosofía cristiana.

Sin embargo, si la posibilidad de una filosofía cristiana es negada también se debería negar la posibilidad de una teología cristiana en el sentido de una ciencia de la doctrina bíblica. Barth, sin embargo, mantiene enfáticamente este carácter científico de la teología, aunque de completa concordancia con Tomás de Aquino pone todo el énfasis en su principio supranatural de conocimiento. Pero admite que esta teología está obligada a valerse del mismo pensamiento teórico como lo hace la filosofía. ¿Cómo, entonces, puede este pensamiento teológico reclamar un carácter cristiano? Lutero llamó a la razón natural una ramera ciega, sorda y muda con respecto a las verdades reveladas en la Palabra de Dios. Pero si esta prostituta puede convertirse en una santa por su sumisión a la Palabra de Dios, es difícil entender por qué este milagro solo ocurriría dentro de la esfera de la dogmática teológica. ¿Por qué no puede el pensamiento filosófico también ser regido por el motivo central de la

Sagrada Escritura? Ciertamente no es el motivo básico bíblico en su sentido radical e integral el que lleva a muchos teólogos a la conclusión de que la filosofía no tiene nada que ver con el Reino de Dios. Es solo el motivo dualista no bíblico de la naturaleza y la gracia el que los extravía y el que inspiró la visión de Barth de que el hombre puede esperar que al menos en general Dios haya limitado la operación de su Palabra a un "espacio teológico" en el que la Biblia, la predicación eclesiástica y la teología en cuanto a su función instrumental están colocadas al mismo nivel. Es este motivo básico escolástico el que también ha impedido la necesaria crítica trascendental del pensamiento teológico en cuanto a su objeto científico y a su punto de partida.

§22. LA RELACIÓN ENTRE LAS ESCRITURAS Y LA PALABRA-REVELACIÓN

Ya hemos notado que el objeto apropiado del pensamiento teológico dogmático solo puede ser encontrado dentro del orden temporal de la experiencia. Hemos establecido que ese objeto no puede ser otra cosa que la divina Palabra-revelación como esa revelación se presenta dentro del aspecto modal de la fe. Este último es convertido en un problema teológico en la actitud teórica del pensamiento al ser colocado frente a la función lógica del pensamiento teológico. Debemos ahora intentar darnos cuenta de la importancia de la distinción entre la Palabra de Dios en su realidad plena y concreta y en su sentido restringido como el objeto del pensamiento teológico. Esto es necesario a fin de responder la pregunta de si es verdad que esta distinción retiraría de la dogmática teológica su tema principal, lo que equivaldría

EL OBJETO Y LA TAREA DE LA TEOLOGÍA 157

a una completa destrucción de la teología dogmática en su sentido tradicional.[1]

a) Las Escrituras como manifestación temporal de la Palabra-revelación

Consideremos en primer lugar cómo la Palabra de Dios se nos presenta en su realidad plena y concreta. La Palabra-revelación divina ha entrado en nuestro horizonte temporal. La Palabra fue hecha carne y habitó entre nosotros (Jn. 1:14). Este fue el *skandalon* (1 Co. 1:23) que fue igualmente planteado por la encarnación de la Palabra-revelación en las Sagradas Escrituras, una colección de libros escritos por diferentes hombres en el curso de las edades; divinamente inspirada, pero relacionada con todos los aspectos modales de nuestro horizonte temporal de la experiencia. Es, sin embargo, solo bajo el aspecto modal de la fe que podemos experimentar que esta Palabra-revelación en las Escrituras ha sido de hecho inspirada por el Espíritu Santo. Y la creencia concreta a través de la cual conocemos con certeza última que es así no se puede realizar en el corazón, ese centro religioso de nuestra conciencia, excepto por la operación de la Palabra misma como un poder espiritual.[2] ¿Qué convierte entonces la diversidad de libros del Antiguo y Nuevo Testamento en una unidad espiritual radical? Su principio de unidad solo puede

---

[1] Esta fue una de las objeciones predecibles de los teólogos a las que Dooyeweerd se refirió anteriormente en sus comentarios: si la Palabra-revelación no puede ser un objeto para la consideración teológica, entonces, ¿eso no elimina por completo la teología?

[2] Calvino enfatiza este mismo punto: la autoridad de la Escritura es "autoautenticadora" (*autopística*), confirmada por el testimonio del Espíritu en el corazón, no por argumentos racionales presentados al intelecto. Ver *Institución* I.vii.

ser hallado en el tema central de la creación, la caída en el pecado y la redención por Cristo Jesús en la comunión del Espíritu Santo, ya que es la llave del verdadero conocimiento de Dios y del autoconocimiento.

Hemos establecido que en su sentido espiritual central como una fuerza motriz divina dirigiéndose a nuestro corazón este tema no puede convertirse en el objeto teórico del pensamiento teológico, ya que es el punto de partida mismo de tal pensamiento, por lo menos si la teología ha de ser verdaderamente bíblica. Pero la teología dogmática puede sin duda alguna participar en una reflexión teórica sobre la creación, la caída en el pecado y la redención, en la medida en que su revelación está relacionada con el aspecto fídico de nuestra experiencia temporal y forma los contenidos de los artículos de la creencia cristiana. Incluso es posible que un teólogo lo haga desde un punto de partida no bíblico, tal como el motivo básico escolástico tradicional de la naturaleza y la gracia. A partir de este motivo no bíblico, Tomás de Aquino consideró la creación como una verdad en parte filosófica natural y en parte supranatural. La caída fue tomada meramente como la pérdida del don supranatural de la gracia, que no corrompió la naturaleza racional del hombre sino que únicamente la hirió. Esta visión teológica de la creación y la caída fue sancionada como una doctrina ortodoxa por la Iglesia Católica Romana.

b) **El compromiso religioso y los artículos de fe**

De lo anterior podría parecer que debe haber una diferencia en principio entre la creación, la caída y la redención en su sentido central como la llave del conocimiento, y en su sentido como los artículos de fe que pueden convertirse en

EL OBJETO Y LA TAREA DE LA TEOLOGÍA   159

el objeto del pensamiento teológico. En la medida en que la teología reformada también fue influenciada por el motivo básico escolástico de la naturaleza y la gracia desarrolló igualmente visiones dogmáticas que deben ser consideradas no bíblicas. Los escribas e intérpretes de la ley judíos tenían un conocimiento teológico perfecto de los libros del Antiguo Testamento. Ellos deseaban, sin duda, aferrarse a la creación, la caída y la promesa de la venida del Mesías como artículos de la fe judía ortodoxa, los cuales son también artículos de la fe cristiana. Sin embargo, Jesús les dijo: ¡ay de vosotros, porque habéis quitado la llave del conocimiento! (Lc. 11:52) Esta llave del conocimiento en su sentido radical e integral no puede ser convertida en un problema teológico. El teólogo solo puede dirigir su pensamiento teológico hacia ella con respecto a su necesaria presuposición suprateórica si realmente él está en la empuñadura de la misma y puede dar testimonio de su significado radical, el cual trasciende todos los conceptos teológicos. Pero cuando lo hace, no está en una posición diferente a la del filósofo cristiano que da cuenta de su punto de partida bíblico, o del creyente ordinario que testifica el sentido radical de la Palabra de Dios como la fuerza motriz central de su vida en Jesucristo. En otras palabras, el verdadero conocimiento de Dios en Jesucristo y el verdadero autoconocimiento no son ni de naturaleza dogmática teológica ni filosófica, sino que tienen una significación *religiosa* absolutamente central. Este conocimiento es una cuestión de vida o muerte espiritual. Incluso ni siquiera una dogmática teológica ortodoxa, aunque espléndidamente elaborada, puede garantizar este conocimiento espiritual central. Por lo tanto, el término escolástico *sacra theologia* testifica una sobrestimación no bíblica de la teología.[1] Todos los problemas teológicos tales como la significación de la *imago Dei* antes y después de la caída, la relación entre la creación y el pecado y entre la gracia particular y la gracia común, la de la unión de las dos naturalezas en Jesucristo, etcétera, solo pueden surgir de la oposición teórica del aspecto fídico al aspecto lógico de nuestro pensamiento. Son problemas ciertamente legítimos de la dogmática teológica, pero como problemas específicamente teológicos no se refieren al motivo básico central de las Sagradas Escrituras como se encuentra operativo en el centro religioso de nuestra conciencia y existencia. Este motivo básico espiritual es elevado por encima de todas las controversias teológicas y no necesita de una exégesis teológica, puesto que su significado radical es explicado exclusivamente por el Santo Espíritu operando en nuestros corazones abiertos, en la comunión de este Espíritu. Esta es la única base verdaderamente ecuménica de la Iglesia de Cristo, que en su apariencia temporal institucional está irremediablemente dividida. Y es el juez divino supremo de toda teología dogmática así como de toda filosofía. Esto no quiere decir que este motivo básico espiritual sería la base

---

[1] La crítica trascendental de la teología hecha por Dooyeweerd es una crítica en el sentido kantiano de *delimitación*, un análisis que marca los límites y las fronteras de la ciencia (conocimiento). Por lo tanto, Dooyeweerd relativiza el *estatus* de la teología: como ciencia teórica, debe permanecer distinta de la fe, que es preteórica. Podríamos distinguir las dos reservando el término *religión* para los compromisos de fe pre y suprateóricos, y empleando el término *teología* solo en un sentido técnico como investigación teórica de la Palabra-revelación bajo su aspecto fídico tal como se manifiesta en el horizonte temporal. Como arriba, esta relativización del estatus de la teología enfatiza que la "salvación" no es una cuestión de *teología* sino de *religión*, entendida como un compromiso existencial.

EL OBJETO Y LA TAREA DE LA TEOLOGÍA 161

de una cristiandad por encima de todas las disensiones de fe, como si no tuviera ninguna conexión con una confesión eclesiástica. Por el contrario, también es el juez de toda doctrina eclesiástica y siempre será el principio básico central de una reforma continua de la doctrina de la iglesia. Toda visión que haga depender de una dogmática y exégesis teológica este sentido central y radical de la Palabra de Dios es no bíblica en sus mismos fundamentos.

§23. LA RELACIÓN Y DISTINCIÓN ENTRE LA TEOLOGÍA Y LA FILOSOFÍA CRISTIANA

a) Su motivo básico común y campos distintos

Esta perspectiva bíblica radical se encuentra en la base de la filosofía reformada que durante las últimas cuatro décadas ha sido desarrollada en la Universidad Libre de Ámsterdam. Ha inspirado su crítica radical del pensamiento teórico que se aplica tanto a la filosofía misma como a la teología. Esta crítica, que es la clave para una comprensión de su intención e importancia filosófica, ha descubierto el punto de conexión interno entre el pensamiento teórico en todas sus manifestaciones y los motivos básicos religiosos centrales que son sus verdaderos pero a menudo enmascarados puntos de partida. Lo ha hecho mostrando desde la estructura y naturaleza internas del pensamiento teórico mismo sus presuposiciones necesarias que se encuentran inevitablemente relacionadas con la esfera religiosa central de la conciencia humana. Esto significa que el dogma tradicional concerniente a la autonomía de la razón teórica en relación a las verdades naturales resulta insostenible. Es el motivo religioso central del pensamiento teórico que como su verdadero punto de partida gobierna cualquier visión filosófica de la relación mutua y la coherencia interna entre los diferentes aspectos de nuestro horizonte temporal de la experiencia. Por esta razón, el motivo básico bíblico no puede dejar de provocar una saludable revolución interna en nuestra entera visión filosófica de la experiencia temporal y de la realidad empírica. Ni la filosofía ni la teología dogmática pueden ser retiradas de la empuñadura radical e integral de este motivo básico central sin ser abandonadas a la influencia de motivos no bíblicos.

b) Los fundamentos filosóficos de la teología

Sin embargo, la filosofía cristiana no tiene la tarea y competencia para entrar en los problemas dogmáticos y exegéticos de la teología, excepto en la medida que los fundamentos filosóficos y religiosos centrales de la teología como una ciencia teórica estén en juego. Porque tan pronto como la confusión fatal entre el punto de partida central y el objeto teórico de la teología ha sido superada debe ser evidente que la teología en su sentido científico está vinculada a unos fundamentos filosóficos,[1] los cuales a su vez dependen del motivo religioso central del pensamiento teórico. La razón es que el aspecto fídico de nuestro horizonte temporal de la experiencia que delimita el objeto teórico de la teología *en su sentido modal* despliega una coherencia intrínseca con todos los demás modos experienciales. Esta coherencia in-

---

[1] Heidegger, de una manera casi idéntica a Dooyeweerd, enfatiza que la teología como ciencia positiva debe operar desde una base filosófica que le proporcione sus "conceptos básicos" (*Grundbegriffen*). Ver *Phänomenologie und Theology*, pp. 27-33/17-21. Entonces también a continuación, Dooyeweerd afirma que la teología debe "valerse de *conceptos fundamentales* de carácter analógico".

EL OBJETO Y LA TAREA DE LA TEOLOGÍA

terna entre los diferentes aspectos encuentra expresión en la estructura modal de cada uno de ellos, de manera que esta estructura refleja el orden temporal integral de todos los aspectos en su sucesión establecida. Esto implica que la estructura modal del aspecto fídico al igual que la de todos los otros modos experienciales muestra un carácter complejo. Por un lado, presenta un momento central de su sentido [significado], el cual es su núcleo irreductible. Por el otro, despliega una serie de momentos analógicos, cuyo significado es en sí mismo multivocal y está determinado solo por el núcleo modal del aspecto fídico. Los momentos analógicos dan expresión a la coherencia interna entre este aspecto y todos los otros modos de la experiencia dentro del orden temporal.[1]

Es esta estructura analógica del aspecto fídico la que obliga a la teología a valerse de conceptos fundamentales de carácter analógico. Es decir, estos conceptos también son utilizados por las otras ciencias especiales pero en un sentido modal diferente; sin embargo, existe una coherencia interna entre estos diferentes significados modales. Tales conceptos teológicos de carácter analógico son, por ejemplo, los de tiempo, número, espacio, movimiento, fuerza y causalidad, vida, emoción, distinción, poder, símbolo, significación e interpretación, justicia, culpa, imputación y castigo, amor, etcétera. Es de primordial importancia que el teólogo se de cuenta del sentido fídico propio de estos conceptos analógicos en su uso teológico y no confunda esta significación particular con la atribuida a ellos en otras ciencias. Porque tal confusión no puede dejar de dar lugar a maneras erróneas de plantear los problemas teológicos.

---

[1] Para una discusión de los "momentos analógicos", ver cap. 4, §14.

Me refiero, por ejemplo, a la cuestión relativa al sentido de los seis días de la creación. Al ignorar el aspecto fídico del orden temporal y utilizar los conceptos astronómico y geológico de tiempo, la teología se enredó en el siguiente dilema [pseudoteológico]: si estos días no han de ser entendidos en el sentido de los días astronómicos de veinticuatro horas, entonces deben ser interpretados como períodos geológicos. Un curioso dilema en efecto.[1] Porque no se le ha ocurrido a ningún teólogo aplicar esta alternativa al séptimo día, el día que Dios descansó de toda su obra que había realizado. Tal interpretación sería justamente considerada blasfema. Pero, ¿por qué se pasó por alto que la misma blasfemia se presenta si las obras creativas de Dios son concebidas en conceptos de tiempo científicos naturales? La razón es que los teólogos que plantearon el dilema mencionado no se dieron cuenta de la diferencia fundamental entre las obras creativas divinas y el proceso genético que ocurre dentro del orden temporal creado como resultado de la obra de creación de Dios. Aquí la influencia de la filosofía griega se manifestó claramente. Porque debido a su motivo básico religioso pagano esta filosofía excluyó cualquier idea de creación. Simplemente aceptó una génesis temporal a lo más concebida como el resultado de una actividad formativa de una mente divina que presupone un material dado. La acomodación escolástica de la revelación bíblica de la creación a esta idea griega del devenir dio lugar a la falsa visión de que la creación misma fue un proceso temporal.

---

[1] Dooyeweerd vería cualquier forma de creacio*nismo* científico como una interpretación de Génesis 1–2 que no entiende el significado del "día" dentro del aspecto-fe, reduciéndolo de ese modo al aspecto físico.

Las obras creativas de Dios superan el orden temporal porque no están sujetas a este. Pero como una verdad de fe Dios ha revelado estas obras creativas en el aspecto fídico de este orden temporal, el cual apunta más allá de sí mismo a lo que es supratemporal. Fue la voluntad de Dios que el judío creyente debiera referir sus seis días de trabajo a las seis obras creativas divinas y el día del shabat al descanso sabático eterno de Dios el Creador. Esta es la exégesis bíblica dada por el Decálogo. Y elimina el dilema escolástico relativo a la exégesis de los seis días de la creación, que se originó por un descuido fundamental del aspecto fídico del orden temporal. Este descuido también debe ser observado en la interpretación agustiniana de los seis días como una forma literaria o marco de representación que carece de cualquier sentido temporal, aunque esta concepción es sin duda alguna preferible por mucho a la interpretación astronómica o geológica.

Los seudoproblemas teológicos siempre surgen cuando los conceptos teológicos básicos analógicos son usados en un sentido no teológico. Recuérdese, por ejemplo, el concepto occamiano de la omnipotencia de Dios como un poder absoluto separado de su justicia, amor, santidad, etcétera. De esta manera, el concepto analógico de poder fue concebido en el sentido de una arbitrariedad tirana y ciertamente no en el sentido de la fe cristiana. El poder en su sentido modal original es el momento nuclear del modo histórico-cultural de la experiencia; porque la cultura no es otra cosa sino un modo controlado de formación, que específicamente por virtud de su cualidad de tener dominio sobre las cosas materiales es fundamentalmente distinto de todos los modos de formación encontrados en la naturaleza.

Pero incluso en este sentido modal original y nuclear el poder solo debe ser concebido en inquebrantable coherencia con toda la serie de momentos experienciales analógicos del aspecto histórico-cultural en la que el contexto con los otros aspectos encuentra expresión. De manera similar, la analogía del poder que encontramos en la estructura modal del aspecto fídico no puede desplegar su sentido analógico dentro de este aspecto sin su coherencia inquebrantable con todas las demás analogías en este modo de la experiencia. Cualquier intento de aislar dicha analogía y relacionarla en este aislamiento con Dios como un predicado de su autorrevelación equivale a una absolutización de un momento temporal de nuestra experiencia. Conduce a la formación de ídolos que resultan en una nada sin sentido. De la misma manera, el significado teológico del concepto analógico de causalidad es malinterpretado al concebir la predestinación en un sentido mecánico. Sin embargo, el significado teológico de todos estos conceptos [analógicos] solo puede revelarse en la inquebrantable coherencia del aspecto fídico con todos los otros aspectos del orden temporal de la experiencia.

c) Una filosofía radicalmente cristiana como el único fundamento para una teología cristiana

Esta es la razón por la que la teología en su sentido científico necesita un fundamento filosófico. Porque es la filosofía la única que puede equiparnos con una comprensión teórica de la estructura interna y coherencia mutua de los diferentes aspectos o modos de la experiencia humana. La única cuestión es si estos fundamentos filosóficos estarán sujetos al motivo básico religioso bíblico o a algún motivo básico religioso no bíblico originado de una apostasía total o parcial.

EL OBJETO Y LA TAREA DE LA TEOLOGÍA 167

Es solamente el punto de partida bíblico radical e integral el que puede liberar la filosofía de prejuicios que implican una distorsión del orden estructural de los aspectos experienciales. Los motivos básicos apóstatas no pueden dejar de enredar el pensamiento filosófico en la absolutización de aspectos específicos, por la cual una comprensión de su estructura y coherencia reales con los otros aspectos es imposibilitada en principio. Es una vana ilusión imaginar que tales visiones filosóficas podrían hacerse inocuas acomodándolas de manera externa a la doctrina eclesiástica que sostiene el teólogo.

En una perenne tradición, que se origina en la canonización de la visión tomista pero ya preparada por la escolástica pretomista, la teología dogmática ha sido vinculada a una filosofía escolástica gobernada por el motivo básico no bíblico de la naturaleza y la gracia. De hecho, fue una filosofía aristotélica acomodada a la doctrina de la iglesia. El carácter analógico de los conceptos básicos teológicos fue concebido desde el punto de vista de la metafísica aristotélica, que comenzó a partir del concepto analógico de ser, la así llamada *analogia entis*. Pero esta metafísica comoquiera acomodada a la doctrina de la iglesia no pudo dejar de apartar el pensamiento teológico de la perspectiva bíblica radical, ya que su motivo básico era incompatible con el de la Sagrada Escritura. Volveré a este punto en mi siguiente conferencia [capítulo siete]. Por medio de la doctrina metafísica de la *analogia entis* la teología dogmática trató de explicar el hecho de que la Sagrada Escritura habla de Dios en términos relacionados con la diversidad modal de nuestro orden temporal de la experiencia. Pero esta doctrina de la *analogia entis* no tenía nada que ver con la fe cristiana. Más bien, se supuso estar fundada solamente en la razón natural con su pretendida autonomía.

Karl Barth rechazó con razón esta metafísica de la *analogia entis*. Él la llamó una invención del anticristo y la reemplazó por la *analogia fidei*, la analogía de la fe.[1] Pero, como hemos visto, es precisamente la estructura analógica de la fe la que confronta a la teología con un problema básico de carácter filosófico que no puede ser dejado de lado. Si como piensa Barth, la creencia cristiana realmente no tuviera ningún punto de contacto con la naturaleza humana, ¿cómo puede desplegar esa estructura analógica por la que está ligada incluso al aspecto sensorial de nuestra experiencia? ¿Cómo podríamos creer sin haber escuchado primero la Palabra con el oído de los sentidos, o sin haber percibido primero las palabras escritas en la Biblia con el ojo de los sentidos y haber entendido el significado lingual de las palabras? Es esta misma coherencia del aspecto fídico con todos los otros modos fundamentales de la experiencia temporal la que no puede ser explicada desde el punto de vista teológico solo.

Si los teólogos rechazan la posibilidad de una filosofía bíblicamente fundada, están obligados a tomar sus presuposiciones filosóficas de una así llamada filosofía autónoma. Es una vana ilusión imaginar que las nociones tomadas prestadas de dicha filosofía podrían ser utilizadas por el teólogo en un sentido puramente formal. Implican un contenido material que está indisolublemente ligado a la visión teórica total de la experiencia y de la realidad. Se ha pretendido, por ejemplo, que el concepto filosófico de sustancia podría ser utilizado por la teología en un sentido formal para dar expresión a la unidad esencial del alma y el cuerpo en la

---

[1] Barth, *Church Dogmatics*, I/1, pp. 279-281.

naturaleza humana.[1] Sin embargo, este concepto metafísico contiene una visión griega de la naturaleza humana que excluye en principio la comprensión del centro religioso de la existencia humana. ¿Cómo podría la teología sobre tal base filosófica hacer justicia a la revelación de la creación en su sentido bíblico radical? ¿Cómo podría hacer justicia a las elocuentes declaraciones bíblicas relativas al corazón como el centro interno de la vida humana?

Y la situación no mejora si la teología se aparta de la filosofía escolástica aristotélica a fin de recurrir a las visiones filosóficas modernas enraizadas en el motivo básico del humanismo. En Europa hay muchos teólogos que consideran al existencialismo humanista contemporáneo más bíblico que el aristotelismo. No entiendo esta opinión. La calificación de "más bíblica" es característica de la actitud neoescolástica en el pensamiento teológico y filosófico que solo apunta a una acomodación de este existencialismo humanista desarraigado a la visión bíblica sin haber comprendido el carácter radical e integral del motivo básico bíblico. Las visiones básicas humanistas genuinas relativas al hombre y su mundo que tienen un carácter más o menos bíblico no existen. El motivo básico bíblico solo puede ser aceptado o rechazado como un todo. Y lo mismo se aplica a la posición religiosa humanista. Naturalmente, esto no significa que no hayan de ser encontrados elementos importantes de la verdad en el existencialismo humanista. Pero la visión total filosófica desde la que son interpretados dichos elementos no permite una aceptación parcial de esta filosofía desde la perspectiva bíblica. Es un todo integral, regido por el motivo básico religioso del humanismo.

---

[1] Ver, por ejemplo, Aquino, *ST*, Ia.75-76.

La teología tiene sobre todo la necesidad de una crítica radical del pensamiento teórico que debido a su punto de partida bíblico sea capaz de mostrar la influencia intrínseca de los motivos básicos religiosos tanto en la filosofía como en la teología. Este es el primer servicio que la nueva filosofía reformada puede rendir a su hermana teológica. En mi siguiente conferencia [capítulo siete] explicaré la necesidad de este servicio con más detalle.

CAPÍTULO 7
REFORMA Y ESCOLÁSTICA EN LA TEOLOGÍA

§24. EL FUNDAMENTO DE LA ESCOLÁSTICA EN LOS MOTIVOS BÁSICOS NO BÍBLICOS

a) Tensiones dialécticas

En la conferencia anterior [capítulo seis] mostré por qué la teología como ciencia del dogma de la fe cristiana tiene la necesidad de un fundamento filosófico. Sin lugar a dudas, ni la vida de fe cristiana como tal necesita una filosofía, ni tampoco la Palabra-revelación.[1] Ninguna de ellas es de carácter teórico. La teología dogmática, por el contrario, está vinculada en su carácter científico a la actitud teórica del pensamiento. Continuamente es confrontada con el problema relativo a la relación entre sus conceptos básicos analógicos y los de las otras ciencias. Como hemos visto, este problema parece tener una conexión interna con el lugar que el aspecto fídico de nuestra experiencia ocupa en el orden temporal de los aspectos experienciales. Y este problema es de una naturaleza intrínsecamente filosófica.

---

[1] La teología como ciencia *teórica* requiere una base filosófica; la fe, como compromiso *preteórico*, no necesita una base teórica. Heidegger enfatiza que "la fe no necesita la filosofía" (*Phänomenologie und Theologie*, p. 27/17). Sin embargo, Heidegger, a diferencia de Dooyeweerd, además entiende la fe y la filosofía como "enemigos mortales" (p. 32/20). Para una crítica de Heidegger desde una perspectiva dooyeweerdiana, ver James K. A. Smith, "The Art of Christian Atheism: Faith and Philosophy in Early Heidegger", *Faith and Philosophy* 14 (1997): 71-81.

Para la teología, la cuestión no es si debería o no estar filosóficamente fundada; la única pregunta es si ha de buscar sus fundamentos filosóficos en una filosofía cristiana gobernada y reformada por el motivo básico bíblico central, o si debe tomarlos de la filosofía escolástica tradicional o de la humanista moderna. La influencia de la filosofía griega escolásticamente adaptada en la teología dogmática fue, como lo dije, de lo más peligroso, ya que los teólogos —extraviados por la creencia tradicional en la autonomía de la razón natural— no se dieron cuenta de las presuposiciones antibíblicas de esta filosofía.

No debemos olvidar que el proceso de decadencia de la teología reformada habría comenzado con la restauración de esta filosofía escolástica en las universidades protestantes. Esta restauración efectuada por Melanchton y Beza significó (involuntariamente por supuesto) una negación del principio integral de la Reforma con su implicación de una reforma interna de la vida cristiana entera, mediante su sometimiento a la autoridad radical y central de la Palabra-revelación de Dios. Testificó el hecho de que el motivo básico religioso no bíblico de la naturaleza y la gracia había comenzado a recuperar una creciente influencia en las visiones teológicas y filosóficas del protestantismo. La visión católica romana en su concepción tomista —según la cual la filosofía no puede tener otro principio de conocimiento más que la luz natural de la razón, mientras que la teología tiene una fuente supranatural de conocimiento en la revelación—, fue completamente absorbida. Pero el regreso a esta visión implicó un retorno al fundamento escolástico de la teología dogmática sobre los fundamentos metafísicos de la filosofía aristotélica en su acomodación externa a la doctrina de la iglesia. Esto implicó que cualquier ataque contra la metafísica aristotélica fuera percibido justamente como un ataque contra la tendencia escolástica en la teología reformada misma. Y en la medida que la influencia de la metafísica aristotélico tomista se había incluso revelado en algunas formulaciones de las confesiones reformadas, especialmente en la Confesión de Westminster, este ataque podía ser fácilmente interpretado como una desviación de la doctrina de la iglesia. Pero al hacerlo surgió una dificultad inevitable.

La visión aristotélico tomista de la naturaleza humana, que excluyó la revelación bíblica del corazón como el centro religioso de la vida humana, supuestamente daba expresión tanto a una verdad filosófica como a una teológica. Como concepción filosófica se suponía que era demostrable por la sola luz natural de la razón; como concepción teológica buscó el apoyo de diferentes textos de la Sagrada Escritura que supuestamente la corroboraban. Esto implicó que una antropología filosófica fuera atribuida a las Sagradas Escrituras: una antropología, que era incompatible con el sentido radical de la revelación bíblica concerniente a la creación, la caída y la redención. Pero al hacer tal atribución, el único criterio a disposición de la escolástica para delimitar el campo de investigación de la teología del de la filosofía parecía ser negado. El único medio para escapar de borrar los límites entre ellas fue prohibir a los filósofos cualquier consulta independiente de las Sagradas Escrituras y atarlos a la visión aristotélico tomista de la naturaleza humana.

b) Soluciones intentadas

Esta solución a la dificultad fue muy católica romana y presuponía la visión católica romana de la autoridad doctrinal infalible de la iglesia. La Reforma, sin embargo, había rechazado esta autoridad en principio y había abierto la Biblia a todos los creyentes. En consecuencia, hasta la separación de la iglesia y el estado no parecía quedar otra escapatoria más que la iglesia solicitara ayuda al gobierno secular en caso de desacuerdo entre filósofos y teólogos sobre cuestiones antropológicas.

Este camino fue seguido en los Países Bajos en el siglo XVII, cuando la contienda entre los partidarios de la filosofía cartesiana y los teólogos en las universidades había conducido a serios problemas. Los cartesianos defendieron la tesis de que el cuerpo material y el alma racional están unidos solamente de manera accidental en la naturaleza humana. Los teólogos mantuvieron la visión aristotélico tomista de una unión sustancial entre estos dos componentes. En el año de 1656, los Estados de Holanda y Frisia Occidental emitieron su famosa resolución sobre la relación entre filosofía y teología como consecuencia de una queja presentada por el Sínodo de las Iglesias Reformadas Holandesas contra la propagación de las visiones cartesianas con respecto a temas pertenecientes a la teología. Esta resolución comenzó por aplicar el criterio escolástico tradicional a fin de acotar los límites de la filosofía y la teología. La filosofía debería limitarse a preguntas que pueden ser investigadas solamente por la luz natural de la razón; la teología, por el otro lado, debería tratar aquellos temas que han de ser conocidos solo a partir de la Palabra-revelación.

Fue evidente que una aplicación consistente de este criterio no podía dejar de llevar a la conclusión de que los profesores teológicos deberían abstenerse de enseñar cualquier teoría filosófica del hombre. Pero esto habría sido inaceptable desde el punto de vista teológico, ya que la visión aristotélico tomista de la naturaleza humana se consideró estar de acuerdo con la doctrina de la Sagrada Escritura y así fue convertida en un artículo de fe. Por otro lado, el asunto en cuestión no podía ser retirado de la filosofía y asignado a la competencia exclusiva de la teología. Porque tanto la filosofía escolástica, defendida por los teólogos, como la filosofía cartesiana, lo consideraban como perteneciente a los problemas esenciales de la metafísica. En consecuencia, la resolución de los Estados se vio obligada a tomar en cuenta estas dificultades. Se estableció que la teología ha tomado prestados muchos términos, distinciones y reglas de otras ciencias, que en muchos aspectos pueden ayudar a clarificar los problemas teológicos. Por el otro lado, se admitió que hay temas que, aunque pertenecen también al reino de la fe, sin embargo pueden ser examinados y conocidos solamente por la luz natural de la razón. Por lo tanto, la resolución recomendó a los filósofos tratar tales temas menos ampliamente que los teólogos, quienes usaban argumentos tomados de las Sagradas Escrituras, la exégesis de los textos, la refutación de herejías antiguas y contemporáneas, etcétera. Además, de acuerdo con la resolución tales materias pueden ser entendidas mucho mejor y con mayor seguridad a partir de las Sagradas Escrituras que por la razón natural. En consecuencia, cuando la luz natural de la razón humana pareciera conducirnos a otros resultados uno debería tener más confianza en la autoridad divina por sí sola que en el razonamiento humano. Sobre estas bases la resolución prohibió una propagación posterior de las tesis cartesianas que habían ofendido a los teólogos. De esta manera el gobierno secular trató de poner fin al debate entre los filósofos cartesianos y los teólogos. Pero la resolución, que satisfizo los deseos de los eclesiásticos, y siguió en lo principal el consejo de la facultad teológica de la Universidad de Leiden, mostró al mismo tiempo en qué medida el espíritu de la escolástica había suplantado el espíritu bíblico de la Reforma. La visión tomista de la naturaleza humana como un compuesto de un alma inmortal racional y un cuerpo material perecedero unidos como la forma y la materia de una sustancia, no tenía algo más en común con la revelación bíblica acerca del hombre que la concepción cartesiana. Ambas fueron teorías metafísicas gobernadas por motivos básicos religiosos no bíblicos.

La idea completa de que un conocimiento filosófico de la naturaleza humana sería posible mediante la luz natural de la razón humana solamente (*i. e.*, independientemente de unas presuposiciones religiosas), testificó una apostasía fundamental del punto de partida bíblico. Y el hecho mismo de que la teología escolástica buscara corroborar la visión aristotélico tomista mediante textos de la Escritura mostró hasta qué grado la exégesis teológica misma había caído en las garras de los motivos básicos no bíblicos.

§25. LOS FUNDAMENTOS GRIEGOS DE LA ESCOLÁSTICA

a) **El motivo materia en la religión griega**

Consideremos esta situación con un poco más de detalle. El motivo naturaleza-gracia no penetró el pensamiento cristiano antes del final del siglo XII, durante el renacimiento de la filosofía aristotélica. Apuntó originalmente a un compromiso religioso entre la visión aristotélica de la naturaleza y la doctrina eclesiástica de la creación, la caída en el pecado y la redención por Jesucristo. Pero la visión aristotélica de la naturaleza no era más independiente de las presuposiciones religiosas que cualquier otra visión filosófica. Estaba completamente dominada por el motivo básico religioso dualista del pensamiento griego, a saber, el de la forma y la materia.[1] Aunque esta denominación terminológica es de origen aristotélico, el motivo central designado por ella no fue en absoluto de invención aristotélica. Se originó del encuentro entre dos religiones griegas antagónicas, a saber, la religión natural más antigua de la vida y la muerte y la religión cultural más joven de los dioses olímpicos. Nietzsche y su amigo Rhode, fueron los primeros en descubrir el conflicto entre estas religiones en las tragedias griegas. Nietzsche habló del combate entre el espíritu dionisíaco y el apolíneo en estas tragedias.[2] Pero de hecho aquí estaba en juego un conflicto en el motivo básico religioso de toda la vida y el pensamiento griegos.

La religión preolímpica de la vida y la muerte deificó la corriente siempre fluyente de la vida orgánica que se origina de la madre tierra y no puede ser fijada o restringida por ninguna forma corpórea. Es desde esta corriente informe de vida que en el orden del tiempo las generaciones de seres se separan y aparecen en una forma corporal individual. Esta forma corporal solo puede ser mantenida a costa de otros seres vivos, de manera que la vida de uno es la muerte del otro. Así que hay una injusticia en cualquier forma de vida fija que por esta razón debe ser devuelta al horrible destino de la muerte designado por los términos griegos *ananké*

---

[1] Para una discusión del motivo básico religioso griego, ver cap. 2, §7 (a).
[2] Ver Friedrich Nietzsche, *The Birth of Tragedy*, en *Basic Writings of Nietzsche*, ed. Walter Kaufmann (Nueva York: Random House, 1968).

y *heimarmené tuché*. Este es el significado de las misteriosas palabras del filósofo jónico de la naturaleza Anaximandro: "El origen divino de todas las cosas es el *apeiron* (*i. e.*, aquello que carece de una forma limitada). Las cosas regresan a aquello de lo que se originan en conformidad con la ley de la justicia. Porque pagan mutuamente pena y retribución por su injusticia en el orden del tiempo".[1] Aquí el motivo central de la religión arcaica de la vida y la muerte ha encontrado una clara expresión en la visión filosófica de Anaximandro de la *physis* o naturaleza. Es el motivo de la corriente informe de la vida siempre fluyendo a lo largo del proceso de llegar a ser y morir, y que pertenece a todas las cosas perecederas que nacen en forma corporal y están sometidas al *ananké*. Este es el sentido original del motivo materia griego. Se originó de una deificación del aspecto biótico de nuestro horizonte temporal de la experiencia y encontró su expresión más espectacular en el culto de Dionisio, importado de Tracia.

b) El motivo forma en la religión griega

El motivo religioso de la forma, por el otro lado, es el motivo central de la religión olímpica más joven, la religión de la forma, la medida y la armonía; en donde el aspecto cultural de la *polis* griega fue deificado. Encontró su expresión más significativa en el Apolo délfico, el legislador. Los dioses olímpicos son poderes culturales personificados. Ellos han dejado la madre tierra con su constante flujo de vida y su siempre amenazador destino de muerte, y han adquirido el Olimpo como su residencia. Tienen una forma personal inmortal y divina invisible al ojo de los sentidos, una forma ideal de una espléndida belleza, el genuino prototipo de la noción plató-

---

[1] Fragmento 103A.

nica del *eidos* o *idea* metafísica. Pero estos dioses inmortales no tenían poder sobre el *ananké*, el destino de muerte de los mortales. Por esta razón la nueva religión solo fue aceptada como la religión pública de la *polis* griega. Pero en su vida privada el pueblo griego mantuvo las antiguas deidades informes de la vida y la muerte, sin duda más rudimentarias e incalculables que los olímpicos pero más eficientes en cuanto a las necesidades existenciales del hombre.

De este modo, el motivo forma-materia griego dio expresión a un dualismo fundamental en la conciencia religiosa griega. Como el punto de partida central de la filosofía griega no fue dependiente de las formas y representaciones míticas de la creencia popular. Al reclamar autonomía frente a la última, la filosofía griega ciertamente no significó romper con el motivo básico dualista de la conciencia religiosa griega. Más bien, este motivo fue el punto de partida común de las distintas tendencias y escuelas filosóficas. Pero debido a su carácter intrínsecamente dualista condujo al pensamiento filosófico griego en direcciones polarmente opuestas. Ya que una síntesis real entre los motivos opuestos de la forma y la materia no era posible, no quedó otro recurso que el de atribuir la primacía religiosa a *uno* de ellos con el resultado de que el otro fue menospreciado. Mientras que en la filosofía jónica de la naturaleza la informe y siempre fluyente corriente de la vida fue deificada, el dios aristotélico es concebido como forma pura en tanto que el principio materia es menospreciado en la metafísica aristotélica como el principio de la imperfección.

c) Tensiones dialécticas dentro del motivo básico religioso griego

En el estado de apostasía el impulso religioso innato en el corazón humano se aparta del Dios vivo y es dirigido hacia el horizonte temporal de la experiencia humana con su diversidad de aspectos modales. Esto da lugar a la formación de ídolos que se originan a partir de la deificación de uno de estos aspectos, es decir, en la absolutización de lo que solo es relativo. Pero lo que es relativo solo puede revelar su significado en coherencia con sus correlatos. Esto significa que la absolutización de un aspecto de nuestro mundo temporal llama con necesidad interna los correlatos de este aspecto que ahora, en la conciencia religiosa, reclaman una absolutez opuesta. En otras palabras, todo ídolo da lugar a un contraídolo.

Así, en la conciencia religiosa griega el motivo forma estuvo unido al motivo materia como su contraparte. El dualismo interno causado en el punto de partida central del pensamiento griego por estos dos motivos opuestos dio lugar a la visión dicotómica de la naturaleza humana como un compuesto de un cuerpo material perecedero y un alma inmortal racional. Debería ser notado que esta visión se originó en el movimiento religioso órfico. Este movimiento había convertido la religión dionisíaca de la vida y la muerte en la infraestructura de una religión superior de la esfera celeste, *i. e.*, del cielo estrellado, e interpretó la religión olímpica en este sentido naturalista. En consecuencia, el motivo central de la forma, la medida y la armonía fue ahora transferido a la esfera supraterrestre del cielo estrellado. Se supuso que el hombre tiene un doble origen: su alma racional que corresponde a la forma y armonía perfectas de la esfera estrellada se origina en esta última, pero su cuerpo material se origina de la esfera oscura e imperfecta de la madre tierra con su siempre fluyente corriente de vida y su *ananké*, su inevitable destino de muerte. En tanto que el alma racional inmortal está atada a la esfera terrestre es obligada a aceptar un cuerpo material como su prisión y tumba, y debe transmigrar de un cuerpo a otro en el proceso eterno de llegar a ser, declinar y renacer. Es solo por medio de una vida ascética que el alma racional puede purificarse de la contaminación del cuerpo material, de manera que al final de un largo período puede regresar a su propio hogar, la esfera celeste de la forma, la medida y la armonía.

La gran influencia de esta visión órfica dualista de la naturaleza humana sobre la escuela pitagórica, sobre Empédocles, Parménides y Platón, es generalmente conocida. Desde Parménides, el fundador de la metafísica griega, esta visión dicotómica fue combinada con la oposición metafísica entre el reino del ser eterno presentándose en la forma esférica ideal del cielo, y el mundo terrenal fenomenal del venir a ser y desaparecer sujeto al *ananké*. Platón purificó su metafísica de la concepción naturalista de la forma de Parménides. Concibió las formas eternas del ser como *eide* o *ideas*. En el diálogo *Fedón* de Platón, la prueba de la inmortalidad del alma racional está, en consecuencia, indisolublemente atada a la doctrina metafísica de las ideas eternas como las formas ideales del ser. Las últimas son diametralmente opuestas al mundo visible sometido tal como es al principio materia de llegar a ser y decaer. Se supuso que las formas metafísicas del ser solo son accesibles al pensamiento lógico teórico, visto como el centro del alma inmortal. La función lógica del pensamiento teórico se consideró completamente independiente del cuerpo material, ya que está dirigida a las formas eternas del ser y por consiguiente debe ser de la misma naturaleza que estas formas imperecederas. A partir de entonces, la tesis de que la función lógica del acto teórico de pensamiento es independiente del cuerpo material se convirtió en un argumento constante de la prueba metafísica de la inmortalidad del alma.

Pero este argumento se originó en una absolutización de la relación antitética que es característica de la actitud teórica del pensamiento. Hemos visto que en esta actitud teórica el aspecto lógico de nuestro pensamiento es opuesto a los aspectos no lógicos de la experiencia a fin de hacer accesibles los últimos a un análisis conceptual. De esta manera podemos convertir los aspectos no lógicos de nuestro cuerpo en el objeto de nuestra investigación lógico teórica. Pero hemos establecido además que esta relación antitética entre los aspectos lógico y no lógicos de nuestro horizonte experiencial temporal no corresponde a la realidad. Es solo el resultado de una abstracción teórica de nuestro aspecto lógico del pensamiento a partir de su inquebrantable enlace de coherencia con todos los otros aspectos de nuestra experiencia. Bajo la influencia del motivo religioso dualista forma-materia, sin embargo, la metafísica griega atribuyó a esta oposición meramente teórica una significación metafísica, en el sentido de que la función lógico teórica del pensamiento fue vista como una sustancia independiente. De esta manera surgió el ídolo del alma humana inmortal y racional que fue igualado con la función lógica de nuestro acto de pensamiento teórico. Nuevamente, en el diálogo *Fedón* de Platón esta igualación es claramente proclamada. Pero debería ser notado que en la filosofía griega databa desde la primera aparición de la

REFORMA Y ESCOLÁSTICA EN LA TEOLOGÍA 183

oposición metafísica entre la forma eterna del ser y el mundo material del venir a ser y morir. Fue el fundador de la metafísica griega, Parménides, el primero en identificar el pensamiento teórico con el ser eterno. En una fase tardía de su pensamiento Platón reemplazó su visión original de la simplicidad del alma humana por la concepción de que esta alma está compuesta por dos partes materiales mortales y una espiritual inmortal; sin embargo, mantuvo la identificación de la última con la función lógico teórica del pensamiento. Según él, la última es la forma pura del alma vista aparte de su encarnación en el cuerpo material impuro.

Aristóteles, quien inicialmente aceptó completamente tanto la doctrina de Platón de las ideas como su visión dualista del alma y el cuerpo, intentó más tarde superar este dualismo. Abandonó la separación entre el mundo de las formas ideales y el mundo visible de las cosas materiales perecederas. Hizo de la forma ideal los principios inmanentes del ser de las sustancias perecederas, que según él estaban compuestas de materia y forma. Buscó superar el conflicto central entre el motivo materia y el motivo forma de la conciencia religiosa griega reduciéndolo a la relación complementaria de un material y una forma dada a él en el sentido en que la relación es encontrada en el aspecto cultural de la experiencia. Como el principio del venir a ser y morir, la materia, según él, no tiene ser actual sino únicamente potencial. Es solo mediante una forma sustancial que puede tener existencia actual. La forma y la materia están unidas en las cosas naturales en una sustancia natural, y esta sustancia natural sería el punto de referencia absoluto de todas las propiedades que le atribuimos a la cosa.

Esta visión metafísica también fue aplicada al hombre como una sustancia natural. De este modo el alma racional fue concebida como la forma sustancial del cuerpo material perecedero. Sin embargo, ya que el alma es solo la forma sustancial del cuerpo sin ser ella misma una sustancia, no puede existir aparte del cuerpo material y carece, en consecuencia, de inmortalidad. Lo que según Aristóteles es realmente una sustancia inmortal es solo el intelecto teórico activo que, en su opinión, no se deriva de la naturaleza humana sino que viene desde el exterior al alma.[1] Este pensamiento teórico activo, sin embargo, carece de cualquier individualidad, ya que la individualidad deriva de la materia y el pensamiento teórico activo permanece completamente separado del cuerpo material. Es la forma pura y actual del pensamiento, y como tal, tiene un carácter general. Aquí, el dualismo fundamental del motivo forma-materia, que a primera vista pareció ser superado por Aristóteles, reaparece claramente. De hecho, no pudo ser superado puesto que gobernaba el punto de partida central del pensamiento filosófico griego.

§26. LA APROPIACIÓN ESCOLÁSTICA DEL MOTIVO BÁSICO GRIEGO

Tomás de Aquino trató de acomodar la visión aristotélica de la naturaleza humana a la doctrina de la iglesia. Primero, la adaptó a la doctrina de la creación divina que como tal era incompatible con el motivo forma-materia griego. Según Tomás, Dios creó al hombre como una sustancia natural compuesta de materia y forma.[2] En segundo lugar, interpretó la visión aristotélica de tal manera que el alma racional fue

---
[1] *De Anima*, III.5.
[2] *Summa Theologiae*, Ia.75.4.

concebida tanto como la forma del cuerpo material como una sustancia inmortal que puede existir aparte del cuerpo.[1] Aceptó la visión aristotélica de que la materia es el principio de individuación y que la forma como tal carece de individualidad. La visión aristotélica de que el intelecto teórico activo no se origina del proceso natural de desarrollo, sino que viene desde el exterior, fue interpretada en un así llamado sentido psicocreacionista: Dios crea cada alma racional inmortal separadamente. Pero el resultado de esta acomodación escolástica fue un complejo de contradicciones insolubles.

En primer lugar, la doctrina psicocreacionista contradice la enfática declaración bíblica (Génesis 2:2) de que Dios terminó todas sus obras de creación. De este modo, todo un complejo de seudoproblemas teológicos fue introducido. Si Dios sigue creando almas racionales después de la caída del hombre, ¿crea almas pecadoras, o deberíamos asumir que el pecado se origina solamente del cuerpo material? La solución tradicional a este problema según la cual Dios crea almas privadas del estado original de comunión con él, pero no pecaminosas en sí mismas, es no bíblica a tal grado que no necesita ningún argumento adicional. Porque, ¿qué otra cosa es la caída en el pecado sino romper la comunión con Dios, *i. e.*, qué otra cosa sino el estado de apostasía de él? En segundo lugar, si el alma inmortal es individualizada solo por el cuerpo material, ¿cómo puede mantener su individualidad después de su separación del cuerpo?

No entraré en una discusión más detallada de estos problemas escolásticos.[2] El *vitium originis* de esta teoría psico-

---

[1] *ST*, Ia.75.6, 76.1.
[2] Para la extensa discusión que hace Dooyeweerd sobre estos temas, ver su trabajo de tres volúmenes, *Reformation and Scholasticism in Philosophy*

creacionista es su punto de partida no bíblico, que no puede hacerse inocuo por ninguna acomodación escolástica a la doctrina de la iglesia y una apelación a los textos de la Escritura. Porque la exégesis teológica de dichos textos en este caso se encuentra en sí misma infectada por este punto de partida no bíblico. Carece de la llave del conocimiento que es la única que puede abrirnos el sentido radical de la divina Palabra-revelación. Porque, permítaseme terminar con las palabras de Calvino al principio del primer capítulo de su *Institutio Religionis Christianae*, "el verdadero conocimiento de nosotros mismos depende del verdadero conocimiento de Dios" (I.i.1).

[*Reforma y escolástica en la filosofía*], Collected Works, Series A, Volúmenes 5-7.

PARTE IV
HACIA UNA ANTROPOLOGÍA RADICALMENTE BÍBLICA

CAPÍTULO 8
¿QUÉ ES EL HOMBRE?

§27. LA CRISIS DE LA CIVILIZACIÓN OCCIDENTAL
Y EL OCASO DEL PENSAMIENTO OCCIDENTAL

La pregunta "¿qué es el hombre?"[1] ocupa un lugar central en el pensamiento europeo contemporáneo. Esta pregunta ciertamente no es nueva. Después de cada período en la historia del pensamiento occidental en el que todo el interés se concentró en el conocimiento del mundo exterior, *i. e.*, el inmenso universo, el hombre comenzó a sentirse insatisfecho. En esta situación la reflexión humana siempre vuelve de nuevo al enigma central de la propia existencia del hombre. Tan pronto como este enigma comienza a desconcertar al pensamiento humano, parece como si el mundo exterior se alejara del foco de interés. En uno de sus espléndidos diálogos Platón retrata a su maestro Sócrates como un hombre obsesionado con un solo objetivo en su búsqueda de sabidu-

---

[1] Dado que *En el ocaso* es en gran medida un texto ubicado históricamente (y publicado originalmente en inglés), el lenguaje del texto original se ha conservado. Por supuesto, hoy preguntaríamos, como Dooyeweerd *preguntó* en el lenguaje de su tiempo, "¿qué es la persona humana?" En un ensayo reciente, Janet Wesselius alista a Dooyeweerd en el proyecto de una crítica feminista de las concepciones modernas del sujeto, basándose en la antropología de Dooyeweerd. Ver Janet Catherina Wesselius, "Points of Convergence Between Dooyeweerdian and Feminist Views of the Philosophical Self", en James H. Olthuis, ed., *Knowing other-wise: Philosophy on the Threshold of Spirituality*, Perspectives in Continental Philosophy (Bronx, NY: Fordham University Press, 1997), pp. 54–68.

ría, a saber, conocerse a *sí mismo*.[1] Mientras no haya tenido éxito en aprender a conocerme a mí mismo, dijo Sócrates, no tengo tiempo para entrometerme en otras cuestiones que me parecen pequeñeces cuando las comparo con esta.

En el pensamiento europeo contemporáneo, sin embargo, la pregunta "¿qué es hombre?" ya no se plantea desde un punto de vista teórico solamente. Más bien se ha convertido en un asunto crucial para muchos pensadores a causa de la miseria espiritual de la sociedad occidental y de la crisis fundamental de nuestra cultura. Puede ser que en América esta crisis no ocupe el mismo lugar central en la reflexión de los pensadores de vanguardia como en Europa. Sin embargo, América también está involucrada en el mismo problema, ya que pertenece a la esfera de la civilización occidental.

¿Cuál es entonces el carácter de esta crisis? Y ¿Por qué la pregunta sobre "qué es el hombre" suena hoy como un grito de angustia? La crisis de la civilización occidental es representada como una decadencia completa de la personalidad humana y el surgimiento del hombre-masa. Esto es atribuido por diferentes pensadores líderes a la creciente supremacía de la tecnología y a la sobreorganización de la sociedad moderna.[2] El resultado, se piensa, es un proceso de despersonalización de la vida contemporánea. El hombre-masa moderno ha perdido todos los rasgos personales: su patrón de comportamiento es prescrito por lo que se hace en general; traslada la responsabilidad de su comportamiento a una sociedad impersonal. Y esta sociedad, a su vez, parece

---

[1] La máxima "conócete a ti mismo" fue dada a Sócrates por el oráculo en Delfos (Jenofonte, *Memorabilia*, IV.2.24–25).

[2] *Cf.* el análisis de Heidegger del "uno" (*das Man*) y su relación con una sociedad tecnológica industrial. Ver Heidegger, *Being and Time*, trads. John Macquarrie y Edward Robinson (Nueva York: Harper & Row, 1962), §27.

estar gobernada por el robot, el cerebro electrónico, por la burocracia, la moda, la organización y otros poderes impersonales. Como resultado, nuestra sociedad contemporánea no tiene lugar para la personalidad humana, ni para una comunión espiritual real de persona a persona. Ya ni siquiera la familia y la iglesia pueden garantizar a menudo una esfera de intercambio y diálogo personal. La vida en familia es en gran medida dislocada por la creciente industrialización. La iglesia misma es confrontada con el peligro de la despersonalización de la vida congregacional, especialmente en las grandes ciudades.

Además, el hombre secularizado promedio hoy en día ha perdido todo interés verdadero en la religión. Ha caído presa de un estado de nihilismo espiritual; es decir, niega todos los valores espirituales. Ha perdido toda su fe y niega cualesquiera ideales más altos que la satisfacción de sus deseos. Incluso la fe humanista en la humanidad y en el poder de la razón humana para gobernar el mundo y elevar al hombre a un nivel más alto de libertad y moralidad ya no tiene ningún atractivo para la mente del hombre-masa actual. Para él Dios está muerto y las dos guerras mundiales han destruido el ideal humanista del hombre. El hombre-masa moderno se ha perdido *a sí mismo*, y se considera arrojado en un mundo que no tiene sentido, que no ofrece esperanza para un futuro mejor.

La civilización occidental, que exhibe estos terribles síntomas de declive espiritual, se encuentra confrontada con la ideología totalitaria del comunismo. Trata de oponerse al último con las antiguas ideas de democracia, libertad y de los derechos humanos inalienables. Pero estas ideas también han sido envueltas en la crisis espiritual que ha socavado sus mismos fundamentos. En épocas anteriores, se argumenta, estuvieron enraizadas tanto en la fe cristiana como en la fe en la razón de los humanistas. Pero el creciente relativismo que ha afectado a nuestra civilización occidental no ha dejado lugar para una fe fuerte, ya que ha destruido la creencia en una verdad absoluta. La fe tradicional que dio al hombre su inspiración ha sido reemplazada en gran medida por los métodos técnicos y la organización. Y, en general, es a causa de tales medios impersonales que los rasgos cristianos tradicionales y humanistas de nuestra cultura están siendo mantenidos exteriormente.

Pero la civilización occidental no puede ser salvada por medios técnicos y organizacionales solamente. El poder comunista mundial, cuya ideología sigue estando enraizada en una fe fuerte, también tiene estos medios a su disposición y los ha usado muy bien. Por otra parte, la bomba atómica que terminó la segunda guerra mundial ya no es un monopolio estadounidense. Esta terrible invención de la tecnología occidental solo puede aumentar el temor a la ruina inminente de nuestra cultura. El increíble desarrollo técnico de la sociedad occidental que ha producido el hombre-masa moderno también destruirá nuestra civilización a menos que sea hallado un camino para restaurar la personalidad humana.

§28. LA FILOSOFÍA EXISTENCIALISTA COMO RESPUESTA A LA CRISIS

Es contra este trasfondo de miseria espiritual que la pregunta: "¿qué es el hombre?" ha llegado a ser verdaderamente existencial en la filosofía europea contemporánea. Ya no es meramente una cuestión de interés teórico. Se ha convertido más bien en una cuestión relativa a la existencia entera del hombre en su ansiedad espiritual. Es una cuestión de "ser o no ser". Esto también explica la poderosa influencia de las tendencias filosóficas personalistas y existencialistas contemporáneas sobre la literatura europea y sobre la juventud.[1] Aquí ya no se trata de una imagen idealista abstracta del hombre como un ser racional y moral lo que está en juego; más bien, la nueva visión filosófica del hombre tiene que ver con el hombre en su situación concreta en el mundo, con su estado de decadencia como el hombre-masa contemporáneo y con sus posibilidades de redescubrirse a sí mismo como una personalidad responsable.

Esta filosofía ya no considera el intelecto como el verdadero centro de la naturaleza humana.[2] Ha tratado de penetrar, en cambio, en lo que se concibe como la raíz más profunda de la ipseidad humana y la causa más profunda de la miseria espiritual del hombre: el hombre es arrojado al mundo de manera involuntaria.[3] Para sostener su vida se ve obligado a recurrir a las cosas que están a la mano en su mundo. La lucha por la existencia caracteriza la vida del hombre; pero en esta situación de preocupación[4] el hombre está en peligro

---

[1] Principalmente la influencia de autores como Heidegger, Sartre, Camus y Beckett.

[2] En su desplazamiento del racional*ismo* y de la interpretación tradicional dominante de la persona humana como un "animal racional", el existencialismo es un aliado en el proyecto de Dooyeweerd, que busca enfatizar la multidimensionalidad de la persona humana. (El problema con el existencialismo, como lo ve Dooyeweerd, es que no reconoce la *trascendencia* del *yo* y su significado en relación con su Origen). Lo que sigue en este párrafo es un bosquejo de los temas principales de *El ser y el tiempo* de Heidegger.

[3] Sobre el "estado de yecto" ["throwness"] (*Geworfenheit*), ver Heidegger, *El ser y el tiempo*, §38.

[4] Sobre el "curarse de" ["concern"] (*besorgen*) y la "cura" ["care"] (*sorge*), ver *El ser y el tiempo*, §§41–43.

de perderse como personalidad libre así que se entrega al mundo, porque la ipseidad humana supera todas las cosas existentes. El ego humano es libre, no está a la mano como un objeto concreto; es capaz de proyectar su propio futuro y decirle a su pasado: "Ya no soy lo que era ayer. Mi futuro todavía está en mis propias manos. Puedo cambiarme a mí mismo. Puedo crear mi futuro por mi propio poder". Pero, continúa diciendo esta filosofía, cuando el hombre reflexiona sobre esta libertad creativa de su ipseidad es confrontado con la causa más profunda de su angustia, a saber, la ansiedad y el miedo a la muerte.[1] La muerte, sostiene, no es entendida aquí en el sentido meramente biológico que se aplica también al animal, sino más bien en el sentido de la oscura nada, la noche sin amanecer, que pone fin a todos los proyectos humanos y los convierte en algo sin sentido. Esta ansiedad, este miedo a la muerte generalmente es suprimido, porque tal es la manera despersonalizada de existencia del hombre-masa. Para llegar a una existencia personal propia, el hombre debería enfrentarse a la muerte, francamente y con anticipación, como a la nada que limita su libertad. Debería darse cuenta que su libertad es una libertad para la muerte, que termina en la oscura nada. Así, este primer enfoque existencialista del autoconocimiento humano revela una visión tan profundamente pesimista del hombre.

Sin embargo, otros pensadores existencialistas mostraron una posibilidad más esperanzadora de redescubrir la verdadera personalidad del hombre. De acuerdo con la filosofía personalista de Martin Buber,[2] apuntaron a la relación comu-

---

[1] Sobre el "ser relativo a la muerte" ["Being-towards-death"], ver *El ser y el tiempo*, §§50–53.
[2] *Cf.* la discusión anterior de Buber, cap. 2, §5.

nal esencial de nuestra vida personal. Tú y yo somos correlatos que se presuponen mutuamente, razonaron ellos. No puedo conocerme a mí mismo sin tomar en cuenta que mi ego está relacionado con el ego de mi prójimo. Y no puedo realmente tener un encuentro personal con otro ego sin amor. Es solo mediante dicho encuentro en amor que puedo llegar al verdadero autoconocimiento y al conocimiento de mi prójimo.

De esta manera, esta filosofía, entonces, pareció ofrecer varias perspectivas para un conocimiento más profundo de la ipseidad del hombre. Y hay también muchos teólogos que son de la opinión que este acercamiento existencialista al problema central de la naturaleza y destino del hombre, es de un carácter más bíblico que la visión teológica tradicional de la naturaleza humana, orientada a la antigua filosofía griega. Me temo que esta opinión teológica testifica una falta de autoconocimiento en su sentido bíblico radical. Enseguida será evidente por qué pienso así. Sin embargo, establezcamos primero que el diagnóstico anterior completo de la crisis espiritual de la civilización occidental no logra dejar al descubierto la raíz del mal. Porque los síntomas de la decadencia espiritual de esta civilización que se manifiestan en una expansión cada vez mayor del espíritu nihilista no pueden ser explicados por causas externas. Únicamente son el resultado final de un proceso religioso de apostasía, que comenzó con la creencia en la autosuficiencia absoluta de la personalidad humana racional y estuvo condenado a finalizar con la demolición de este ídolo.

§29. EL SIGNIFICADO DEL YO

a) La trascendencia del yo

¿Cómo, entonces, podemos llegar a un verdadero autoconocimiento? La pregunta "¿quién es el hombre?", contiene un misterio que no puede ser explicado por el hombre mismo.

En el siglo pasado, cuando la creencia en la así llamada ciencia objetiva todavía era predominante en los principales círculos, se supuso que mediante la continua investigación empírica la ciencia lograría resolver todos los problemas de la existencia humana. Ahora, hay sin duda una manera científica de adquirir conocimiento sobre la existencia humana. Hay muchas ciencias especiales que se ocupan del estudio del hombre, pero cada una de ellas considera la vida humana solo desde un punto de vista o aspecto particular. La física y la química, la biología, la sicología, la historiografía, la sociología, la jurisprudencia, la ética, y así sucesivamente, todas suministran información interesante acerca del hombre. Pero cuando uno les pregunta: "¿qué es el hombre en sí mismo, en la unidad central de su existencia, en su ipseidad?", entonces estas ciencias no tienen respuesta. La razón es que están atadas al orden temporal de nuestra experiencia. Dentro de este orden temporal la existencia humana presenta una gran diversidad de aspectos, al igual que el mundo temporal entero en el que el hombre se encuentra situado. La física y la química nos informan acerca de la constelación material del cuerpo humano y de las fuerzas electromagnéticas que operan en él; la biología revela las funciones de nuestra vida orgánica; la psicología nos da una comprensión de la vida emocional del sentimiento y la voluntad, e incluso ha penetrado en el ámbito inconsciente de nuestra mente.

¿QUÉ ES EL HOMBRE? 197

La historia nos informa acerca del desarrollo de la cultura humana, la lingüística sobre la facultad humana de expresar pensamientos y sentimientos por medio de palabras y otros signos simbólicos; la economía y la jurisprudencia estudian los aspectos económico y diquético de la vida social humana, y así sucesivamente. De esta manera, cada ciencia especial estudia la existencia humana temporal en uno de sus diferentes aspectos.

Pero todos estos aspectos de nuestra experiencia y existencia dentro del orden del tiempo están relacionados con la unidad central de nuestra conciencia que llamamos nuestro *yo*, nuestro ego. *Yo* experimento, *yo* existo, y este *yo* sobrepasa la diversidad de aspectos que despliega la vida humana dentro del orden temporal. El ego no ha de ser determinado por ningún aspecto de nuestra experiencia temporal, ya que es el punto de referencia central de *todos* ellos. Si el hombre careciera de este *yo* central no podría tener ninguna experiencia en absoluto.

b) Una crítica del existencialismo

En consecuencia, la filosofía existencialista contemporánea ha planteado correctamente que no es posible adquirir un autoconocimiento real por medio de la investigación científica. Pero pretende que su propio enfoque filosófico de la existencia humana nos lleve a este autoconocimiento. La ciencia, dice, está restringida a la investigación de lo que está dado, a los objetos concretos disponibles. Pero el ego humano, argumenta, no es un objeto dado. Tiene la libertad de crearse a sí mismo ideando su propio futuro. Esta filosofía existencialista pretende estar dirigida específicamente al descubrimiento de esta libertad del *yo* humano frente a todo lo que puede ser visto en el mundo en contra.

Pero, ¿es verdad que podemos llegar a un autoconocimiento real de esta manera? ¿Puede esta filosofía de hecho penetrar al centro y raíz real de nuestra existencia como muchos teólogos contemporáneos piensan? Soy de la opinión que es una vana ilusión pensar así. El pensamiento filosófico está atado al orden temporal de la experiencia humana al igual que las ciencias especiales. Dentro de este orden temporal la existencia del hombre se presenta solamente en una rica diversidad de aspectos, pero no en aquella unidad radical y central que llamamos nuestro *yo* o ipseidad. Es verdad que nuestra existencia temporal se presenta como un todo corporal individual y que sus diferentes aspectos están relacionados con este todo, y son, de hecho, solo aspectos del mismo. Pero como una totalidad meramente temporal nuestra existencia humana no despliega esa unidad central de la que nos damos cuenta en nuestra autoconciencia. Este *yo* central, que sobrepasa el orden temporal, continúa siendo un auténtico misterio.[1] Tan pronto como tratamos de captarlo en un concepto o definición, se desvanece como un fantasma y se resuelve en nada. ¿Es realmente una nada como algunos filósofos han dicho? El misterio del *yo* humano es que, de hecho, es nada *en sí mismo*; es decir, es nada en tanto

---

[1] Blas Pascal, siguiendo a Agustín, señala el enigma o misterio del *yo*: "El hombre está más allá del hombre [...] Tengan en cuenta, entonces, hombres orgullosos, ¡qué paradoja son para ustedes mismos! ¡Humíllate, razón impotente! ¡Cállate, naturaleza tonta! Aprende que la humanidad trasciende infinitamente a la humanidad y escucha de tu Maestro tu verdadera condición de la que no eres consciente". Pascal, *Pensées*, trad. Honor Levi (Oxford: Oxford University Press, 1995), §164.

que tratamos de concebirlo separado de las tres relaciones centrales únicamente las cuales le dan significado.[1]

En primer lugar, nuestro ego humano está relacionado con nuestra completa existencia temporal y con nuestra experiencia entera del mundo temporal como el punto de referencia central del último. En segundo lugar, se encuentra, de hecho, en una relación comunal esencial con los egos de sus semejantes. En tercer lugar, apunta más allá de sí mismo a su relación central con su Origen divino en cuya imagen el hombre fue creado. La primera relación, a saber, la del ego humano con el orden temporal del mundo en el que estamos situados, no puede conducirnos a un verdadero autoconocimiento, mientras sea vista solo en sí misma. El orden temporal de la vida humana en el mundo, con su diversidad de aspectos, solo puede apartar nuestra vista del centro real de la existencia humana mientras busquemos conocernos a *nosotros mismos* a partir de él. ¿Buscaremos nuestra ipseidad en el aspecto espacial de nuestra existencia temporal, o en el aspecto físico-químico de la constelación material de nuestro cuerpo, o en el aspecto de su vida orgánica, o en el del sentimiento emocional? ¿O deberíamos más bien identificar nuestro ego con el aspecto lógico de nuestro pensamiento, o con el aspecto histórico de nuestra vida cultural en una sociedad temporal, o con el estético, o con el aspecto moral de nuestra existencia temporal? Al hacerlo perderíamos de vista el centro real y unidad radical de nuestra naturaleza humana. El orden temporal de nuestro mundo experiencial es como un prisma que refracta o dispersa la luz del sol en una rica diversidad de colores; ninguno de estos colores es la luz misma. De la misma manera, el ego humano central

---

[1] La discusión que sigue es paralela al desarrollo del cap. 2, §§4-6.

no puede ser determinado por ninguno de los diferentes aspectos de nuestra terrenal existencia temporal.

La segunda relación en la que nuestra ipseidad ha de ser concebida es la relación comunal de nuestro propio ego con el de nuestro prójimo. Esta relación no puede llevarnos a un autoconocimiento real más de lo que puede hacerlo la relación de nuestro ego con el mundo temporal mientras sea vista únicamente en sí misma. La razón es que el ego de nuestro prójimo nos confronta con el mismo enigma de nuestra propia ipseidad. Mientras tratamos de entender la relación entre tú y yo meramente desde el orden temporal de esta existencia humana terrenal, debemos plantear que esta relación presenta la misma diversidad de aspectos de nuestra propia existencia temporal. Ya sea que la concibamos en su aspecto moral, sicológico, histórico-cultural o biológico, no llegaremos a ningún conocimiento de la relación central entre tu ipseidad y la mía. Al hacerlo, solo perdemos de vista su carácter central, que sobrepasa la diversidad de aspectos de nuestro horizonte temporal de la existencia.

Las visiones personalistas y existencialistas del hombre han tratado de determinar la relación yo-tú como una relación de amor, un encuentro íntimo de las personas humanas. Pero dentro del horizonte terrenal del tiempo incluso las relaciones de amor presentan una diversidad de significado y carácter típico. ¿Se refiere uno al amor entre marido y mujer, o entre padres e hijos? ¿O lo que tenemos en mente es la relación de amor entre hermanos en la fe que pertenecen a iglesias interrelacionadas? ¿O es quizás la relación de amor entre compatriotas que tienen en común el amor a su país? ¿O tenemos más bien en mente el amor general al prójimo en las relaciones morales de nuestra vida temporal? Ninguna de estas relaciones comunales temporales toca la esfera central de nuestra ipseidad. Y cuando la filosofía contemporánea habla de un encuentro íntimo de una persona con otra, debemos preguntar: "¿qué entiendes tú por este encuentro íntimo?" Un encuentro íntimo auténtico presupone un autoconocimiento real y solo puede ocurrir en la esfera religiosa central de nuestra relación con nuestro prójimo. Las relaciones de amor temporales en la diversidad de significado típica antes mencionada no pueden garantizar un verdadero encuentro íntimo. Jesús dijo en el sermón del monte: "si amáis a los que os aman, ¿qué mérito tenéis? Porque los pecadores también aman a aquellos que los aman" (Lucas 6:32). Jesús aparentemente habla aquí de un amor que no se refiere al centro real de nuestras vidas, sino únicamente a las relaciones temporales entre los hombres en su diversidad terrenal. ¿Cómo entonces podemos amar a nuestros enemigos y bendecir a aquellos que nos maldicen, y orar por los que nos persiguen, si no amamos a Dios en Jesucristo?

c) El significado del yo en su relación religiosa con el Origen

Por tanto, la relación interpersonal entre tú y yo no puede conducirnos a un autoconocimiento real mientras no sea concebida en su sentido central; y en este sentido central apunta más allá de sí misma a la relación última entre el *yo* humano y Dios. Esta última relación central es de carácter religioso. Ninguna reflexión filosófica puede llevarnos a un autoconocimiento real de una manera puramente filosófica. Las palabras con las que Calvino comienza el primer capítulo de su libro sobre la religión cristiana —"El verdadero conocimiento de nosotros mismos depende del verdadero conocimiento de Dios" (*Institución* I.i.1)— son de hecho la clave para responder la pregunta: "¿quién es el hombre mismo?".

Pero si esto es así, parece que deberíamos acudir a la teología para un autoconocimiento real, ya que la teología parece estar específicamente dedicada al conocimiento de Dios. Sin embargo, esto también equivaldría a un autoengaño. Porque como una ciencia dogmática[1] de los artículos de la fe cristiana, la teología no es más capaz de llevarnos a un conocimiento real de nosotros mismos y de Dios que la filosofía o las ciencias especiales dedicadas al estudio del hombre.[2] Este conocimiento central solo puede ser el resultado de la Palabra-revelación de Dios operando en el corazón, en el centro religioso de nuestra existencia por el poder del Espíritu Santo. Jesucristo nunca culpó a los escribas y fariseos de una falta de conocimiento teológico dogmático. Cuando Herodes le preguntó al sumo sacerdote y a los escribas dónde nacería el Cristo, recibió una respuesta que era indudablemente correcta desde un punto de vista teológico dogmático, ya que estaba basada en los textos proféticos del Antiguo Testamento. Sin embargo, Jesús dijo que ellos no lo conocían a él ni a su Padre (Juan 5). ¿Y cómo podrían ellos haber tenido un autoconocimiento real sin este conocimiento de Dios en Cristo Jesús?

La visión teológica tradicional del hombre que encontramos en las obras escolásticas sobre dogmática tanto católicas romanas como protestantes no fue en absoluto de origen

---

[1] "Dogmática" no en el sentido de rígido o inflexible, sino más bien de una ciencia del *dogma*, de las enseñanzas de la iglesia.

[2] Recuérdese la cuidadosa distinción de Dooyeweerd, desarrollada en el capítulo seis, entre la *teología* como ciencia teórica delimitada por la perspectiva modal del aspecto fídico y la *religión* como el compromiso del corazón.

¿QUÉ ES EL HOMBRE?

bíblico.[1] Según esta concepción teológica de la naturaleza humana el hombre está compuesto de un cuerpo mortal material y de un alma racional inmaterial. Estos componentes fueron concebidos como unidos a una sustancia. Sin embargo, de acuerdo con esta visión el alma racional continúa existiendo como una sustancia independiente después de la separación del cuerpo, *i. e.*, después de la muerte. En línea con esta visión de la naturaleza humana, el hombre fue llamado un ser racional y moral en contraste con el animal que carece de un alma racional. Esta visión del hombre fue, de hecho, tomada de la filosofía griega, que buscó el centro de nuestra existencia humana en la razón; es decir, en el intelecto.

Pero en esta imagen entera del hombre no hubo lugar para el verdadero, es decir, el centro *religioso* de nuestra existencia que en la Sagrada Escritura es llamado nuestro *corazón*, la raíz espiritual de todas las manifestaciones temporales de nuestra vida. Fue construida al margen del tema central de la Palabra-revelación, el de la creación, la caída en el pecado y la redención por Jesucristo en la comunión del Espíritu Santo. Y sin embargo, es este mismo núcleo de la Revelación divina el único que revela la verdadera raíz y centro de la vida humana. Es la única clave para el verdadero autoconocimiento en su dependencia del verdadero conocimiento de Dios. Es además el único juez de todas las visiones del hombre tanto teológicas como filosóficas. Como tal, este tema central de la Palabra-revelación no puede ser dependiente de las interpretaciones y concepciones teológicas, que son obras humanas falibles, atadas al orden temporal de nuestra

---

[1] Lo siguiente hace eco a los temas desarrollados con más detalle en el capítulo siete.

existencia y experiencia. Su sentido radical solo puede ser explicado por el Espíritu Santo, quien abre nuestros *corazones*, de manera que nuestra creencia ya no es una mera aceptación de los artículos de la fe cristiana, sino una creencia viva, instrumental para la operación central de la Palabra de Dios en el corazón, a saber, el centro religioso de nuestras vidas. Y esta operación no ocurre de manera individualista, sino en la comunión ecuménica del Espíritu Santo que une a todos los miembros de la verdadera Iglesia católica en su sentido espiritual, independientemente de sus divisiones denominacionales temporales.

§30. LA PALABRA-REVELACIÓN Y EL MOTIVO BÁSICO BÍBLICO

a) **El tema de la revelación: creación, caída y redención**

Naturalmente la creación, la caída en el pecado y la redención a través de Jesucristo como la Palabra encarnada en la comunión del Espíritu Santo, también son artículos de fe, que son tratados en toda dogmática teológica además de otros artículos que también están, en realidad o supuestamente, fundados en las Sagradas Escrituras. Pero en su sentido *radical* como el tema central de la Palabra-revelación y la clave del conocimiento, no son meramente artículos de fe, los cuales solo son formulaciones humanas de la confesión de la iglesia; más bien, son la Palabra de Dios misma en su poder espiritual central dirigiéndose al *corazón*, el núcleo y centro religioso de nuestra existencia. En esta confrontación central con la Palabra de Dios, el hombre no tiene nada que decir, sino que únicamente necesita escuchar y recibir. Dios no habla a teólogos, filósofos y científicos, sino a pecadores, perdidos en sí mismos y hechos sus hijos a través de la operación del Espíritu Santo en sus corazones. En este sentido central y radical, la Palabra de Dios, que penetra a la raíz de nuestro ser, tiene que convertirse en la fuerza motriz central de toda la vida cristiana dentro del orden temporal con su rica diversidad de aspectos, esferas ocupacionales y tareas.[1] Como tal, el tema central de la creación, la caída en el pecado y la redención, debería ser también el punto de partida central y la fuerza motriz de nuestro pensamiento teológico y filosófico.

¿Es necesario, a estas alturas, considerar el significado radical de este tema central de la Palabra-revelación divina? ¿No es bastante bien conocido para todos nosotros desde el comienzo de nuestra educación cristiana? [Sí, pero entonces, de nuevo] bien puede ser cuestionado si esto es realmente cierto. Me temo que para muchos cristianos que tienen un conocimiento teológico de la creación, la caída en el pecado y la redención por Jesucristo, este tema central de la Palabra-revelación aún no se ha convertido en la fuerza motriz central de sus vidas.

---

[1] Aquí y en lo que sigue, Dooyeweerd hace eco de los temas de su mentor, Abraham Kuyper, a saber, el señorío de Cristo sobre toda la vida de tal manera que no hay una esfera sobre la cual Cristo no pueda decir: "¡Mío!". "De hecho —comentó Kuyper en un discurso dedicatorio en la Universidad Libre de Ámsterdam— no debe haber una partícula de territorio en toda nuestra vida humana sobre la cual Cristo, quien es soberano sobre todo, no exclame: '¡Eso me pertenece!'" (Kuyper, *Souvereiniteit in eigen kring* [Ámsterdam: Kruyt, 1880]: 35, según la traducción al inglés de Calvin Seerveld). Por lo tanto, una comprensión radical o integral de la creación, la caída y la redención se reflejará en todas las facetas de la vida: teoría, ocupaciones, familia, etc.

b) El sentido radical de la creación, la caída y la redención

¿Cuál es el sentido bíblico radical de la revelación de la creación? Como el Creador, Dios se revela a sí mismo como el Origen absoluto de todo lo que existe fuera de él. No hay poder en el mundo que sea independiente de él. Incluso Satanás es una criatura y su poder es tomado de la creación, a saber, de la creación del hombre a imagen de Dios.[1] Si el hombre no hubiera sido creado a imagen de Dios, la sugerencia de Satanás de que el hombre sería como Dios (Gn. 3:5) no hubiera tenido ningún poder sobre el corazón humano. Solo pudo dar a este poder una dirección apóstata, pero su poder no procede de sí mismo. Si nuestro *corazón* se encuentra totalmente bajo el control de la autorrevelación de Dios como el Creador ya no podemos imaginar la existencia de una zona segura y neutral apartada de Dios. Esta es la diferencia fundamental entre el Dios vivo y los ídolos que se originan de una absolutización de lo que solo tiene una existencia relativa y dependiente. Los antiguos griegos, cuya concepción de la naturaleza humana tuvo una influencia tan predominante en la visión teológica tradicional del hombre, adoraban a sus dioses olímpicos que eran poderes culturales de la sociedad griega meramente deificados. Estos dioses fueron representados como seres invisibles e inmortales dotados de espléndida belleza y poder sobrehumano. Pero estos dioses espléndidos no tenían poder sobre el destino de la muerte al que están sometidos los mortales. Por esta razón, el famoso poeta griego Homero dijo: "Con todo, los dioses inmortales no pueden ayudar al lamentable hombre, cuando el horrible destino de la muerte lo derriba". Y el mismo poeta

---

[1] Agustín, *De Vera Religione*, xiii.26.

¿QUÉ ES EL HOMBRE?

dice que los dioses inmortales luchan tímidamente contra todo contacto con el reino de la muerte.

Pero escuchemos ahora lo que dice el Salmo 139 acerca de Dios: "¿A dónde me iré de tu Espíritu? ¿O a dónde huiré de tu presencia? Si subiere a los cielos, allí estás tú; si hiciere mi estrado en el reino de la muerte, he aquí, allí tú estás" (vv. 7-8). Aquí enfrentamos al Dios vivo como el *Creador*, a quien los antiguos griegos no conocieron. En contacto indisoluble con esta autorrevelación como el Creador, Dios ha revelado el hombre al hombre mismo. El hombre fue creado a la imagen de Dios. Así como Dios es el Origen absoluto de todo lo que existe fuera de él, así creó al hombre como un ser en quien la entera diversidad de aspectos y facultades del mundo temporal está concentrada dentro del centro religioso de su existencia, lo que llamamos nuestro *yo*, y al que la Sagrada Escritura llama nuestro *corazón*,[1] en un sentido religioso elocuente. Como el asiento central de la imagen de Dios, la ipseidad humana fue dotada con el impulso religioso innato de concentrar su vida temporal completa y el mundo temporal entero en el servicio de amor a Dios. Y puesto que el amor a Dios implica el amor a su imagen en el hombre, la diversidad completa de las ordenanzas temporales de Dios está relacionada con el mandato religioso central del amor, a saber, "amarás al Señor, tu Dios, con todo tu corazón, alma y mente, y a tu prójimo como a ti mismo" (Marcos 12:30-31). Este es el sentido bíblico radical de la creación del hombre a la imagen de Dios. No deja lugar para ninguna esfera neutral en la vida que pudiera ser retirada del mandato central del reino de Dios.

---

[1] Ver, por ejemplo, Génesis 8:21; 1 Reyes 15:3; Salmos 51:10; Jeremías 17:9-10; Mateo 6:21; Marcos 12:30; Romanos 10:10.

Ya que la imagen de Dios en el hombre concierne a la radix, es decir, al centro y raíz religiosa de nuestra existencia temporal entera, se sigue que la caída en el pecado solo puede ser entendida en el mismo sentido bíblico radical. Toda la caída en el pecado puede ser resumida como la vana ilusión que surgió en el corazón humano, a saber, que el *yo* humano tiene la misma existencia absoluta que Dios. Esta fue la falsa insinuación de Satanás, a la que el hombre prestó oído: "seréis como Dios". Esta apostasía del Dios viviente implicó la muerte espiritual del hombre, ya que el yo humano no es nada en sí mismo y solo puede vivir de la Palabra de Dios y en la comunión de amor con su Creador divino. Sin embargo, este pecado original no pudo destruir el centro religioso de la existencia humana con su impulso religioso innato de buscar su Origen absoluto. Solo pudo conducir el impulso central en una *dirección* apóstata falsa, desviándolo hacia el mundo temporal con su rica diversidad de aspectos, los cuales, sin embargo, solo tienen un sentido relativo.

Al buscar su Dios y a sí mismo en el mundo temporal, y al elevar un aspecto relativo y dependiente de este mundo al rango de lo absoluto el hombre cayó presa de la idolatría: perdió el verdadero conocimiento de Dios y el verdadero autoconocimiento. La idea de que el verdadero autoconocimiento puede ser recuperado mediante una filosofía existencialista, aparte de la Palabra-revelación divina, no es más que la vieja vana ilusión de que el *yo* humano es algo en sí mismo, independiente del Dios que se ha revelado como el Creador. Es solamente en Jesucristo, la Palabra encarnada y el Redentor, que la imagen de Dios ha sido restaurada en el centro religioso de la naturaleza humana. La redención por Jesucristo en su sentido bíblico radical, significa el nuevo nacimiento de nuestro *corazón*. Debe revelarse en la totalidad de nuestra vida temporal. En consecuencia, no puede ahora haber un autoconocimiento real aparte de Cristo Jesús. Y este autoconocimiento bíblico implica que nuestra cosmovisión entera debe ser reformada en un sentido cristocéntrico; de modo que toda visión dualista de la gracia común que separa la última de su verdadera raíz y centro religioso en Jesucristo debería ser rechazada en principio.

La historia de la teología dogmática demuestra que es posible dar una explicación teórica aparentemente ortodoxa de los artículos de fe pertenecientes al triple tema central de la Sagrada Escritura sin ninguna conciencia de la significación central y radical del último para la visión de la naturaleza humana y del mundo temporal. Cuando eso ocurre, el pensamiento teológico no se encuentra realmente bajo el control de la Palabra de Dios, en la medida en que la última no se ha convertido en su motivo básico central, su fuerza impulsora central. Más bien, demuestra estar influenciado por otro motivo central no bíblico que le da su dirección definitiva. Tal fue el tema escolástico de la naturaleza y la gracia (introducido en la teología y filosofía católica romana desde el siglo XIII) que gobernó la visión teológica tradicional del hombre. Condujo la teología escolástica a dividir la vida humana en dos esferas, a saber, la natural y la sobrenatural. La naturaleza humana se supuso pertenecer a la esfera natural y encontrar su centro en la razón natural. La razón humana sería capaz de adquirir una comprensión correcta de la naturaleza humana y de todas las demás así llamadas verdades naturales, aparte de cualquier revelación divina, por su propia luz natural solamente. Por supuesto, se concedió que esta naturaleza racional del hombre fue creada por Dios;

pero esta aceptación teológica de la creación como verdad revelada no influyó la visión de la naturaleza humana misma. Esta visión, en cambio, estuvo gobernada en mucha mayor medida por el motivo básico religioso pagano dualista del pensamiento griego, que a su vez condujo a una así llamada concepción dicotomista de la naturaleza del hombre.

Además de su naturaleza racional ética, se supuso que el hombre había sido dotado con un don sobrenatural de la gracia, a saber, el participar de la naturaleza divina. Según la doctrina católica romana, este don supranatural de la gracia se perdió por la caída en el pecado; y es recuperado por los medios supranaturales de la gracia que Cristo ha confiado a su iglesia. De esta manera, la naturaleza racional humana sería elevada a ese estado sobrenatural de perfección al que estaba destinado según el plan de la creación. Se concedió, sin embargo, que el hombre no puede llegar a este estado sin la fe, que es en sí misma un don de la gracia para el intelecto humano; y es, por tanto, solo mediante la fe que podemos aceptar las verdades sobrenaturales de la revelación divina. Pero la esfera supranatural de la gracia presupone la esfera natural de la vida humana, a saber, la naturaleza humana. Esta naturaleza, según la visión católica romana, no fue corrompida radicalmente por el pecado; solo resultó herida, ya que de acuerdo con el plan de la creación estaba destinada a permanecer unida al don supranatural de la gracia. Como consecuencia del pecado original la naturaleza humana perdió su armonía original. Las inclinaciones sensuales están en oposición a la razón natural que debería gobernar sobre ellas. Sin embargo, el hombre puede llegar por su cuenta a la adquisición de virtudes naturales por las que se realiza el dominio de la razón sobre las inclinaciones sensuales. Así que, mantiene, solo las virtudes sobrenaturales de la fe, la esperanza y el amor cristiano pertenecen a la esfera de la gracia.[1]

Esa es la visión de la naturaleza humana que ha sido sancionada por la doctrina de la Iglesia Católica Romana. Ha abandonado completamente el sentido *radical* de la creación, la caída y la redención, como nos son reveladas en la Palabra de Dios. La visión católica romana de este tema central de la Revelación fue rechazada por la Reforma. Pero, ¿cómo ha de explicarse que la concepción de la naturaleza humana como un compuesto de cuerpo material y un alma racional inmortal fue, sin embargo, generalmente aceptada por la teología escolástica tanto luterana como reformada? ¿No fue esta concepción tomada de la filosofía griega, cuyo motivo básico religioso pagano era radicalmente opuesto al de la Sagrada Escritura? ¿Este dualismo católico romano no dejó de tomar en cuenta la comprensión bíblica de la raíz y centro religioso de la existencia humana? ¿No fue, en consecuencia, incompatible con la doctrina bíblica concerniente al carácter radical de la caída en el pecado, la cual afectó la naturaleza humana en su misma raíz? ¿Cómo pudo, entonces, ser mantenida esta visión no bíblica del hombre? La razón es que el motivo básico escolástico de la naturaleza y la gracia del catolicismo romano continuó influyendo las visiones teológicas y filosóficas de la Reforma. Este motivo introdujo un dualismo en la visión entera del hombre y del mundo que no pudo dejar de apartar el pensamiento cristiano del control radical e integral de la Palabra de Dios. Es este mismo dualismo el que testifica su carácter no bíblico: fue el resultado de inten-

---

[1] Sobre las virtudes "naturales", ver Aquino, *Summa Theologiae*, IaIIae.55.1; sobre las virtudes "teológicas", ver qu. 62.

tar acomodar la visión griega de la naturaleza a la doctrina bíblica de la gracia. De hecho, este motivo escolástico de acomodación resultó en una deformación radical del tema central de la Palabra-revelación. La visión escolástica, *i. e.*, que la naturaleza humana creada encuentra su centro en una razón humana autónoma, no puede ser acomodada a la visión bíblica radical de la creación; porque ello implica que en la esfera "natural" de la vida el hombre sería independiente de la Palabra de Dios. Esta falsa división de la vida humana en una esfera natural y otra sobrenatural se convirtió en el punto de partida del proceso de secularización que posteriormente resultó en la crisis de la cultura occidental, en su desarraigo espiritual. De hecho, abandonó la así llamada esfera natural bajo el gobierno del motivo básico religioso apóstata, inicialmente el del pensamiento griego y más tarde el del humanismo moderno.

La razón humana no es una sustancia independiente. Más bien es un instrumento. Y el *yo* es el jugador oculto que se sirve de él.

Asimismo, el motivo central que gobierna tanto el pensamiento humano como el propio ego humano es de una naturaleza religiosa central. La pregunta: "¿qué es el hombre?, ¿quién es él?", no puede ser respondida por el hombre mismo. Sin embargo, ha sido contestada por la Palabra-revelación de Dios, que descubre la raíz y centro religioso de la naturaleza humana en su creación, caída en el pecado y redención por Jesucristo. El hombre perdió el verdadero autoconocimiento cuando perdió el verdadero conocimiento de Dios. Pero todos los ídolos de la ipseidad humana, que el hombre en su apostasía ha ideado, se desmoronan cuando son confrontados con la Palabra de Dios que desenmascara su vanidad y nulidad. Es esta Palabra solamente la que, por su control radical, puede producir una reforma real de nuestra visión del hombre y de nuestra visión del mundo temporal; y dicha reforma interna es lo totalmente opuesto al legado escolástico de la acomodación.

INTRODUCCIÓN DE R. J. RUSHDOONY

(Publicada en las ediciones de 1960 Y 1968)

Las conferencias de este libro son la propia introducción de Dooyeweerd a su filosofía y una excelente guía para el estudio de su recientemente traducida *A New Critique of Theoretical Thought* (4 vols.).[1] Nuevamente, los dos estudios de J. M. Spier, *What is Calvinistic Philosophy?*[2] y, especialmente, *An Introduction to Christian Philosophy*,[3] proveen un valioso análisis del pensamiento de Dooyeweerd. Nuestro propósito, por consiguiente, no será una revisión de su pensamiento ya hábilmente estudiado, sino un análisis de su importancia general.

Dooyeweerd sería el primero en negar originalidad, o que el suyo sea un sistema final; sino que más bien declara que el suyo es un desarrollo de la filosofía cristiana sobre los fundamentos bíblicos de Juan Calvino y Abraham Kuyper. Como tal, su filosofía es de importancia mayor y de implicaciones de largo alcance.

Central a la posición de Dooyeweerd es la insistencia de que solo la filosofía verdaderamente cristiana puede ser crítica y que la filosofía no cristiana es inevitablemente dogmática. Son básicos para todas las filosofías no cristianas ciertos compromisos o presuposiciones preteóricas de largo alcance que son básicamente religiosas. El hombre asume la autosuficiencia y autonomía de su pensamiento filosófico. Hace a Dios

---

[1] Presbyterian and Reformed Publishing Co. (Philadelphia).
[2] Wm. B. Erdmans Publishing Co. (Grand Rapids).
[3] Presbyterian and Reformed Publishing Co. (Philadelphia).

relativo, y a su pensamiento, o algún aspecto de la creación, absoluto. Como resultado de esta actitud, el hombre, en su pretendida autonomía, inmediatamente encuentra que no solo es un problema el mundo de la experiencia cotidiana, sino que él es un problema para sí mismo. Donde quiera que el hombre, en términos de esta presuposición, ha tratado de pensar filosóficamente, ha terminado muy fácil, ya sea en China o en Occidente, en escepticismo incluso con respecto a su propia existencia, o al menos a sus procesos de pensamiento. Como resultado, a menudo se encuentra a sí mismo atrapado entre la tensión de la duda radical y una aceptación de toda percepción como sustancial debido a que el sujeto que percibe, el hombre, en su pensamiento es él mismo sustancial, *i. e.* un ser que subsiste en sí mismo. Esta es la paradoja hábilmente expuesta en parte en Hume y claramente en Kant. La sustancia dejó de ser metafísica para Kant y se convirtió en epistemológica, una forma o categoría del pensamiento. Una paradoja similar parece haber existido en la filosofía de Metrodoro de Quíos, un escéptico griego del siglo IV a. C., quien pudo afirmar estas dos cosas:

> 1. Ninguno de nosotros sabe nada, ni incluso si sabemos o no sabemos, tampoco sabemos si el no saber y el saber existen, ni en general si existe algo o no.
>
> 2. Existe todo lo que cualquiera percibe.[1]

Aquí está una desventurada Escila y Caribdis sin punto medio. Como resultado de este carácter dogmático de la filosofía no cristiana, la experiencia intuitiva de la realidad se

---

[1] Kathleen Freeman: *Ancilla to the Pre-Socratic Philosophies*, Harvard, 1957, p. 120 y s.

convierte en un problema, y los hombres de filosofía llegan a ser más oscuros que los niños en su luz. La filosofía debe recurrir a antinomias y paradojas, porque su fe básicamente religiosa es una fe apóstata; y por tanto, sin ley o norma más allá de sí misma o algún aspecto de la creación. No puede absolutizar ningún aspecto de ese orden creado, que tiene significado por ser creado y sostenido por Dios, sin oscurecer o destruir el significado y crear además tensiones indisolubles en ese orden. En particular, Dooyeweerd ha analizado las desventuradas tensiones de las culturas helénica, medieval y humanista, frente a las presuposiciones de una cultura verdaderamente cristiana; los motivos básicos de las culturas, que son religiosos en esencia y un producto de los compromisos preteóricos fundamentales del hombre. Las tensiones de cada cultura son consideradas tensiones básicas de la vida misma por los miembros de esa cultura, debido a que asumen como último aquello que es de hecho una condición y base religiosa de su propio pensamiento. Cada cultura, sin embargo, es un producto de su filosofía, y su filosofía es la expresión de sus presuposiciones religiosas. La filosofía y las presuposiciones religiosas pueden cambiar de forma, pero es básico para todas las culturas no cristianas el dogma de la autonomía del pensamiento teórico y su carácter supuestamente crítico y no religioso. Es este dogma el que Dooyeweerd desafía y expone tan rigurosamente, mientras delinea el marco de una filosofía y cultura cristianas. Al hacer esto, él es, como Cornelio Van Til lo ha señalado, "tan atrevido como lo fue Calvino en su insistencia de que los compromisos preteóricos del hombre determinan su perspectiva en la filosofía".[1]

Dooyeweerd, junto con Vollenhoven, ha desarrollado la filosofía de la *Wetsidee*; de la idea cosmonómica. Es imposible, sostiene Dooyeweerd, argumentar entre sistemas, porque cada uno puede "probar" el error del otro en términos de sus presuposiciones básicas. Estas presuposiciones básicas de ninguna manera son filosóficas, sino prejuicios "autoevidentes" de naturaleza religiosa. Se asume que estos dogmas religiosos son axiomas del pensamiento, y quedan sin ser examinados ni detectados debido a que el no cristiano carece de una posición desde la cual pueda ser crítico de la filosofía; no tiene un punto arquimediano dentro de la creación. Dooyeweerd, por el otro lado, al comenzar con las presuposiciones bíblicas puede, debido a que el cosmos está en todos sus aspectos ordenado por la ley instituida por el Creador-Redentor, ser crítico de una manera que no puede serlo la filosofía no cristiana.

¿Cuál es el resultado de esta aproximación a la filosofía y la cultura? La filosofía y la cultura no cristianas, por su naturaleza misma, tienden inevitablemente a la tensión, la paradoja y la antinomia. No pueden hacer justicia a la experiencia intuitiva, e inevitablemente se estropea tanto la vida como el pensamiento. Dos ejemplos de esto bastarán.

En primer lugar, consideremos las implicaciones del *Lust For Power* de Joseph Haroutunian. Para Haroutunian, el poder es una cosa peligrosa y el deseo del hombre por el poder es "la irracionalidad principal de la vida humana y atormenta la existencia completa del hombre". Es un producto de la

---

[1] C. Van Til en *The Westminster Theological Journal*, Mayo, 1955 XVII, 2, p. 182 y s.

"desesperación del ser" y es así un sustituto de la vida, y aún como una condición de la vida "llega a ser más valioso que la vida".

> Ninguna cantidad de poder puede cambiar el ser del ser en relación con el no ser, o remover el temor de la existencia humana. El poder más bien establece el temor y demasiado poder lo convierte en pánico. Por esta razón, entre más poderosos son los hombres, más peligrosos son. Por esta razón, los hombres de poder están expuestos a la acción arbitraria e irracional que les permite soltar torrentes de maldad devastadora. No hay manera de saber cuándo cometerán un "error" que significará una miseria e incluso una muerte masiva. Los grandes hombres o los hombres de poder son hombres que están "en las últimas". El poder es el último sustituto de la vida que puede ser propuesto en este mundo.[1]

El poder es visto como opuesto a y un sustituto del amor. "Un hombre aislado de sus semejantes busca dominar sobre ellos como la mejor manera de seguridad y contentamiento. Él espera hacer con poder lo que no ha podido hacer sin amor". "El amor a esta vida es el único antídoto auténtico para la codicia en general y para el deseo de poder en particular".[2] Es evidente que Haroutunian ve el poder solo como un mal y como opuesto al amor, nunca como un aspecto de la imagen divina en el hombre. Dooyeweerd, en su segunda

---

[1] Joseph Haroutunian, *Lust for Power*, Scribner's, Nueva York, 1949, pp. 74-76.
[2] *Ibíd.*, pp. 38, 140.

conferencia sobre "el sentido de la historia", comenta que "incluso el más terrible abuso del poder cultural en nuestro mundo pecaminoso no puede hacer pecaminoso al poder mismo, ni lo puede sustraer del sentido normativo de la vocación cultural del hombre". Si un mundo caído es la fuente de las normas, entonces inevitablemente resulta una tensión que emascula; el amor es opuesto al poder, la naturaleza a la libertad o la naturaleza a la gracia, la materia a la forma, y así sucesivamente. Absolutizar un aspecto de la creación es distorsionar toda la creación y volverla vacía de significado. Como el hombre moderno intenta vaciar de poder a Dios y al hombre, también vacía al amor de poder y de significado. Karl Barth declara que "Dios y 'el poder en sí mismo' son mutuamente exclusivos. Dios es la esencia de lo posible; pero 'el poder en sí mismo' es la esencia de lo imposible".[1] Al hacer a Dios "la esencia de lo posible", esto es, con potencialidades no realizadas, también vuelve a Dios un destructor de toda norma posible. De manera similar, de acuerdo con Plutarco, el templo de Isis en Sais llevaba esta inscripción de la declaración de la deidad:

> "yo soy todo lo que ha venido a ser, y lo que es, y lo que será; y ningún hombre ha levantado mi velo".

En estos términos, Dios no es un ser eterno sino uno que siempre está llegando a ser, impersonal e identificable con el cosmos y su proceso. En clara oposición a esto, cuando Juan presentó la norma divina a la iglesia, reconoció a Dios como aquel "que es, y que fue, y que ha de venir" (Apocalipsis 1:4), es decir, como el eterno que se manifiesta a sí mismo en la

---

[1] Karl Barth: *Dogmatics in Outline*. 1949, Philosophical Library, Nueva York, p. 48.

historia; y como creador, redentor y juez "ha de venir". Solo tal Dios puede proveer al hombre una verdadera vocación cultural y una norma a través de la cual pueda ser crítico y constructivo. El hombre cristiano, fiel a esta norma, puede hacer justicia a su experiencia y a su vocación, mientras que el no cristiano se emascula a sí mismo y a su mundo, como la necesaria consecuencia de su punto de partida inmanente.

En segundo lugar, examinemos a Rudolf Bultmann sobre la ciencia. En su desmitologización, Bultmann abiertamente reconoce que "la visión moderna del mundo" es su criterio. Él reconoce que los *resultados* de la ciencia varían de generación en generación, pero afirma que los *principios* son permanentes y, por tanto, son la guía del hombre, en lugar de la mitológica que ve en la Escritura. De esta manera, habiendo hecho a la ciencia la fuente de "principios permanentes", Bultmann ha encontrado evidentemente una nueva fuente de normas, una dentro del cosmos. En realidad, sin embargo, habiendo convertido lo relativo en absoluto, encuentra también que se ha vuelto demoníaco. La ciencia ahora se convierte en la fuente de la "seguridad hecha por el hombre". "La visión científica del mundo engendra una gran tentación, a saber, que el hombre luche por dominar el mundo y su propia vida".[1] "La ciencia se convierte ahora en el constructor de incontables torres de Babel que la historia debe destruir, y es la fuente implícita de lo demoníaco".[2] De ahí se sigue entonces la necesidad de que "en la fe comprendo que la visión científica del mundo no entiende la realidad completa del mundo y de la vida humana, pero la fe no ofrece otra visión general del mundo que corrija a la

---

[1] Rudolf Bultmann: *Jesus Christ and Mythology*, Scribner's 1958, pp. 35–39.
[2] *Ibíd.*, pp. 39, 40, 42.

ciencia en sus declaraciones a su propio nivel. Más bien la fe reconoce que la visión del mundo dada por la ciencia es un medio necesario para hacer nuestro trabajo dentro del mundo".[1] Como una posición de defensa y perspectiva contra este gigante científico, Bultmann encuentra la "libertad genuina" solo en la "libertad de la motivación del momento", esto es, la historia y el cosmos, y esto solo es posible en "una ley que tiene su origen y razón en el más allá … la ley de Dios".[2] Y sin embargo, debido a que Dios no puede actuar y los únicos principios permanentes son los de la ciencia, la cual es ahora la misma fuente de lo demoníaco, la seguridad es imposible, y "el que abandona toda forma de seguridad encontrará verdadera seguridad". La desmitologización es igualada con la justificación como el medio de salvación, porque destruye todo anhelo de seguridad.[3] La salvación es así un estado permanente de ansiedad y neurosis, y el mundo un lugar profano.

Aquí de hecho hay una emasculación de la vida, la ciencia, la historia y la ley. Bultmann comienza por deificar la ciencia como la fuente de principios permanentes y termina por considerarla como la gran tentación de una falsa seguridad; como la fuente, en efecto, de lo demoníaco. Dooyeweerd comienza por negar que la ciencia sea la fuente de principios permanentes y termina por establecer la actividad científica como una parte de la vocación y llamado del hombre. En términos de la imagen divina que lleva, el hombre es llamado a ejercer, entre otras cosas, el conocimiento y el dominio de las esferas científicas, subyugando la tierra. La ciencia es un aspecto de su divina vocación en un mundo de ley y

---

[1] *Ibíd.*, p. 65.
[2] *Ibíd.*, p. 41.
[3] *Ibíd.*, p. 84.

un área legítima de santa actividad. Entonces, la visión que aparentemente "rechaza" a la ciencia se convierte en la única fuente de verdadera ciencia; mientras que cualquier visión que vuelve absoluto lo que es relativo termina destruyendo el valor de ese aspecto de la creación y emasculando la vida y la experiencia. Las implicaciones culturales e históricas, así como las filosóficas, de la posición de Dooyeweerd son entonces de largo alcance.[1] Aquí está una filosofía con universalidad y poder. Su amplia influencia ya en Europa, por lo tanto, no es de extrañar.

Dos puntos secundarios pueden ser notados. Dooyeweerd ha sido criticado por usar la palabra [en inglés] *motive* en lugar de *motif*. Notemos, sin embargo, la diferencia entre estas dos palabras. *Motive* significa: 1) aquello que incita al movimiento o a la acción; 2) una idea predominante; diseño. *Motif* significa: el elemento principal de un trabajo literario o artístico, especialmente en la música. *Motif* implica un patrón consciente y deliberado. *Motive* implica exactamente lo que a Dooyeweerd le interesa: las presuposiciones religiosas de una cultura; la base del pensamiento más que el producto del pensamiento, como en el caso de *motif*.

De nuevo, la crítica de ciertos aspectos de la filosofía de Dooyeweerd ha sido usada como una excusa para evadir la fuerza del conjunto. Pero Dooyeweerd no ha llegado, más que Calvino y Kuyper antes de él, a una formulación final o que sea libre de defectos ocasionales o inconsistencias. Estas, no obstante, seguramente necesitan ser señaladas, pero no pueden ser usadas como una excusa para evadir el impulso

---

[1] Una excelente aplicación de un aspecto de esta filosofía se encuentra en H. Van Riessen: *The Society of the Future* (Presbyterian and Reformed Publishing Co.)

principal de su filosofía que no ha sido conocida o desafiada satisfactoriamente. Ella da una dirección importante y emocionante para el presente y futuro del pensamiento y la acción; y es, en el sentido más completo de la palabra, una filosofía cristiana y una gran filosofía.

Rousas John Rushdoony
Santa Cruz, Calif.

Enero 1960

GLOSARIO

[El siguiente glosario de términos técnicos y neologismos usados por Dooyeweerd, corresponde a la versión editada por Daniël F. M. Strauss, reproducida en la versión editada de 1999. El autor del glosario es Albert M. Wolters y fue tomado de T. McIntire, ed., The Legacy of Herman Dooyeweerd: Reflections on Critical Philosophy in the Christian Tradition (Lanham MD, 1985), pp. 167-171.]

Este glosario terminológico de Herman Dooyeweerd es una versión adaptada de la publicada en L. Kalsbeek, *Contours of a Christian Philosophy* (Toronto: Wedge, 1975). No provee definiciones técnicas exhaustivas pero da sugerencias e indicadores útiles para un mejor entendimiento de algunos conceptos clave. Los términos marcados con un asterisco son aquellos que utiliza Dooyeweerd de una forma que es inusual en contextos filosóficos de habla inglesa [e hispana] y son, por tanto, una fuente potencial de malos entendidos. Las palabras o frases destacadas en VERSALITAS hacen referencia a otros términos en este glosario.

*Analogía: (ver ESFERA LEY) Nombre colectivo para una RETROCIPACIÓN o una ANTICIPACIÓN.

*Anticipación: Una ANALOGÍA dentro de una MODALIDAD que hace referencia a una modalidad posterior. Un ejemplo es la "eficiencia", un momento de significado que es encontrado dentro de la modalidad histórica, pero que apunta hacia adelante a la modalidad económica posterior. Contrasta con RETROCIPACIÓN.

*Antinomia: Literalmente "conflicto de leyes" (del griego *anti*, "contra", y *nomos*, "ley"). Una contradicción lógica que surge por no distinguir las diferentes clases de ley válidas en MODALIDADES distintas. Ya que las leyes ónticas no están en conflicto (Principium Exclusae Antinomiae), una antinomia es siempre una señal lógica de reduccionismo ontológico.

*Antítesis: Usada por Dooyeweerd (siguiendo a Abraham Kuyper) en un sentido específicamente religioso para referirse a la oposición espiritual fundamental entre el reino de Dios y el reino de las tinieblas. Ver Gálatas 5:17. Ya que esta es una oposición entre regímenes, no ámbitos, ésta corre a través de todos los departamentos de la vida y la cultura humana, incluyendo la filosofía y la empresa académica como un todo, y a través del corazón de cada creyente por más que él o ella se esfuerce por vivir una vida de lealtad no dividida para Dios.

Aspecto: Un sinónimo de MODALIDAD.

*Ciencia: Dos cosas deben notarse acerca del uso de Dooyeweerd del término "ciencia". En primer lugar, como una traducción de la palabra holandesa *wetenschap* (análoga a la palabra alemana Wissenschaft), abarca todo el estudio académico (no solo las ciencias naturales sino también las ciencias sociales y las humanidades, incluyendo la teología y la filosofía). En segundo lugar, la ciencia es siempre, estrictamente hablando, un asunto de abstracción modal, esto es, de levantar analíticamente un aspecto fuera de la coherencia temporal en la que es encontrado y examinarlo en la relación Gegenstand. Pero en esta investigación no enfoca su atención teórica sobre la estructura modal de dicho aspecto en sí mismo; más bien, se enfoca en la coherencia del fenómeno actual que funciona dentro de esa estructura. La abstracción modal como tal debe ser distinguida de la EXPERIENCIA ORDINARIA. En el primer sentido, por consiguiente, "ciencia" tiene una aplicación más amplia en Dooyeweerd de lo que es usual en países de habla inglesa [y castellana], pero en el segundo sentido tiene un significado técnico más restringido.

*Corazón: El punto de concentración de la existencia humana; el foco supratemporal de todas las funciones temporales humanas; la unidad radical religiosa del ser humano. Dooyeweerd afirma que fue su redescubrimiento de la idea bíblica del corazón como la profunda dimensión religiosa central de la polifacética vida humana lo que le permitió liberarse del neokantismo y la fenomenología. Las Escrituras hablan de este punto focal también como el "alma", el "espíritu" y el "hombre interior". Equivalentes filosóficos son ego, yo, yoidad e ipseidad. Es el corazón en este sentido que sobrevive a la muerte, y es por la redirección religiosa del corazón en la regeneración que todas las funciones temporales humanas son renovadas.

Cualificar: Se dice que la FUNCIÓN GUÍA de una cosa la cualifica en el sentido de que la caracteriza. En este sentido se dice que una planta es cualificada por el aspecto biótico y un estado por el judicial.

Dialéctica [religiosa]: En el uso de Dooyeweerd: una tensión irreconciliable, dentro de un sistema o línea de pensamiento, entre dos posiciones polares lógicamente irreconciliables. Tal tensión dialéctica es característica de cada uno de los tres MOTIVOS BÁSICOS no cristianos que Dooyeweerd ve como los que han dominado el pensamiento occidental.

*Encapsis (encáptico): Un neologismo adoptado por Dooyeweerd del biólogo suizo Heidenhain, y derivado del griego *enkaptein*, "tragar". El término se refiere a los intereslabonamientos estructurales que pueden existir entre las cosas, plantas, animales y estructuras sociales que tienen su propio principio estructural interno y una función cualificadora independiente. Como tal, la encapsis debe ser claramente distinguida de la relación parte-todo, en la que hay una estructura interna y función cualificadora comunes.

Esfera ley: (ver ESTRUCTURA MODAL y MODALIDAD) El círculo de leyes cualificadas por un núcleo de significado único, irreductible e indefinible es conocido como esfera ley. Dentro de cada esfera ley la realidad temporal tiene una función modal y en esta función está sujeta (francés: *sujet*) a las leyes de las esferas modales. Por lo tanto, cada esfera ley tiene un lado ley y un lado sujeto que son dados solo en una correlación inquebrantable entre sí (ver el diagrama al final de este glosario).

*Estructura de individualidad: Este término representa presuntamente uno de los conceptos más difíciles en la filosofía de Dooyeweerd. Acuñado tanto en holandés como en inglés por Dooyeweerd mismo ha conducido algunas veces a serios malentendidos entre académicos. Por años ha habido varios intentos de actualizarlo con algún término alternativo, algunos de los cuales son descritos abajo, pero en ausencia de un consenso se decidió dejar el término original.

Es el nombre general o la ley característica (orden) de las cosas concretas, como viene dada en virtud de la creación. Las estructuras de individualidad pertenecen al lado ley de la realidad. Dooyeweerd usa el término estructura de individualidad para indicar la aplicabilidad de un orden estructural *para* la existencia de entidades *individuales*. De esta manera las *leyes estructurales* para el estado, para el matrimonio, para las obras artísticas, para los mosquitos, para el cloruro de sodio y así sucesivamente, son llamadas estructuras de individualidad. La idea de un todo individual está determinada por una estructura de individualidad que precede el análisis teórico de sus funciones modales. La identidad de un todo individual es una unidad relativa en una multiplicidad de funciones. (Ver MODALIDAD). Van Riessen prefiere llamar esta ley para entidades una *estructura de identidad*, ya que como tal garantiza la **identidad** persistente de todas las **entidades** (*Wijsbegeerte*, Kampen 1970, p. 185). En su trabajo (*Alive, An Enquiry into the Origin and Meaning of Life*, 1984, Ross House Books, Vallecito, California), M. Verbrugge presenta su propia explicación sistemática distinta concerniente a la naturaleza de lo que él llama *functors*, una palabra introducida primero por Hendrik Hart para la dimensión de las estructuras de individualidad (cf. Hart: *Understanding Our World, Towards an Integral Ontology*, Nueva York 1984, cf. pp. 445-446). Como sustituto de la noción de estructura de individualidad, Verbrugge desarrolla el término: *ideonomia* (cf. Alive, pp. 42, 81 y ss., 91 y ss.). Desde luego este término también puede causar malentendidos si es tomado para significar que cada criatura individual (sujeto) tiene su *propia y única* ley. Lo que se pretende es que cada *tipo de ley* (nomos) tiene el propósito de delimitar y determinar sujetos únicos. En otras palabras, empero puede ser *especificada* la universalidad de la ley, nunca puede, al soportar criaturas individuales únicas, llegar a ser ella misma algo *únicamente individual*. Otra manera de aprehender el significado de la noción de una *estructura de individualidad* de Dooyeweerd es, siguiendo una sugerencia verbal de Roy Clouser (Zeist, Agosto 1986), llamarla una *ley tipo* (del griego: *tiponomia*). Esto simplemente significa que todas las entidades de un cierto *tipo* se conforman a esta ley. La siguiente perspectiva proporcionada por M. D. Stafleu dilucida esta terminología de *manera sistemática* (*Time and Again, A Systematic Analysis of the Foundations of Physics*, Wedge Publishing Foundation, Toronto 1980, p. 6, 11): las *leyes típicas* (leyes tipo/tiponomias, tal como la ley de Coulomb, aplicable solo a entidades cargadas, y el principio de Pauli, aplicable solo a los fermiones), son leyes especiales que se aplican solamente a una clase limitada de entidades, mientras que las *leyes modales* se mantienen universalmente para todas las posibles entidades. D. F. M. Strauss ("*Inleiding tot die Kosmologie*", SACUM, Bloemfontein 1980) introduce la expresión *estructuras de entidad*. El término **entidad** comprende tanto la *individualidad* como la *identidad* de la cosa en cuestión, por consiguiente explica el énfasis respectivo encontrado en la noción de las *estructuras de individualidad* de Dooyeweerd y en la noción de Van Riessen de las *estructuras de identidad*. Las siguientes palabras de Dooyeweerd muestran que tanto la **individualidad** como la **identidad** de una entidad son determinadas por su "estructura de individualidad": "En general podemos establecer que la duración temporal factual de una cosa como un todo individual e idéntico depende de la preservación de su estructura de individualidad" (*A New Critique of Theoretical Thought*, vol. III:79).

Estructura modal: (ver MODALIDAD y ESFERA LEY) La peculiar constelación, en cualquier modalidad dada, de sus momentos de significado (anticipatorio, retrocipatorio, nuclear). Contrasta con la ESTRUCTURA DE INDIVIDUALIDAD.

*****Experiencia intuitiva [ingenua, ordinaria o cotidiana]:** Es la experiencia humana en tanto que no es "teórica" en el sentido preciso de Dooyeweerd. "Ordinaria" no significa simple. Algunas veces es llamada experiencia "ingenua", "intuitiva" o "cotidiana". Dooyeweerd se preocupa por enfatizar que la teoría está embebida en esta experiencia cotidiana y no debe violentarla.

*****Filosofía:** En la terminología sistemática precisa de Dooyeweerd, la filosofía es la ciencia enciclopédica, esto es, su tarea exclusiva es la investigación teórica de la integración sistemática global de las varias disciplinas científicas y sus campos de estudio. Dooyeweerd también utiliza el término en un sentido más inclusivo, especialmente cuando señala que toda la filosofía está enraizada en un compromiso religioso preteórico y que cierta concepción filosófica, a su vez, descansa en la raíz de toda erudición científica.

*****Filosofía de la inmanencia:** Un nombre para toda filosofía no cristiana, que intenta encontrar el fundamento e integración de la realidad *dentro* del orden creado. A diferencia del cristianismo, que reconoce un Creador trascendente sobre todas las cosas, la filosofía de la inmanencia necesariamente absolutiza alguna característica o aspecto de la creación misma.

Función fundamental: La más temprana de las dos modalidades que caracterizan ciertos tipos de todos estructurales. La otra es llamada FUNCIÓN GUÍA. Por ejemplo, la función fundamental de la familia es la modalidad biótica.

Función guía: La función sujeto más alta de un todo estructural (*e. g.* una piedra, un animal, una empresa de negocios o un estado). Excepto en el caso de los seres humanos, se dice que esta función además CUALIFICA el todo estructural. Es llamada función guía porque "guía" o "dirige" las funciones precedentes. Por ejemplo, la función guía de una planta es la biótica. La función física de una planta (como es estudiada, *e. g.* por la bioquímica) es diferente del funcionamiento físico en otros lugares debido a que es "guiada" por la biótica. También es llamada "función directriz".

*Gegenstand: Una palabra alemana para "objeto", usada por Dooyeweerd como un término técnico para una modalidad cuando es abstraída de la coherencia del tiempo y es opuesta a la función analítica en la actitud teórica del pensamiento, de tal modo que se establece la relación Gegenstand. Gegenstand es por lo tanto la palabra técnicamente precisa para el objeto de la CIENCIA, mientras que "objeto" es reservado para los objetos de la EXPERIENCIA ORDINARIA.

Idea cosmonómica: La propia traducción al inglés de Dooyeweerd del término holandés *wetsidee*. Ocasionalmente sus equivalentes son "idea trascendental" o "idea básica trascendental". La intención de este nuevo término es dar a expresar que existe una coherencia irrompible entre la *ley* de Dios (nomos) y la realidad creada (*cosmos*) realmente sujeta a la ley de Dios.

Irreductibilidad (irreductible): Incapacidad de reducción teórica. Ésta es la forma negativa de referirse al carácter distintivo único de las cosas y los aspectos que encontramos por doquier en la creación y que el pensamiento teórico debe respetar. En tanto que todas las cosas tienen su propia naturaleza y carácter creado peculiar, no pueden ser entendidas en términos de categorías externas a ellas mismas.

Lado factual: Designación general para todo aquello que está sujeto al LADO LEY de la creación (ver LADO SUJETO).

Lado ley: El cosmos creado, para Dooyeweerd, tiene dos "lados" correlativos: un lado ley y un lado factual (inicialmente llamado: LADO SUJETO). El primero es simplemente la coherencia de las leyes u ordenanzas de Dios para la creación; el segundo es la totalidad de la realidad creada que está sujeta a aquellas leyes. Es importante notar que el lado ley siempre se mantiene universalmente.

Lado sujeto: El correlato del LADO LEY, preferiblemente llamado el lado factual. Otra característica más del lado sujeto factual es que solo aquí es encontrada la individualidad.

*Ley: La noción de ley creacional es central en la filosofía de Dooyeweerd. Todo en la creación está sujeto a la ley de Dios para ella, y acordemente la ley es el límite entre Dios y la creación. Sinónimos escriturales para ley son "ordenanza", "decreto", "mandato", "palabra", etcétera. Dooyeweerd enfatiza que la ley no está en oposición a, sino que es la condición para la verdadera libertad. Ver también NORMA y LADO LEY.

Modalidad: (ver ESTRUCTURA MODAL y ESFERA LEY) Uno de los quince modos fundamentales de ser distinguidos por Dooyeweerd. Como modos de ser, son claramente distinguidos de las cosas concretas que funcionan dentro de ellos. Inicialmente Dooyeweerd distinguió catorce aspectos solamente, pero desde 1950 introdujo el aspecto cinemático del *movimiento uniforme* entre los aspectos espacial y físico. Las modalidades también son conocidas como "funciones modales", "aspectos modales", o "facetas" de la realidad creada. (ver el diagrama al final de este glosario).

*Momento nuclear: Un sinónimo para NÚCLEO DE SIGNIFICADO y ESFERA LEY, usado para designar el significado central indefinible de una MODALIDAD o aspecto de la realidad creada.

*Motivo básico: Es el término holandés *grondmotief*, usado por Dooyeweerd en el sentido de motivación fundamental, fuerza motriz. Él distinguió cuatro motivos básicos fundamentales en la historia de la civilización occidental:
(1) forma y materia, que dominó la filosofía griega pagana; (2) naturaleza y gracia, que subyace al pensamiento sintético cristiano medieval; (3) naturaleza y libertad, que ha conformado las filosofías de los tiempos modernos; y (4) creación, caída, y redención, el cual descansa en la raíz de una filosofía radical e integralmente escritural.

Norma (normativo): Leyes posfísicas, esto es, leyes modales para las esferas ley de la analítica a la fídica (ver ESFERA LEY y el diagrama al final de este glosario). Estas leyes son normas porque necesitan ser positivizadas (ver POSITIVIZAR) y pueden ser violadas, a diferencia de las "leyes naturales" de las esferas preanalíticas las cuales son obedecidas involuntariamente (*p. ej.* en un proceso digestivo).

*Núcleo de significado:** El significado central indefinible de una MODALIDAD.

*Objeto:** Algo cualificado por una función objeto y de esta manera correlacionado a una función sujeto. Una obra de arte, por ejemplo, es cualificada por su correlación con la función subjetiva humana de la apreciación estética. De manera similar, los elementos de un sacramento son objetos fídicos.

Positivizar: Una palabra acuñada para traducir la palabra holandesa *positiveren*, que significa hacer positivo en el sentido de que sea realmente válido en un tiempo o lugar dado. Por ejemplo, la ley positiva es la legislación que se encuentra en vigor en un país dado en un tiempo particular; es contrastada con los *principios diquéticos* que los legisladores deben positivizar como legislación. En un sentido general, se refiere a la implementación responsable de todos los principios normativos de la vida humana como son plasmados, por ejemplo, en la legislación del estado, la política económica, los lineamientos éticos, y así sucesivamente.

Proceso de apertura: El proceso por el que las anticipaciones modales latentes son "abiertas" o actualizadas. Se dice entonces que el significado modal es "profundizado". Es este proceso el que hace posible el desarrollo cultural (diferenciación) de una sociedad desde un estado primitivo ("cerrado", indiferenciado). Por ejemplo, por la apertura o descubrimiento de la anticipación ética en el aspecto diquético, el significado modal del aspecto diquético es profundizado y la sociedad puede moverse de un principio de "ojo por ojo" a la consideración de circunstancias atenuantes en la administración de la justicia.

*Radical: Dooyeweerd frecuentemente utiliza este término con una referencia implícita al significado griego de *radix* = *raíz*. Este uso no debe ser confundido con la connotación política del término *radical* en inglés [y en castellano]. En otros trabajos Dooyeweerd a veces parafrasea su uso del término radical con la frase: *que penetra a la raíz de la realidad creada.*

*Religión (religioso):   Para Dooyeweerd, la religión no es un área o esfera de la vida sino su raíz todo abarcante y orientadora. Es servicio a Dios (o a un falso dios sustituto) en cada dominio de la labor humana. Como tal, debe ser claramente distinguida de la fe religiosa, que solo es uno de los muchos actos y actitudes de la existencia humana. La religión es un asunto del CORAZÓN y así dirige todas las funciones humanas. Dooyeweerd dice que la religión es "el impulso innato de la ipseidad humana a dirigirse hacia el *verdadero* o hacia un *supuesto* Origen absoluto de toda la diversidad de significado" (*Una nueva crítica del pensamiento teórico*, vol. I, 2020, p. 82).

GLOSARIO   237

*Retrocipación: Una característica en una MODALIDAD que se refiere a (es reminiscencia de) una más temprana, pero reteniendo la cualificación modal del aspecto en el que es encontrada. La "extensión" de un concepto, por ejemplo, es una clase de espacio lógico: es un asunto estrictamente lógico, y sin embargo recuerda la modalidad espacial en su sentido original. Ver ANTICIPACIÓN.

*Significado: Dooyeweerd utiliza la palabra "significado" en un sentido inusual. Por él quiere decir el carácter no autosuficiente referencial de la realidad creada en el que apunta más allá de sí misma a Dios como el Origen. Dooyeweerd enfatiza que la realidad *es* significado en este sentido y que, por consiguiente, ella no *tiene* significado. El "significado" es la alternativa cristiana para la metafísica sustancia de la filosofía de la inmanencia. El "significado" llega a ser casi un sinónimo de "realidad". Nótese los muchos compuestos formados por él: núcleo de significado, lado de significado, momento de significado, plenitud de significado.

*Síntesis: La combinación, en una sola concepción filosófica, de temas característicos tanto de la filosofía pagana como de la religión bíblica. Es esta característica de la tradición intelectual cristiana, presente desde los tiempos patrísticos, con la que Dooyeweerd quiere hacer un rompimiento radical. Epistemológicamente visto el término *síntesis* es usado para designar la manera en la que una multiplicidad de características es integrada dentro de la unidad de un concepto. La reunión del aspecto lógico del acto teórico del pensamiento con su "Gegenstand" no lógico es llamada una síntesis de significado intermodal.

Soberanía de esfera: Una traducción de la frase de Kuyper *souvereiniteit in eigen kring*, con la cual quiere decir que las varias esferas distintas de autoridad humana (tal como la familia, la iglesia, la escuela y la empresa de negocios), cada una tiene su propia responsabilidad y poder de decisión que no debe ser usurpado por aquellos que ejercen autoridad en otra esfera, por ejemplo el estado. Dooyeweerd retiene este uso, pero además lo extiende para significar la IRREDUCTIBILIDAD de los aspectos modales. Éste es el principio óntico sobre el que está basado el principio social ya que cada una de las "esferas" sociales mencionadas es cualificada por una modalidad irreductible diferente.

*****Sujeto:** Usado en dos sentidos por Dooyeweerd: (1) "sujeto" como distinto de LEY, (2) "sujeto" como distinto de OBJETO. El segundo sentido es más o menos equivalente al uso común; el primero es inusual y ambiguo. Ya que todas las cosas están "sujetas" a la LEY, los objetos también son sujetos en el primer sentido. La concepción madurada de Dooyeweerd, sin embargo, no muestra esta ambigüedad. Al distinguir entre el *lado ley* y el *lado factual* de la creación, tanto sujeto como objeto (sentido (2)) son parte del lado factual.

Superestrato: El agregado de modalidades *posterior* a un aspecto dado en el orden modal. Por ejemplo, el fídico, el ético, el judicial y el estético juntos constituyen el superestrato del económico. Ver SUSTRATO.

Sustrato: El agregado de modalidades que *precede* a un aspecto dado en el orden modal. El aritmético, el espacial, el cinemático, y el físico, por ejemplo, juntos forman el sustrato para el biótico. Ellos son además el fundamento necesario

GLOSARIO   239

sobre el que descansa el biótico, y sin el que no puede existir. Ver SUPERESTRATO (y el diagrama al final de este glosario).

***Tiempo:**   En Dooyeweerd, un principio ontológico general de continuidad intermodal, con mucha más amplia aplicación que nuestra noción común de tiempo, que es equiparada por él con la manifestación física de este tiempo cósmico general. No está, por consiguiente, coordinado con el espacio. Todas las cosas creadas, excepto el CORAZÓN humano, están en el tiempo. En el lado ley el tiempo se expresa como orden temporal y en el lado factual (incluyendo las relaciones sujeto-sujeto y sujeto-objeto) como duración temporal.

Trascendental: Un término técnico de la filosofía de Kant que denota las condiciones estructurales *a priori* que hacen posible la experiencia humana (específicamente el conocimiento humano y el pensamiento teórico). Como tal debe ser claramente distinguido del término "trascendente". Además, la Idea básica (trascendental) de una filosofía presupone la esfera central y trascendente de la conciencia (el CORAZÓN humano). Este constituye el *segundo* significado en el que Dooyeweerd utiliza el término trascendental: a través de su Idea básica trascendental la filosofía apunta más allá de sí misma hacia su fundamento religioso último trascendiendo el ámbito del pensamiento.

LAS DIFERENTES ESFERAS LEY DE LA REALIDAD DISTINGUIDAS POR DOOYEWEERD

ESFERAS LEY (ASPECTOS)	SIGNIFICADO NUCLEAR
Fídica	Certeza (seguridad)
Ética	Amor/fidelidad
Diquética	Retribución
Estética	Armonía
Económica	Frugalidad/ahorro
Social	Trato social
Simbólica	Significación simbólica
Histórico-cultural	Poder/control formativo
Lógica	Análisis
Psico-sensitiva	Sensibilidad/sentimiento
Biótica	Vida orgánica
Física	Operación de energía
Cinemática	Movimiento uniforme/constancia
Espacial	Extensión continua
Numérica	Cantidad discreta

Agrupamientos (de izquierda a derecha):
- CRIATURAS SUJETAS A LA LEY DE DIOS
- SERES HUMANOS / FORMAS DE VIDA SOCIAL Y ARTEFACTOS CULTURALES (desde Fídica hasta Lógica)
- ANIMALES (incluye Psico-sensitiva)
- PLANTAS (incluye Biótica)
- COSAS (Física, Cinemática, Espacial, Numérica)

ÍNDICE ALFABÉTICO

A

absolutización, IX, XII, XIII, 24, 25, 30, 35-38, 42, 48, 54, 55, 59, 61, 63, 66, 69, 91, 96, 98, 119, 120, 153, 166, 167, 180, 182, 206, 217, 220

actitud teórica, X, XVI, XVII, 3, 4, 6-10, 12, 16-18, 21, 22, 24, 35, 41, 43, 58, 62, 92, 137, 143, 156, 171, 182, 232

Agustín, VII, XI, XIV, XV, 29, 36, 49, 50, 60, 120, 125, 126, 128, 131, 134, 141, 198, 206

amor
   como mandato central, 12, 134, 207
   en las estructuras sociales, 34
   y la diversidad de significado, 34, 200

analogia entis, 167, 168

analogia fidei, 168

ananké, 45, 46, 177-179, 181

Anaximandro, 45, 178

antítesis
   religiosa, 41, 43
   teórica, 16, 23-25, 28

antinomia, 218, 226

antropología, XII, 34, 173, 189

Apolo, 46, 178

apostasía, 120, 135, 141, 151, 152, 166, 176, 180, 185, 195, 208, 212

Aquino, Tomás de, XI, 36, 50, 72, 73, 127-129, 141, 145, 151-153, 155, 158, 169, 184, 211

Aristóteles, 17, 49, 126, 132, 183, 184

arqueología, 140

artículos de fe, 47, 125, 158, 159, 202, 204, 209
aspectos modales, IX, XII, 9-13, 16, 18-22, 24-26, 28, 31, 35, 36, 38, 42, 53, 91, 96, 102, 103, 115, 132, 133, 136-140, 157, 180, 226, 232, 234, 238
    biótico, 11, 15, 19, 45, 99, 107, 133, 138, 139, 178, 227, 238, 239
    cinemático, 234, 238
    diquético, 11, 102, 103, 105, 133, 137, 138, 149, 197, 236
    económico, 10
    espacial, 11, 14, 133, 138, 199
    estético, XVII, 10, 11, 15, 54, 89, 102, 105, 133, 199, 238
    ético, 34, 79, 81, 238
    fídico, 11, 20, 39, 40, 102, 103, 138, 139, 145, 149- 152, 156, 157, 160, 162-166, 168, 171, 202, 238
    físico, 14, 138, 139, 164, 199
    histórico, IX, 11, 39, 40, 56, 69, 90, 91, 93-96, 98-108, 111, 114, 116, 118, 119, 133, 165, 166, 199, 200
    lógico, XII, 7, 10-12, 16-18, 23-25, 27-32, 36, 43, 54, 56, 57, 63, 74, 93, 103, 104, 107, 133, 137, 143, 144, 147, 149, 160, 181-183, 199, 237
    no lógicos, 10, 12, 16, 17, 23, 24, 28, 63, 137, 143, 182
    numérico, XVII, 11, 103, 104, 133, 138
    sensitivo, 14, 15, 133, 138
    simbólico, 115, 116

ÍNDICE ALFABÉTICO

social, 11, 98, 105, 116, 133
Atkinson, 70
autoconocimiento, XIV, 28-30, 32, 60, 126, 131, 132, 158, 159, 194-203, 208, 209, 212
    concepción católica romana, 209
    en Martin Buber, 194
    enfoque bíblico, 207
    enfoque existencialista, 194
autonomía del pensamiento teórico, VI, VIII, XIV, XIX, 3-9, 18, 22, 24-27, 29, 30, 39, 49, 51, 54, 59, 62, 125, 168, 216, 217
autorreflexión crítica, 26, 27, 30, 35
Ayer, 7, 93, 194

B

Babilonia, 109
Barth, Karl, 47, 129, 130, 152, 154-156, 168, 220
Batalla de Waterloo, 92, 93, 103, 104
Beck, 56
Beckett, 193
Benjamin, 88
Bettenson, 120
Beza, 172
Binswanger, 33, 34
Bizancio, 109
blasfemia, 164
Buber, Martin, 32, 33, 194
Bultmann, 221, 222
Burckhardt, Jacob, 110

C

Calvino, VII, XI, XV, XVI, 36-38, 60, 150, 151, 157, 186, 201, 215, 217, 223
Camus, 4, 193
capitalismo, 88
Círculo de Viena, 7
civilización occidental, 41, 85, 86, 88, 89, 93, 119, 120, 189-192, 195, 234
civitas terrena, 120
coherencia interna, 24, 63, 102, 104, 115,

119, 138–140, 162, 163, 166
coherencia temporal (de significado), 13, 18, 19, 102, 227
Comte, Auguste, 7, 86–88, 90, 110
comunidad
    diferenciada, 111, 112
    indiferenciada, 108
    institucional, 139
    nacional, 81, 112–114
    natural, 111
comunismo, 88, 89, 191, 192
concepto analógico, 162, 163
    de causalidad, 166
    de desarrollo histórico, 101, 104
    de evolución, 94, 96, 99
    de poder, 165
    de ser, 167
    teológico, 163, 165–167, 171
Confesión de Westminster, 173
Congreve, 87

contrato social, 77
Copérnico, 53
corazón (centro religioso), VI, X, XI, 40, 47, 69, 124, 131, 133–136, 147–151, 153, 157, 158, 160, 169, 173, 180, 202–204, 206–209, 211, 212, 226, 227, 236, 239
cosmovisión
    dualista, 79
    historicista, 56, 70, 72, 84, 86–88, 90, 91, 96, 98
    humanista, 73
cotidiana (preteórica o intuitiva)
    actitud, XVI, 6, 19
    experiencia, X, XVI, 6, 18–22, 92, 147, 216, 218, 231
cotidiana preteórica o intuitiva)
    experiencia, 22
Cottingham, 55
Creta, 109
Crítica de la razón práctica, 56, 79

Crítica de la razón pura, VII, XIX, 4, 5, 7, 28, 29, 56, 65, 79
crítica trascendental (radical), VIII, 3, 8, 9, 15, 16, 23, 27, 29, 40, 51, 57-59, 61, 62, 65, 123, 161, 170
    del pensamiento teológico, 156, 160, 170
crítica trascendente, 8
Crocker, 55
cultura, XIV, 39, 44, 69-71, 82, 83, 86, 97, 98, 108-110, 113, 116-119, 165, 190, 192, 197, 212, 217, 218, 223, 226

D

De Corpore, 74
Demarest, 151
derechos humanos, 78, 100, 191
Derrida, VI, XVIII, 88
Descartes, 55, 71, 72, 74-76, 79, 97
desmitologización, 221, 222
dialéctica
    religiosa, 43, 55
    teórica, 43
Dilthey, Wilhelm, 4, 86, 89
Dionisio, 45, 178
dirección concéntrica del pensamiento teórico, 26, 27, 29-31, 35, 40
dirección divergente del pensamiento teórico, 27
dirección religiosa, 37-39, 209
    apóstata, VII, 37, 38, 48, 149, 151, 152, 206, 208
    bíblica, VII, 48
dogma de la fe cristiana, 171
dogmatismo teórico, 8, 30, 41, 89
Dooyeweerd, V-XX, 3-7, 9-11, 17, 18, 20, 29, 33, 34, 36-40, 44, 47, 56, 59, 66, 69, 77, 80, 87-89, 92, 103, 108, 124, 125, 128, 131, 144, 149, 152, 153, 157,

160, 162, 164,
171, 185, 189,
193, 202, 205,
215, 217-219,
222, 223, 225-
234, 236-240
dualismo, VIII, XII
   católico romano, 211
   de Barth, 154
   de Kant, 56
   escolástico, 152
   griego, 179, 180, 183, 184

E

Egipto, 60, 109
ego humano, VII, VIII, XV, 12, 26-40, 42, 43, 48, 53, 58, 69, 74, 119, 132-136, 149, 153, 194, 195, 197-201, 208, 212, 227
eidos, 47, 179
Empédocles, 181
Erígena, 126
Escuela Histórica, 83, 84, 101, 106, 112
esferas de la sociedad, 117
Espíritu Santo, 41, 47, 72, 73, 131, 135, 136, 145, 146, 148, 151, 157, 158, 202-205
estructuras de individualidad, 21, 111, 112, 117, 228-231
ética, 56, 78-81, 140, 196
existencialismo, XII, XIII, 4, 34, 57, 70, 169, 193, 197

F

fanerosis, 151
fe cristiana, X, XIV, 8, 128, 130, 145, 149, 152, 159, 165, 167, 171, 192, 202, 204
filosofía
   cartesiana, 72, 74, 78, 82, 174, 175
   crítica trascendental, 8, 26
   cristiana, IX, XI, XII, XIV, XIX, 48, 50, 60, 123, 125-128, 130, 131, 140-142, 154, 155, 161, 162, 172, 215, 224
   de la idea cosmonómica, V, 57, 218

escolástica, 49, 51, 72, 73, 167, 169, 172, 175
moderna, 55, 71, 72, 76
y teología, IX, X, 8, 47, 123, 140-143, 154, 174, 209, 226
Freeman, Kathleen, 216
Frobenius, 115, 116
función
   cualificadora, 228
   fundamental, 232
   guía, 227, 232
   lógica, 17-19, 23, 26, 29, 144, 156, 181, 182
   objetiva, 19, 20

G

Galileo, 55
Gleichschaltung, 114
gracia común, 60, 160, 209
Grecia, 109
Griffioen, 40

H

Haroutunian, 218, 219
Hart, 9, 11, 144, 229
Hayek, 103

Hegel, 56, 80, 81, 88, 115, 118
Heidegger, VI, VIII, XVIII, 4, 11, 17, 33, 34, 59, 66, 128, 144, 162, 171, 190, 193
Herodes, 202
historia natural, 96, 97
historia universal, 71, 86, 109, 116, 118, 120
historiografía, 83, 93, 94, 97, 99, 101, 108, 113, 140, 196
Hobbes, 74-76, 79
Holmes, 102
hombre-masa, 190-194
Homero, 46, 206
horizonte experiencial, 10-13, 15-18, 20, 22, 24-26, 29, 31-35, 37-40, 42, 45, 48, 53, 54, 58-60, 64, 65, 69, 91, 92, 95, 100, 105, 115, 119, 132, 133, 136, 139, 140, 144, 145, 148, 149, 151, 152, 157, 158, 160,

162, 168, 178, 180, 182, 197, 200
Huizinga, 101, 102
humanismo, 51, 53, 73, 76, 79, 82, 153, 169, 212
Hume, David, 30, 216
Husserl, Edmund, VI, XVI, 4, 6, 8-10, 16, 59, 92

I

idea básica trascendental (idea cosmonómica), 40, 57, 58, 63, 232, 233, 239
ideal de la libertad, 77, 78
ideal matemático de la ciencia, 33, 56, 76, 78-80
idealismo alemán, 57, 80
idealismo de la libertad, 76, 85, 90
idealismo poskantiano, 80, 82
ídolos, 35-37, 42, 48, 75, 76, 166, 180, 182, 195, 206, 212
Iglesia católica, 204
Iglesia Católica Romana, 158, 211
Ilustración, VIII, 85, 88
imagen de Dios, XV, 37, 52, 54, 72, 134, 135, 206-208
imago Dei, 48, 132, 134, 135, 160
integración cultural, 110, 112
ipseidad, 26, 27, 30, 32-35, 38, 42, 69, 70, 80, 81, 193-196, 198-201, 207, 212, 227, 236
irracionalismo, 81, 84
irreductibilidad, 25, 63, 233, 238
ismos
   historicismo, 103
ismos, 25, 91
   biologismo, IX, 25, 91
   historicismo, IX, XIII, 4, 25, 57, 69-71, 84-86, 89-91, 96, 100, 109, 115, 119
   matematicismo, 25
   sensualismo, 25, 30

J

Jesucristo (Cristo Jesús), VIII, 41, 47, 52,

ÍNDICE ALFABÉTICO

72, 73, 102, 119, 120, 129, 130, 135, 136, 139, 146, 148, 158-160, 177, 201-205, 208, 209, 212
John Locke, 78
jurisprudencia, 83, 137, 140, 196, 197

K

Kalsbeek, L., 225
Kamuf, 88
Kant, Immanuel, VI, VII, 4, 5, 7, 8, 17, 26-29, 51, 56, 57, 65, 73, 78-83, 85, 160, 216, 227, 239
Kaufmann, 177
Kersten, 9
Kirk, 45, 124
Klapwijk, 40
Knox, 118
Kulturkreislehre, 115
Kuyper, Abraham, XVI, XVIII, 77, 130, 141, 205, 215, 223, 226, 238

L

Lebensphilosophie, 4
Leibniz, 76
León XIII, 128
Leviatán, 75, 78
ley natural, 77, 87, 100
lógica
    dialéctica, 44
    formal, 24

M

Macquarrie, 190
Makkreel, 89
mandato cultural, 54, 99, 114
Maraldo, 144
Marle, 102
Marshall, VIII
Marx, 88
marxismo, 88
Maurer, 50
Melanchton, 172
metafísica, 17, 175, 176, 179
    aristotélica, 49, 126, 167, 173, 179
    aristotélico tomista, 173
    de Platón, 181
    griega, 47, 181-183
método crítico trascendental, 26

Metrodoro de Quíos, 216
Meyerhoff, 89
Moleworth, 74
momento nuclear (ver también núcleo modal), 14, 64, 95, 96, 99, 101, 107, 165, 234
momentos analógicos, 13-15, 63, 95, 102-105, 107, 111, 163, 166, 168, 225
    analogía biótica, 102, 103, 106, 107, 116
    analogía diquética, 118
    analogía económica, 117
    analogía estética, 117
    analogía ética, 236
    analogía histórico-cultural, 166
    analogía lógica, 104
    analogía simbólica, 115, 116
    anticipatorios, 14, 15, 95, 101, 103, 107, 108, 115-117, 231, 235
    retrocipatorios, 101, 103, 107, 225, 226, 231, 237
motivo básico religioso (motivo central), 36-40, 45, 49, 51, 66, 72-74, 84, 97, 143, 164, 166, 169, 172, 177, 180, 209-212
    bíblico, VIII, XII, 41, 47-49, 52, 59, 60, 63, 135, 136, 153, 155, 156, 162, 169, 172, 204
    del dominio, 55
    dialéctico, VIII, 41-44, 47, 51, 59, 61, 62, 152
    dualista, 43, 153, 179
    forma-materia (griego), VII, XI, 41, 44-46, 51, 177-179, 184
    naturaleza-gracia (escolástico), VII, 41, 42, 49, 51, 73, 176, 212
    naturaleza-libertad (humanista), VIII, 41, 51-57, 72, 73,

75, 76, 78-80, 82, 90, 97
movimiento antirrevolucionario (movimiento cristiano histórico), 85
Muller, 49
mundo civil, 97, 98
Murdoch, 55

N

Napoleón, 104, 105
naturaleza humana
   visión aristotélico tomista, 173, 175, 176
   visión griega, 180, 184
   visión teológica tradicional, 202, 206, 209
nazismo alemán, 114
Nederlanden, Harry der, 150
neohegelianismo, 57
Newton, 55
Nietzsche, 177
nihilismo, 38, 69, 96, 191
nominalismo, 51, 155
normas, 56, 105-107, 112, 220, 221, 235
nouvelle théologie, 154

núcleo modal, 13, 14, 95, 96
   del aspecto cinemático, 64
   del aspecto ético, 34
   del aspecto fídico, 150, 163
   del aspecto histórico, 96, 99, 101, 107, 165
   del aspecto sensitivo, 14

O

Olson, Alan, XVIII
Olthuis, XIX, XX, 39, 47, 124, 189
orden temporal, VII, XIII, 10, 14, 23, 24, 28, 32, 39, 48, 55, 60, 62-65, 84, 90, 91, 95, 103, 107, 114, 132, 133, 136, 144, 147-150, 152, 153, 156, 163-167, 171, 196-200, 203, 205, 239
Origen, VII, XII, XIII, XV, 35-37, 42, 48, 53,

58, 66, 150, 193, 199, 201, 206-208, 236, 237

P

Palabra de Dios, 47, 66, 69, 126, 129-131, 135, 136, 141, 145-149, 151, 152, 155-157, 159, 161, 204, 205, 208, 209, 211, 212
Palabra-revelación, 47, 49, 73, 124, 129, 132, 136, 143, 145-148, 153, 155-157, 160, 171, 172, 174, 186, 202-205, 208, 212
Palestina, 109
Parménides, 123, 181, 183
pensamiento dialéctico, 56, 82
personalismo, 34
Personkultur, 99, 100
Platón, vi, 124, 181-183, 189
poder
    formativo (cultural), 99, 100, 107-109, 111, 117, 119
    y cultura, 39, 41, 97, 108, 111, 118, 220
    y fe, 39, 134
polis griega, 46, 178, 179
Pompa, 72
positivismo naturalista, 57
problema crítico, 5, 7, 9
proceso de apertura, 110, 113-117, 119, 120, 235, 236
Providencia, 60, 83-85
punto de referencia central, 23, 24, 26-29, 31, 58, 119, 132, 134, 197, 199

Q

quaestio iuris, 7

R

racionalismo, 81
raíz religiosa (ver también corazón), viii, 131, 134, 135, 208
Ranke, Leopold von, 94, 110, 115
Raven, 45, 124

razón práctica, 51, 78-81
Reforma, 172, 174, 176, 186, 211
regina scientiarum, 126
Reino de Dios, 156, 207, 226
relación antitética, 10, 16, 18, 22-24, 43, 182
relación sujeto-objeto, 19, 20, 32
relaciones centrales del yo (ipseidad), 32, 35, 38, 199
   con el horizonte temporal, 32, 37, 42
   con el Origen, 37, 119, 199, 201
   con otros egos, 32, 33, 38, 200, 201
relaciones comunales, 138, 201
religión, x, xi, 37, 125, 131, 160, 236
   cristiana, 52, 72, 126, 127, 201
   cultural griega, 44-46, 177-180
   humanista, 52, 72, 88
   natural griega, 44, 45, 116, 177, 178

Renacimiento, 49, 51-53, 72, 73
Restauración, 71, 72, 80, 85, 87, 105, 172
revolución copernicana, 52, 72
Revolución Francesa, 80, 82, 84
Revolución Rusa, 89
Rhode, 177
Robinson, 190
Rodi, 89
Roma, 109
Romanticismo, 81, 83
Rousseau, 55, 56, 78, 80, 84
Rushdoony, 215, 224

S

Sachkultur, 99, 100
Sagradas Escrituras (ver también Palabra de Dios y Palabra-revelación), 41, 129, 131, 135, 157, 160, 173, 175, 204
Sartre, 4, 193
Schelling, 80, 82, 83, 89
Schicksal, 83
secularización

de la cultura occidental, 51, 212
de la filosofía, 51
significado, VII, XIII, XV, 6, 11-15, 21, 34, 37, 59, 95, 96, 102, 105, 106, 115, 119, 134-136, 148, 150, 180, 196, 201, 217, 234-237
Sínodo de las Iglesias Reformadas Holandesas, 174
síntesis teórica, 23-28, 43, 63, 234
Smith, James K. A., V, 128, 146, 171
Smith, Norman K., 4
soberanía absoluta, 77
soberanía de esfera, 77, 238
sociedad diferenciada, 111
sociedad medieval, 77, 106
sociología, 86, 196
Sócrates, 29, 124, 189, 190
Spencer, Herbert, 110
Spengler, Oswald, 70, 71, 85, 86, 90, 109, 119

Spykman, Gordon, XII
Stahl, 84, 85
Stoothoff, 55
Strauss, 9, 225, 230
sumo sacerdote, 202
sustancia, 21, 22, 75, 132, 168, 176, 182-185, 203, 212, 237

T

teología
bíblica, 131
cristiana, 123-126, 128, 129, 155, 166
dogmática, X, 48-50, 126-132, 140-147, 155, 157, 158, 160, 162, 167, 171, 172, 202, 209
escolástica, 152, 153, 176, 209, 211
reformacional, XII
reformada, 129, 141, 153, 159, 172, 173
y religión, XI
teoría de la copia, 22
tomismo, 49

Toynbee, 71
tradición, V, VI, XI, XIII, XIV, XIX, 29, 32, 106, 109, 110, 113, 124, 127, 142, 151, 167, 237

U

Universidad de Leiden, 176
Universidad Libre de Ámsterdam, 161

V

Van Riessen, H., 223, 229, 230

Van Til, C., 217, 218
Vaticano II, 154
Vico, 71, 72, 97
Volksgeist, 82
Volkstum, 114
Vollenhoven, 218
Vries, J. Hendrik de, 142

W

Wesselius, 189
Wines, 94
Wolters, XIII, XVI, 77, 225

Z

Zohn, 88, 110

www.ingramcontent.com/pod-product-compliance
Lightning Source LLC
Chambersburg PA
CBHW071900290426
44110CB00013B/1215